潘雨廷／著

潘雨廷著作集

典藏本

第一册

周易表解

上海古籍出版社

图书在版编目(CIP)数据

潘雨廷著作集：典藏本 / 潘雨廷著；张文江整理
. —上海：上海古籍出版社，2021.9
ISBN 978-7-5732-0171-3

Ⅰ.①潘… Ⅱ.①潘… ②张… Ⅲ.①社会科学—文
集 Ⅳ.①C53

中国版本图书馆 CIP 数据核字(2021)第 247115 号

潘雨廷著作集(典藏本)(全 13 册)

潘雨廷　著

张文江　整理

上海古籍出版社出版发行

(上海市闵行区号景路 159 弄 1－5 号 A 座 5F　邮政编码 201101)
(1) 网址：www.guji.com.cn
(2) E-mail：guji1@guji.com.cn
(3) 易文网网址：www.ewen.co

印刷　常熟新骅印刷有限公司
开本　635×965　1/16
印张　323.5　插页 75　字数 4,033,000
印数　1—1,100
版次　2021 年 9 月第 1 版
　　　2021 年 9 月第 1 次印刷
ISBN 978-7-5732-0171-3/B·1241
定价：1580.00 元

潘雨廷先生

潘雨廷先生

潘雨廷先生

1963 年薛学潜先生七十寿辰留念

前排中间为薛学潜先生，右二为杨践形先生，后排右五为潘雨廷先生

潘雨廷先生与夫人金德仪

子曰龍德而正中者也，閑邪存其誠

庸行之謹

善世而不伐
德博而化

又曰見龍在田利見大人君德也

九三曰君子終日乾乾夕惕若厲无咎何謂也

君子
進德－忠信所以進德也
修業－修辭立其誠所以居業也

知至至之可与言幾也
知終終之可与存義也

是故
居上位而不驕
在下位而不憂
故乾乾因其時而惕雖危无咎矣

九四曰或躍在淵无咎何謂也

上下无常非为邪也
進退无恒非離群也

君子
進德
修業
欲及時也故无咎

《周易表解》手稿

《易学史丛论》手稿

论《德道经》的"执今之道"　　　潘雨廷

一九七三年於长沙马王堆汉墓中，发现了二种《老子》帛书。所存的各种《老子》版本中，时间为研究《老子》的重要文献。此墓葬时在汉文帝十二年（公元-168），抄成甲、乙本，当先抄其甲，曾以朱笔校其当日写的年代。乙本不避惠帝名盈，又文章各恒字避高祖名邦，了见约写当在高祖称尊（公元-206）後，惠帝接位（公元-194）前。甲本又不避邦，且乙本作表后。甲本字军来之间，又乙本为。当时恳请尚不严格，故示了相同意旨。概言之，方始已二千一百余年前，当废之际，而据中，确属珍贵的资料。

以甲、乙本互校，基本相同，了见当时所收别本有出入而变化不大，又以甲、乙本较诸今存的各种版本中，以唐太史令傅奕所校定的道德经较古本较接近（见近至，）唐傅本的来源，是本於北齐武平五年（公元574）由项羽妾冢中的抄本，定已于定谦之所得安立等之本，仍犹所传上大人本参校而成此古本。唯以参校当时的传本，较项羽妾冢中抄本的唐绝。不期一千四百余年後，又得此甲、乙本，以意推之，当可证为妾冢本相同，惜传来未终一变世传的误佳，有关《老子》的微言大义，仍与世传本

《易与老庄》手稿

论道教的内外丹 (一)

中国……有以宗教的倾向，尤其是为儒术所束缚者……

《道教史丛论》手稿

四淵五圖

《神形篇》手稿

论吾国古代文化中所包含的自然科学理论与现代化

《论吾国古代文化中所包含的自然科学理论》手稿

总目

引　言

　　潘雨廷先生(1925—1991)，上海人，当代著名易学家。生前担任华东师范大学古籍研究所教授、中国《周易》研究会副会长、上海道教协会副会长。潘雨廷先生早年就读于上海圣约翰大学教育系，毕业后师从周善培、唐文治、熊十力、马一浮、杨践形、薛学潜等先生研究中西学术，专心致志于学问数十载，融会贯通，自成一家，在国内外有相当的影响。潘雨廷先生毕生研究的重点是宇宙与古今事物的变化，并有志于贯通东西方文化之间的联系，对中华学术中的《周易》和道教，有深入的体验和心得。潘雨廷先生著述丰富，其研究涉及多方面内容，具有极大的启发性。他的著作是二十世纪中国文化所取得的重要成果之一。本书由张文江根据潘雨廷夫人金德仪女士保存的遗稿整理而成。

　　本书用表解形式阐释《周易》经传，共分四卷百表，每表辅以解说。卷一：《说卦》、《序卦》、《杂卦》；卷二：上经(《彖》上、《象》上)；卷三：下经(《彖》下、《象》下)；卷四：《系辞》、《文言》。本书可以作为理解《周易》经传的入门，是基础读本。

目次

目次

自　序

《汉书·艺文志》曰：

　　易曰：宓戏氏仰观象于天，俯观法于地，观鸟兽之文，与地之宜，近取诸身，远取诸物，于是始作八卦，以通神明之德，以类万物之情。至于殷周之际，纣在上位，逆天暴物，文王以诸侯顺命而行道，天人之占，可得而效。于是重《易》六爻，作上下篇。孔氏为之《彖》《象》《系辞》《文言》《序卦》之属十篇。故曰：易道深矣，人更三圣，世历三古。及秦燔书，而《易》为筮卜之事，传者不绝。汉兴田何传之，讫于宣、元，有施、孟、梁丘、京氏列于学官，而民间有费、高二家之说。刘向以中古文《易经》，校施、孟、梁丘经，或脱去无咎、悔亡；唯费氏经与古文同。

自两汉之后的学易者，大多以此作为读《易》的主导思想，此一思路，即经过三圣三古固定的"经学易"。伏羲氏始作八卦为上古易；文王分六十四卦为二篇而系以卦爻辞为中古易；孔子为之作十篇以传卦爻象与卦爻辞为下古易。而在宣、元（公元前73—前49年；前48—前

1

33年)之世,《易》已是包括卦爻象的《易经十二篇》,且"施雠、孟喜、梁丘贺三家"各有基本相似而并不全同的版本。至于解释中古易"二篇","六艺略"著录"章句,施、孟、梁丘各二篇",三家也不相同。所谓"章句"者,就是具体解释卦爻辞的文义。继元帝为成帝(公元前32—前7在位),以书有散佚,使谒者陈农求遗书于天下。遗书既得,于河平三年(公元前26年)诏光禄大夫刘向校经传(即六艺)、诸子、诗赋三略。由步兵校尉任宏校兵书;太史令尹咸校数术;侍医李柱国校方技。此兵书、数术、方技三略之理,每与易道相贯通。今仅以《周易》论,所谓三圣三古的《易经十二篇》,实经施、孟、梁丘三家编成于宣元之世。其演变时序如下表所示。

时代	上古易 → 中古易 → 下古易 → 秦 → 汉(刘邦)→汉(宣、元)					
人　物	伏羲氏	文王	孔子(公元前551—前479)	秦始皇(公元前259—前210)	齐田何	施、孟、梁丘
于易贡献	作八卦	作二篇	作十篇	焚书时不焚《易》	授《易》	编定《易经十二篇》
具体地点	未详	羑里	曲阜	全国	关中	长安
具体时间	未详	公元前1340年(据《皇极经世》)	晚年	公元前213年	公元前198年起	公元前50年前后

　　由上表可概括说明《易经十二篇》的形成。而由汉初的《周易》至三家易前,相距仅百余年,内容就大有差别,何况三圣之时。此《周易表解》,特从三家易的《易经十二篇》谈起,并兼及二千年来历代易家具体研究十二篇的心得。

　　三家易中的孟喜,从之者为京房,生在宣元之世,故后于三家易一二辈,但"六艺略"中已著录其书有三种:

一、《孟氏京房》十一篇

二、《灾异孟氏京房》六十六篇

三、《京氏段嘉》十二篇

三书中,前二书为京房记述孟氏易的大义,后一书为京房弟子段嘉记述京氏易的大义。由是知孟、京之传在西汉时已盛行。除施、孟、梁丘、京氏主要的四家外,民间尚有费直与高相二家。据《汉书·儒林传》:

> 费直字长翁,东莱人也(今山东掖县),治《易》为郎,至单父(今山东单县)令,长于卦筮,亡章句。徒以《彖》、《象》、《系辞》"十篇"、文言解说"上下经"。
>
> 高相沛人也(今江苏沛县),治《易》与费公同时,其学亦亡章句。专说阴阳灾异,自言出于丁将军。

三家易有章句,民间读法无章句,且费氏徒以《彖》《象》等解释上下经,基本上已改变了读《易》的方法,能重视《彖》《象》超过卦爻辞,即仅知下古易而不知深入研究中古易,此为费氏易的特点。又陈农于天下求得的遗书,以《易》论,正可于民间得到与费氏所用相同的版本,宜三家易反有脱去无咎、悔亡而不同。今以二篇的整体论,增减若干断辞,意义并不十分重要,而在当时重视经文的环境下,很可能造成三家易衰费氏易兴的作用。因三家易于宣元之世重章句,以后经五十年演变,及成哀之世民间始重《彖》《象》。自东汉起三家易渐衰,费氏易渐兴,主要区别之一就在有无章句。章句既废,就丧失了以中古易为易学中心的地位。事实上,《彖》《象》能从整体上理解卦爻辞及二用,然并未说明卦爻辞及二用的具体内容,且从整体观察卦爻象辞的是非得失,与个别卦爻辞的取象,其吉凶悔吝动静取与不可能全部相同。或限于《彖》之时、《象》之位以研读卦爻辞,对卦爻辞内容,势必穿凿附会。且二千年来,注《易》者极多,能深合卦爻辞者绝少。如王弼与程颐之注至少有一半以上与卦爻辞的内容风马牛不相及,遑论他家。相比之下,唯朱熹之《本义》稍知其本。斯皆误于费氏易,未知编成卦爻辞之时代背景所致。

至于孟氏易,既有章句,又依《序卦》之次而分上下经为二篇。然尚自有"卦气图",传其学者为京房,更有"八宫世魂图"及悟得六十甲子与音律的关系等,又涉及上古易。以《易经十二篇》的经学易论,当文王系卦爻辞时,已按《序卦》分为二篇。其后孔子恐为人所乱,特作《序卦》以固定之。事实上,《序卦》非但与二圣无关,就是汉初田何以《彖》、《象》、《说卦》、《文言》等授《易》于关中时,是否用《序卦》尚多疑问。若《序卦》《杂卦》基本约在武帝晚年时传出。然定《序卦》之次,及相隔不久又定《杂卦》之次,作者或一人或二人皆于易理易象易数有深入研究,此《序卦》《杂卦》之次能使易道包容筮占之理而不为筮占所囿,持此以觉世牖民,用心良苦。三家易虽误认为二圣之言,或有意识藉此保存之以利于流传,二千年来已收其效,其功殊不可没。今则不必因圣人之言而重视之,而其具体作用当详为阐明,然后见定此编次的作者实为当时不可多得的易学大家,且于《序卦》、《杂卦》外,和"卦气图"、"八宫世魂图"等亦有渊源。何况"六艺略"中,除有关中古下古易外,尚有与上古易有关的著作,宜录于此:

《古五子》十八篇

《淮南道训》二篇

《古杂》八十篇

《杂灾异》三十五篇

《神输》五篇,图一

据此可见《易经》与各种专业知识,即兵书、数术、方技三略亦有联系,故《易经》能居于六艺之首。以上确为二千年前"经学易"的内容所及,幸有"七略",其事实尚能保存至今。但自东汉起,于上古易除《序卦》《杂卦》外,皆被排斥在"经学易"之外。而且"二篇"的章句渐废,故费氏易兴,于三古易乃仅存下古易而已。此为二千年来仅知孔子之失,然决非孔子之过。

今于《汉书·艺文志》中,仅书"孔子为之《彖》《象》《系辞》《文言》《序卦》之属十篇",则十篇之数已定,然篇名仅五。此在当时十篇原文既在,确不必全部举名,而在今日因无原书,则不得不加考核。两汉之际扬雄认为经莫大于《易》,乃模仿而作《太玄》。扬雄之《太玄》,全准《易经十二篇》,明辨三圣三古之理而以一人当之。且三家易认为是三圣所著,亦何尝是三圣之言。故以今日视之,固不必肯定三家易为是而扬雄拟经为非,因同在整理并总结从古至今(今约指两汉之际)的易学所包含的一切内容。以下以《太玄》与三古易比较,逐篇观其和《易经十二篇》一一吻合的情况。图见下:

上古伏羲易	《太玄》法上古易
易有卦爻 卦数八而六十四 每卦六爻爻数三百八十四 三家易卦次准"序卦"	玄有首测 首数九而八十一 每首九测测数九百七十二 首次准孟喜"卦气图"
中古文王易	《太玄》法中古易
易卦有卦名六十四 易卦有卦辞六十四 易爻有爻名十二 易爻有爻辞三百八十四 易有用九用六,以总结九六爻各一百九十二	玄首有首名八十一 玄首有首辞八十一,又前增玄首都序一 玄测有测名九 玄测有测辞七百二十九,又前增玄测都序一 玄有踦赞嬴赞,以补足七百二十九测成周天

下古孔子易(传上古易)	《太玄》法下古易
易有说卦	玄有玄数
易有序卦	玄有玄衝
易有杂卦	玄有玄错
（传中古易）	
易有象	玄无
易大象六十四	玄无
易有小象三百八十六	玄有测曰七百三十一
易有文言	玄有玄文
易有系辞	玄有玄摛
	玄莹
	玄掜
	玄图
	玄告

　　详察上表，可喻扬雄于《易经》专心深思，决非简单模仿，关键是法上古易，数由阴阳二分而化为天地人三分。阴阳三画而成卦，取人参天地为三才的思想，又分贞、悔而六，贞悔亦即阴阳成"八卦相荡"、"因而重之"之六十四卦。所以如《说卦》所云"参天两地而倚数"，是最基本的易数。扬雄明此易学理数之本，故象取化二而三。二之六方为六十四，三之四方为八十一，这些皆是数之自然，丝毫无神秘性。然而孔子所关心的乐与礼，亦就是律与历。人之智慧，早已认识其有此比例数。此为易学本具之理，扬雄作《太玄》时有以显出之，所以宋司马光视《太玄》为读《易》之阶。以下当叙述《太玄》显出之易理，当扬雄于上古易，既已化二而三，然由八十一如何合于六十四，且于六十四卦宜用何种次序，是即扬雄有取于孟京律历之理，实为当时易学最重要最基本的应用处。

　　《太玄·玄数》："……五五为土……五行用事者王……其在

声也,宫为君、徵为事、商为相、角为民、羽为物。其以为律吕也,
黄钟生林钟、林钟生太簇、太簇生南吕、南吕生姑洗……"

《太玄》之"玄数",大体犹《易经》之"说卦",合于律吕五声与五行
相生之数,即当八十一生成六十四的五声变化,详以下图示之:

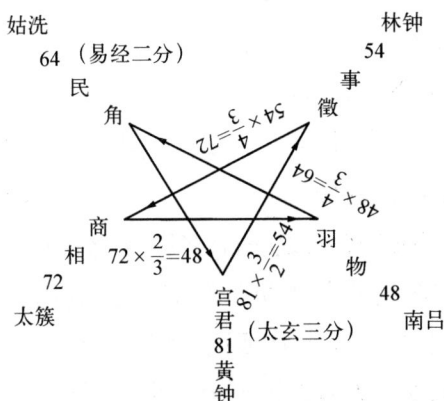

五声相生图

上图示三分损益,隔八相生的部分乐理,可能在西周已有,所以京
房非但了解五声、七声的音差,且能分辨仲吕所生的"执始"实已超过
黄钟之音差(0.117 24),由此建立五十三律。然在事实上,"色育"与
"黄钟"之七律间仍有音差,可示于下:

1.	3.	5.	7.	2.	4.	6.
黄钟 ⟶	太簇 ⟶	姑洗 ⟶	蕤宾 ⟶	林钟 ⟶	南吕 ⟶	应钟
0.000 0	1.019 54	2.039 08	3.058 62	3.509 77	4.529 31	5.548 85
↓	↓	↓	↓	↓	↓	↓
宫(do)	商(re)	角(mi)	变徵(fa)	徵(sol)	羽(la)	变宫(si)
54.	56.	58.	60.	55.	57.	59.
色育	未知	南授	南事	谦待	白吕	分乌
0.017 81	1.037 35	2.056 89	3.076 43	3.527 58	4.547 12	5.566 66

上示1~7,54~60,指京房六十律的次序,所谓五十三律者,即以

7

54～60律合诸1～7律。因其音差已非一般耳力所能辨。此始于黄钟与执始,以达黄钟与色育之辨而无辨,为京房于乐理之独特心得,迄今仍有价值。(详见《后汉书·律历志》,附"音程值"本诸近代音乐家王光祈先生所算得者。)至于与京房同时代而略后之扬雄深知其所发展之乐理外,更能继承孟氏之易学与历学,在顺而求其本,其几仍在三二之比。乃知六十四卦必须合诸八十一首,而于六十四卦之卦次特取孟氏"卦气图",则可由乐律以归诸历象。历所以明时,"卦气图"之时,除震春离夏兑秋坎冬外,以六十卦计之,每卦为六日又八十分之七日,以足岁实。《太玄》法之,每首九测各当四日又半,凡七百二十九测为三百六十四日又半,加踦赞当半日为三百六十五日,又加赢赞当四分日之一。而岁实不足四分日之一,宜名赢赞,辞曰:"二一虚赢,踦踦所生。"测曰:"虚赢踦踦,僵无已也。"犹姑洗生应钟尚踦于黄钟,而黄钟生执始以及色育皆赢于黄钟,故所谓"僵无已"者,永远难得虚赢之中,即复黄钟与冬至,必有虚赢之数,此律历所以同源。合诸易理,由天时以知地位,由时位以立人始生之德,礼乐乃行,此为西汉尊儒之根本原则。唯《易经》有得于礼乐之象数,所以能为六经之原。由《太玄》之法孟京之图,略可概见三家易所理解之上古易内容。

又《太玄》合卦辞与《彖》为一,尤能显中古易"章句"之理。《玄测》与测曰之吉凶,基本全同于爻辞与《小象》,测之一昼一夜,实同爻位之得失。凡卦辞当由时而位,是之谓卦变,爻辞当由位而时,是之谓爻变。下古易《彖》《象》之传,要在元之统天与利之御天,统天之"资始"以乐,御天之"六位时成"以礼,识此礼乐律历之象数,庶足以见二千年前三古之"经学易"。

最后以《太玄》核实于下古易的十篇。《象》分《大象》《小象》,然与《彖》相应之象,当为《小象》。《大象》的体例并不相同,宜另为一篇,今合于《小象》,似非三家易所编,《太玄》全书皆无相应于《大象》之文句。故此《大象》六十四句,或非原有,系费氏易所增入,至于《大象》内容疑属吕不韦门客所作，今编入《彖》与《小象》间，可另有作用。如以《玄莹》《玄掜》等观之，三家易之十篇尚有一二篇为今所无而佚失。因在东汉之易学家法，同传费氏易者有不同的思路，而造成取下古易十篇有所不同。这一情况一直保持到唐初，孔疏八论中第六论有曰："其《彖》《象》等十翼之辞，以为孔子所作，先儒更无异论。但数十翼亦有多家。既文王易经本分为上下二篇，则区域各别，《彖》《象》释卦亦当随经而分，故一家数十翼云：上《彖》一、下《彖》二、上《象》三、下《象》四、上《系》五、下《系》六、《文言》七、《说卦》八、《序卦》九、《杂卦》十。郑学之徒并同此说，故今亦依之。"读此可知自《七略》定《易经十二篇》后，对《易经》原文尚多变化，故必须视《太玄》为读易之阶，乃可由三家易及费氏易。至于其他多家之数十翼，肯定有《彖》《象》各以一篇计，故今存者未足十篇。如孟京之卦气图、纳甲、爻辰等，先秦时早已存在，或仅以孟京易视之，当然未能计入十篇中。然如《上下系》中若干章节之文字，及《大象》、《序卦》、《杂卦》等，不乏有后于纳甲、爻辰者。以《太玄》为准，以推他家之数十翼，极可能另有论象数之篇章，惜孔颖达仅取郑学之徒所用的一种，他家所数的具体事实，已未能知其详。然即以所用的一种论，内容亦具象数之理，奈又为不知象数者所忽视。且既为郑学之徒所用，尤不可不知通贯今古文的经学大师郑玄既是传费氏易者，亦是传京氏易者，故何可斥京氏易在"经学易"之外。况传费氏易之荀爽，仍在运用卦爻变之象数，可见费氏易亦何尝不谈象数而空说义理。此外尚存汉代注易文献较多者，唯世传孟氏易之虞翻（公元170—239年）。考虞翻易学之大义，除世传孟氏易外，又能近承同郡魏伯阳之《参同契》。此书有魏伯阳、徐从事、淳于叔通三位学者之著述，内容兼及大易、黄老、医药。虞氏尝研习于此，故其象数可由京、孟易浸而上及汉初重视"近取诸身"之黄老易。此于一九七二年掘得长沙马王堆汉初古墓中（下葬于文帝前元十三年，公元前167年）所存易学、黄老、医药、养生等文献可见一斑，庶能重睹黄老易的实质。

易学在汉初为儒道兼用,变化之际约在司马迁父子一代人。司马谈(公元前190—前110年)受易于杨何,杨何于元光元年征为大中大夫,谈五十七岁,何抑或将近七十,是年正当董仲舒对策。及谈子迁(公元前145—前86年?)已不得不从汉武帝尊儒而重六艺。故《周易》原文以《易经十二篇》为准,乃起于宣元之三家易。而定于郑学之徒之数十翼,间经近二百年之酝酿,尚未为仅知治经学易者所注意。且可肯定当时的"十翼"与今之"十翼"略有不同,并少于三家易所定之"十篇"。故于下古易不可不取孟京之象数,《太玄》之法《易》,并以虞翻为殿军。由是经费氏易而三家易,由三家易而见及为儒道并用之汉初易学。更上及战国以及春秋时,各国自有其对易学之认识,与秦汉后的情况大不相同,在东周初何尝有儒道之辨。而所谓上古易亦曾有大变化,这就是六十年代起掘得了周原文化,且包括殷墟,重新发现并认识了"数字卦"。经初步考核,约自东周起,正在由"数字卦"逐步发展成为今日所用的"阴阳符号卦"。这一考古的新发现,完全改变了上古中古易的面貌,然尚未引起读易者足够的重视。而于传统的《易经十二篇》,因于二千年间灌注了无数学者之心血与睿思,虽全部误解了三圣三古的时代背景,然恰在孔子生前二百年,死后五百年间所编成,今日不妨以下古易视之,是犹费氏易之旨。或必舍此文字而究及不可捉摸的象数,使易学愈陷于神秘者决不可取;或仍坚持十二篇为三圣之言而不可变易者,使易学不本象数而空说僵化的义理者,尤所不取。当客观深入究此《易经十二篇》的基本意义,其间确已结合象数与义理为一,且能因时—空变化而变化。斯为易学的可贵处,足为中国文化的基础。

今既以下古易视之,特取十篇的内容重为编辑,将《易经十二篇》文字制成一百张表,每表一解。全书分四卷:

第一卷 下古易解说上古易的象数,计有《说卦》六表,《序卦》二表,《杂卦》二表,共十表。

第二卷　下古易解说中古易的上篇,凡一卦一表,计有上篇三十卦为三十表。

第三卷　下古易解说中古易的下篇,凡一卦一表,计有下篇三十四卦为三十四表。

第四卷　下古易总述易学的情况及读易的方法,《系辞上》十章分为十表,《系辞下》十二章分为十二表,《文言》四章分为四表,共二十六表。

由上百表,可以概见二千年前所认识的《周易》。神而明此百表之旨,则顺逆往来,观玩三古,无入而不自得,出入无疾以通观其变与不变,不啻由易简而得天下之理,亦见二千年来亹亹之情,其有已乎! 其可已乎!

岁次庚午(公元 1990 年),月旅太簇,日临立春,潘雨廷自序于华东师范大学古籍研究所

卷 一

表 一 说 卦 第 一 章

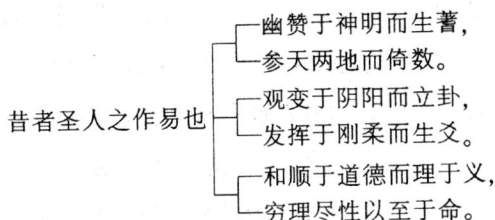

昔者圣人之作易也
- 幽赞于神明而生蓍,
- 参天两地而倚数。
- 观变于阴阳而立卦,
- 发挥于刚柔而生爻。
- 和顺于道德而理于义,
- 穷理尽性以至于命。

说卦第一章表解

此章述圣人作《易》之大法,分三层:一曰"生蓍"、"倚数",乃《易》之本;二曰"立卦"、"生爻",乃由蓍、数所生;三曰"理于义"、"至于命",乃由卦爻所成。于易象当由太极而成既济。

生蓍谓大衍之数五十,其用四十有九,分两、挂一、揲四、归奇以生六七八九四数,由此引而申之,触类而长之,天下之能事毕矣。

倚数指叁(读古音参)天两地,阳倚三,阴倚二。其义有二层,一为卦画的阴阳比为阴二比阳三,如下所示:

□ □ ━ ━ 阴二
□□□ ━━━ 阳三

凡一整画为阳,数取三分之三,是谓参天;二断画为阴,数取三分之二,是谓两地。依此例以言八卦,则乾为三三得九,坤为二三得六;三男为一三与二二之和为七,三女为一二与二三之和为八。如下所示:

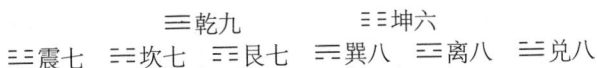

☰乾九　　☷坤六
☳震七　☵坎七　☶艮七　☴巽八　☲离八　☱兑八

立卦谓乾坤阴阳变动以生六十四卦,即象;数为七八,于蓍生为本卦。

生爻即乾坤刚柔发挥以生三百八十四爻,数为九六,于蓍生为之卦。阴阳和刚柔同义,阴阳以气言,刚柔以质言。

和顺于道德而理于义。道指一阴一阳,德指两仪各得阴阳,和指阴阳相应而保合太和,顺指阴从阳乃顺承天,和顺指阳施阴受,理于义指分阴分阳而各正其位,而终成既济以保合太和。

穷理尽性以至于命。穷理谓以乾尽坤,《易系》"知幽明"、"知死生"、"知鬼神"为穷理之事。尽性指以坤尽乾,《易系》"故不违"、"故不过"、"故不忧"、"故能爱"为尽性之事。至于命者,知进退存亡而不失其正。凡阳当升阴当承,而阳已升阴已承即成既济。

表二 说卦第二章

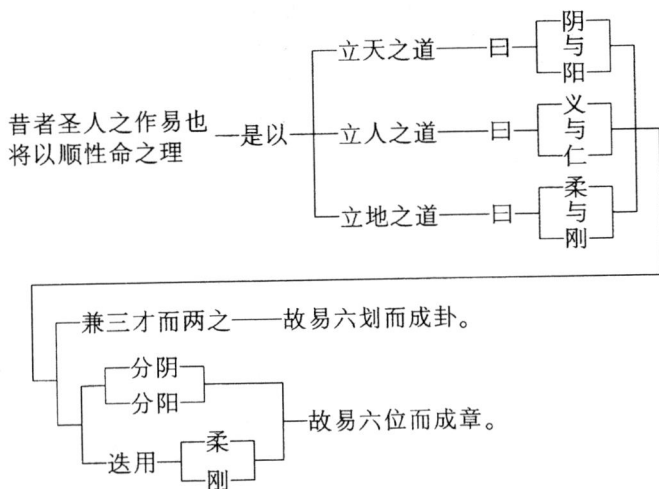

说卦第二章表解

第二章足成第一章之义,明既济之象所以象性命之理。《说卦》首章、二章皆阐明卦理,并言"昔者圣人之作易也"。

顺性命之理。六位成章为顺性之理,六画成卦为顺命之理。顺性命之理指顺阴阳之性命而阴阳各归于正。

三才即天、地、人。

兼三才而两之,即三才各两之而六。

六画而成卦指象,以既济为准,六画当初七、八二、七三、八四、七五、上八,即至于命。

分阴分阳指乾坤相对。

迭用柔刚指乾坤相间。

六位而成章指爻,之正成既济,六位当初九、六二、九三、六四、九五、上六,即理于义。

此章所言性命之理可以"既济"之图以说明之。

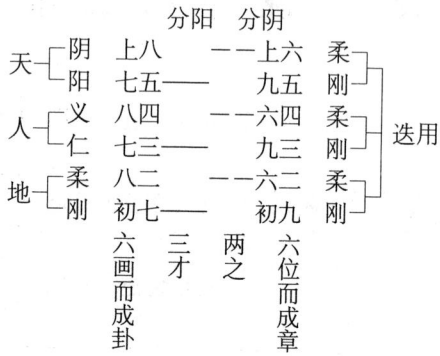

```
                         分阳   分阴
        ┌阴    上八      ━━ ━━ 上六   柔┐
     天 ┤                               ├
        └阳    七五 ━━━━      九五   刚┘
        ┌义    八四      ━━ ━━ 六四   柔┐
     人 ┤                               ├ 选用
        └仁    七三 ━━━━      九三   刚┘
        ┌柔    八二      ━━ ━━ 六二   柔┐
     地 ┤                               ├
        └刚    初七 ━━━━      初九   刚┘
               六        三    两    六
               画        才    之    位
               而                    而
               成                    成
               卦                    章
```

表三　说卦第三章

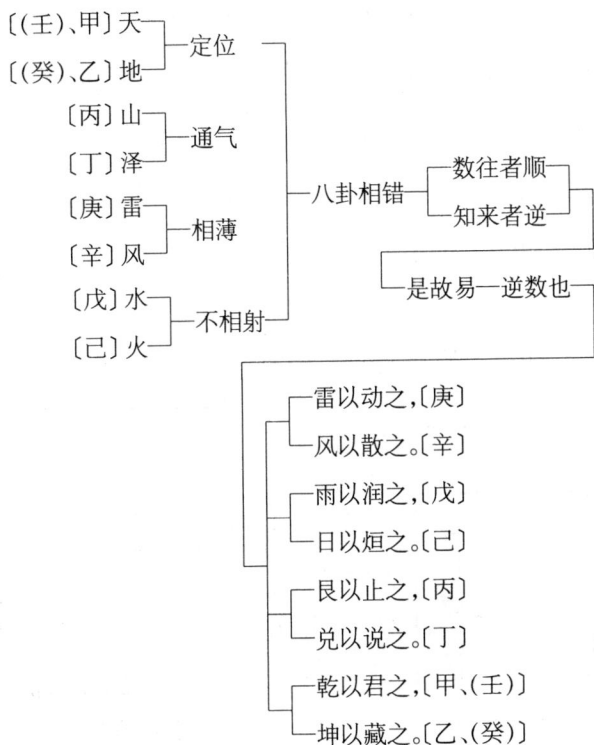

```
〔(壬)、甲〕天 ┐
              ├ 定位 ┐
〔(癸)、乙〕地 ┘        │
                       │
   〔丙〕山 ┐           │
           ├ 通气       ├ 八卦相错 ┬ 数往者顺
   〔丁〕泽 ┘           │          └ 知来者逆
                       │
   〔庚〕雷 ┐           │
           ├ 相薄       │
   〔辛〕风 ┘           └ 是故易—逆数也
                              │
   〔戊〕水 ┐                  │
           ├ 不相射           │
   〔己〕火 ┘
```

```
┌ 雷以动之,〔庚〕
├ 风以散之。〔辛〕
│
├ 雨以润之,〔戊〕
├ 日以烜之。〔己〕
│
├ 艮以止之,〔丙〕
├ 兑以说之。〔丁〕
│
├ 乾以君之,〔甲、(壬)〕
└ 坤以藏之。〔乙、(癸)〕
```

说卦第三章表解

此章说明八卦相错的变化。错,指阴阳相对。自宋陈抟(？—989)起,据此阴阳相对之理,排成"先天图"。"先天图"有极大的价值,但并非《说卦》文字的原义,对此不可不加说明,因于陈抟前尚未发现有"先天图"的存在。汉易和宋易最重要的差别,是在认识阴阳卦上有不同的原则。凡汉易分阴阳卦,必取七、九为阳卦,八、六为阴卦。而宋易"先天图"分阴阳卦,则以初画是阴还是阳来决定,即凡初画阳为阳卦,故乾、兑、离、震为阳仪;初画阴为阴卦,故巽、坎、艮、坤为阴仪。

7

其间兑、离为阴卦而视作阳仪,坎、艮阳卦而视作阴仪。此于取象,绝对不可混同。此处仅以汉易的原义论。至于整体易学中汉易、宋易之间,仍有可通之理,当更深入观之。

本章共分为三节:第一节自"天地"至"相错";第二节自"数往"至"逆数也";第三节自"雷以"至"藏之"。今以一、三两节配以天干,且可示其顺逆之次序。

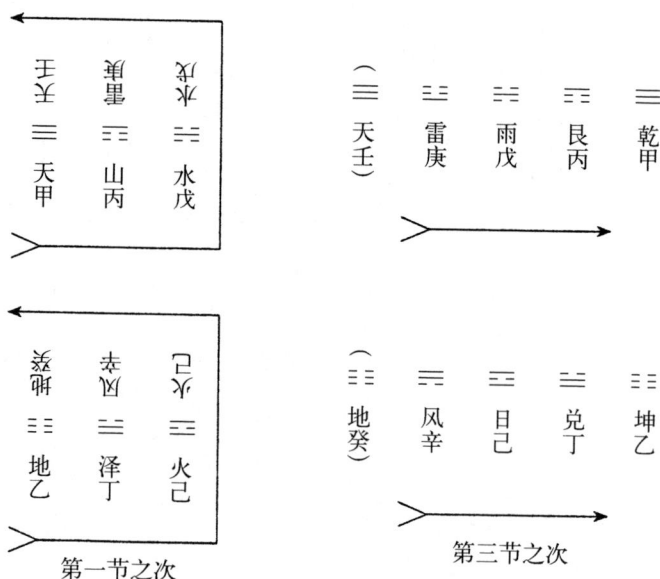

第一节之次   第三节之次

据第一节之次,起于天地而止于水火,实为由甲乙至壬癸,此于天干次序为顺,所谓"数往者顺"。顺数所以知过去,是之谓史。又据第三节之次,起于雷风止于乾坤,实即由壬癸至甲乙,此于天干次序为逆,所谓"知来者逆"。要知道逆数之所以知未来,必须知过去,而知道《易》之逆数,必须具有易学史之基础。从马王堆出土之卦次可证明,以纳甲法配入卦象,战国前即已有之,汉之孟京只是继承而已。

表四　说卦第四章

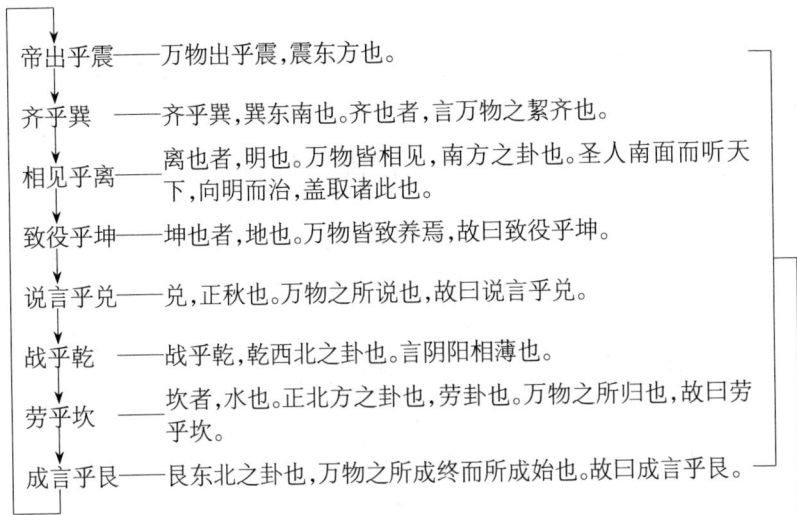

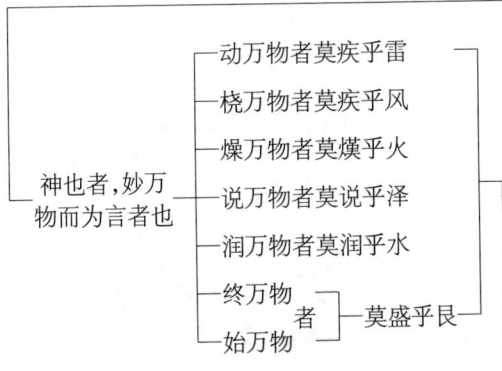

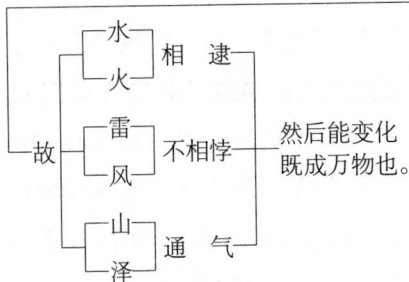

帝出乎震——万物出乎震，震东方也。

齐乎巽　——齐乎巽，巽东南也。齐也者，言万物之絜齐也。

相见乎离——离也者，明也。万物皆相见，南方之卦也。圣人南面而听天下，向明而治，盖取诸此也。

致役乎坤——坤也者，地也。万物皆致养焉，故曰致役乎坤。

说言乎兑——兑，正秋也。万物之所说也，故曰说言乎兑。

战乎乾　——战乎乾，乾西北之卦也。言阴阳相薄也。

劳乎坎　——坎者，水也。正北方之卦也，劳卦也。万物之所归也，故曰劳乎坎。

成言乎艮——艮东北之卦也，万物之所成终而所成始也。故曰成言乎艮。

神也者，妙万物而为言者也
- 动万物者莫疾乎雷
- 桡万物者莫疾乎风
- 燥万物者莫熯乎火
- 说万物者莫说乎泽
- 润万物者莫润乎水
- 终万物者　始万物——莫盛乎艮

故
- 水火——相逮
- 雷风——不相悖
- 山泽——通气

然后能变化既成万物也。

9

说卦第四章表解

此章说明八卦周流的时空结构,时为春夏秋冬,位为东南西北。分三小节。

自"帝出乎震"至"成言乎艮"为第一节,以明八卦周流之次序。自"万物出乎震"至"故曰成言乎艮"为第二节,乃承上节而详言其理。至于周流之次序,全准天地十数图的五行相生之次。先示八卦配合五行。

☰乾　☱兑　金　☳震　☴巽　木　☷坤　☶艮　土　☵坎　水　☲离　火

又据《尚书·洪范》五行之数为一水、二火、三木、四金、五土。由此结合天地十数图,自然形成五行相生之次。

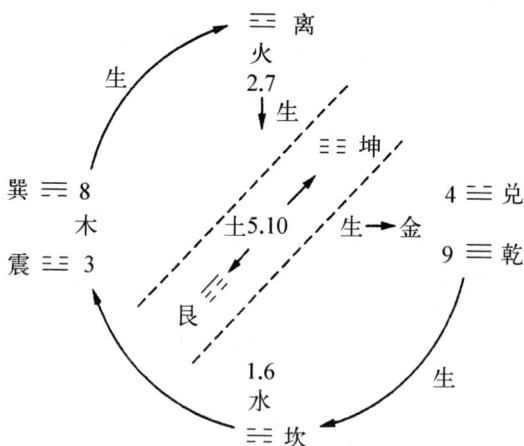

自"神也者"至"既成万物也"为第三节。归乾坤为神,而仅言六子之能,六子自然又由周流变成相对。唯周流时有其周期变化,所以重要的是其时空结构,同时还要认识消息之几。自陈抟建立"先天图"后,确立以阴阳二进制为本质,于宋后起了大作用,清代的汉易家加以否定,实可不必。但汉宋的不同观点,仍不可不深入研究。以下试以诸图疏通之,以见宋易所谓先后天之间的变化。

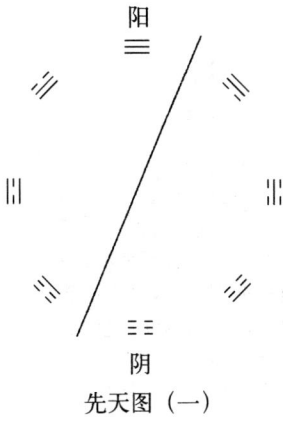

先天图（一）

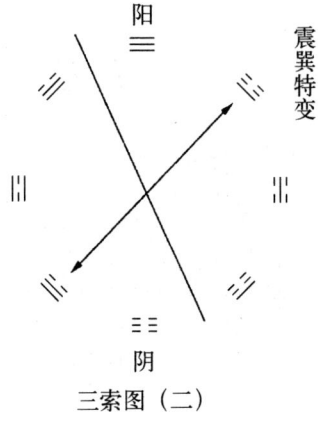

三索图（二）

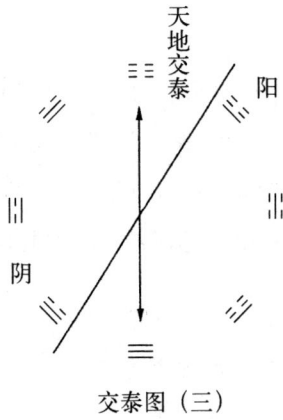

交泰图（三）

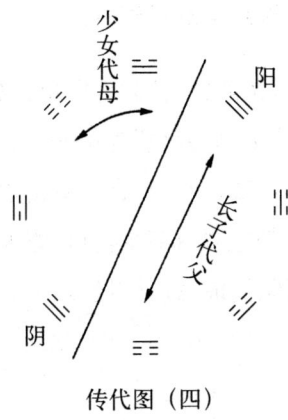

传代图（四）

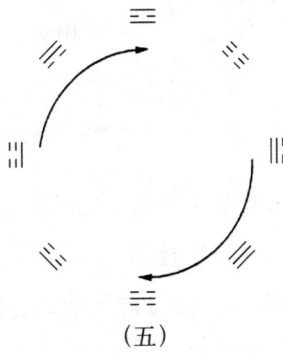

（五）

纵横易位图（即后天图）

11

表五　说卦第五章

```
┌ 乾健也 ── 乾为马 ── 乾为首 ── 乾天也,故称乎父。
│ 坤顺也 ── 坤为牛 ── 坤为腹 ── 坤地也,故称乎母。
│ 震动也 ── 震为龙 ── 震为足 ── 震一索而得男,故谓之长男。
│ 巽入也 ── 巽为鸡 ── 巽为股 ── 巽一索而得女,故谓之长女。
│ 坎陷也 ── 坎为豕 ── 坎为耳 ── 坎再索而得男,故谓之中男。
│ 离丽也 ── 离为雉 ── 离为目 ── 离再索而得女,故谓之中女。
│ 艮止也 ── 艮为狗 ── 艮为手 ── 艮三索而得男,故谓之少男。
└ 兑说也 ── 兑为羊 ── 兑为口 ── 兑三索而得女,故谓之少女。
```

说卦第五章表解

《系辞》曰:"易者象也,象也者像也。"此章明卦象,分四节。自"乾健也"至"兑说也"为第一节,明八卦的性质。自"乾为马"至"兑为羊"为第二节,明八卦合诸鸟兽之文。自"乾为首"至"兑为口"为第三节,明八卦之近取诸身。自"乾天也"至"故谓之少女"为第四节,明八卦由乾三索而成,犹父母生六子。如图所示:

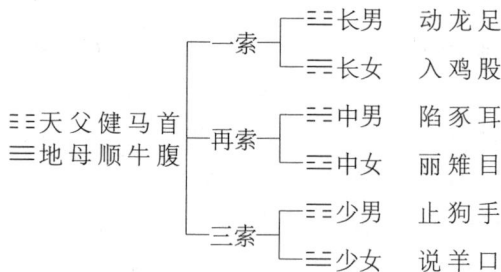

```
                        ┌─ ☳ 长男　动龙足
                ┌─ 一索 ┤
                │       └─ ☴ 长女　入鸡股
  ☷ 天父健马首  │       ┌─ ☵ 中男　陷豕耳
               ─┼─ 再索 ┤
  ☰ 地母顺牛腹  │       └─ ☲ 中女　丽雉目
                │       ┌─ ☶ 少男　止狗手
                └─ 三索 ┤
                        └─ ☱ 少女　说羊口
```

本章卦象通天地万物而以人为本。四节首言八卦性情,乃通天地人物而言。二节言动物。三节直接从人身取象。四节总结为人之父母六子,以合人位变化的根本。而首言天地,仍推本于自然而来,故易象可推及一切,是之谓"易者象也"。

表六 说 卦 第 六 章

乾为天、为圜、为君、为父、为玉、为金、为寒、为冰、为大赤、为良马、为老马、为瘠马、为驳马、为木果。

坤为地、为母、为布、为釜、为吝啬、为均、为子母牛、为大舆、为文、为众、为柄；其于地也为黑。

震为雷、为龙、为玄黄、为旉、为大涂、为长子、为决躁、为苍筤竹、为萑苇；其于马也为善鸣，为馵足、为作足、为的颡；其于稼也为反生；其究为健，为蕃鲜。

巽为木、为风、为长女、为绳直、为工、为白、为长、为高、为进退、为不果、为臭；其于人也为寡发，为广颡、为多白眼、为近利市三倍；其究为躁卦。

坎为水、为沟渎、为隐伏、为矫輮、为弓轮；其于人也为加忧、为心病、为耳痛、为血卦、为赤；其于马也为美脊、为亟心、为下首、为薄蹄、为曳；其于舆也为多眚、为通、为月、为盗；其于木也为坚多心。

离为火、为日、为电、为中女、为甲胄、为戈兵；其于人也为大腹、为乾卦、为鳖、为蟹、为蠃、为蚌、为龟；其于木也为科上槁。

艮为山、为径路、为小石、为门阙、为果蓏、为阍寺、为指、为狗、为鼠、为黔喙之属；其于木也为坚多节。

兑为泽、为少女、为巫、为口舌、为毁折、为附决；其于地为刚卤、为妾、为羊。

说卦第六章表解

此章承上章而说明八卦之象，乃以八卦而分八节列表。总《说卦》之义，可用"理"、"位"、"象"三字概括。一、二章言理；三、四章论位；五、六两章明象。汇合《说卦》中言及之卦象，如图所示：

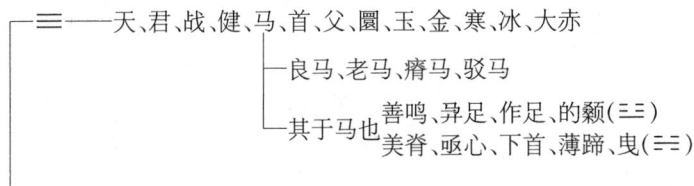

═══ 天、君、战、健、马、首、父、圜、玉、金、寒、冰、大赤

良马、老马、瘠马、驳马

其于马也 善鸣、异足、作足、的颡(☳)
美脊、亟心、下首、薄蹄、曳(☵)

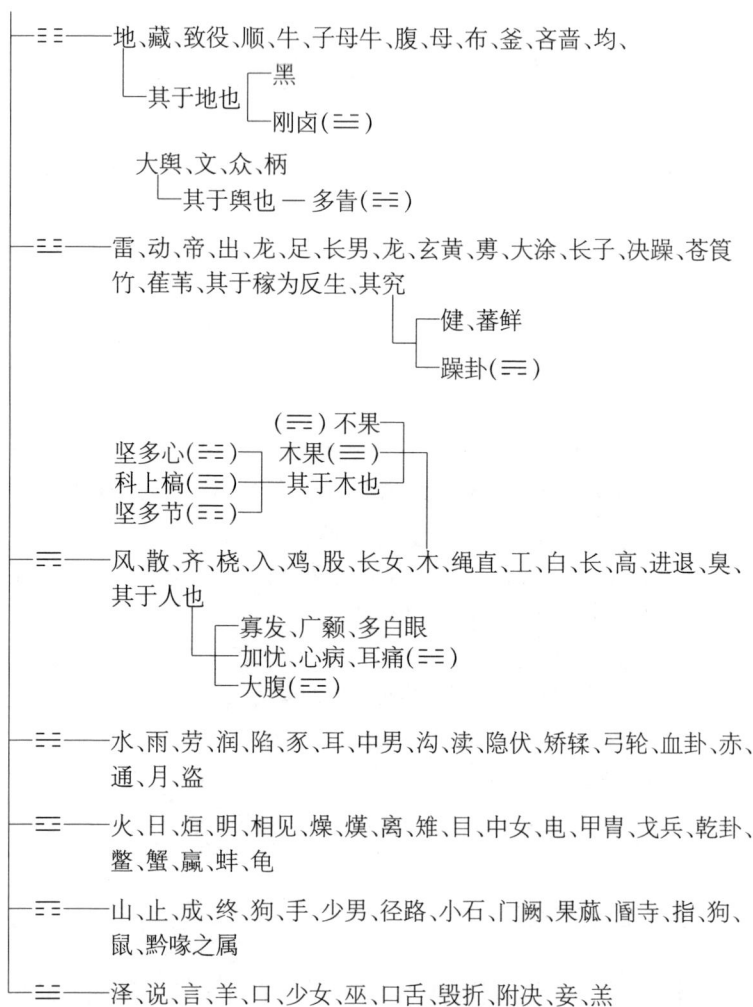

☷ —— 地、藏、致役、顺、牛、子母牛、腹、母、布、釜、吝啬、均、
　　　　└ 其于地也 ┬ 黑
　　　　　　　　　　└ 刚卤(☱)

　　　　大舆、文、众、柄
　　　　　　└ 其于舆也 — 多眚(☵)

☳ —— 雷、动、帝、出、龙、足、长男、龙、玄黄、旉、大涂、长子、决躁、苍筤
　　　竹、萑苇、其于稼为反生、其究
　　　　　　　　　　　　　　　┬ 健、蕃鲜
　　　　　　　　　　　　　　　└ 躁卦(☴)

　　坚多心(☵)　　┌ (☴) 不果 ┬
　　科上槁(☲)　　├ 木果(☶) ┤
　　坚多节(☶)　　└ 其于木也 ┘

☴ —— 风、散、齐、桡、入、鸡、股、长女、木、绳直、工、白、长、高、进退、臭、
　　　其于人也
　　　　　　┌ 寡发、广颡、多白眼
　　　　　　├ 加忧、心病、耳痛(☵)
　　　　　　└ 大腹(☲)

☵ —— 水、雨、劳、润、陷、豕、耳、中男、沟、渎、隐伏、矫輮、弓轮、血卦、赤、
　　　通、月、盗

☲ —— 火、日、烜、明、相见、燥、燀、离、雉、目、中女、电、甲胄、戈兵、乾卦、
　　　鳖、蟹、赢、蚌、龟

☶ —— 山、止、成、终、狗、手、少男、径路、小石、门阙、果蓏、阍寺、指、狗、
　　　鼠、黔喙之属

☱ —— 泽、说、言、羊、口、少女、巫、口舌、毁折、附决、妾、羔

14

表七 序卦上章

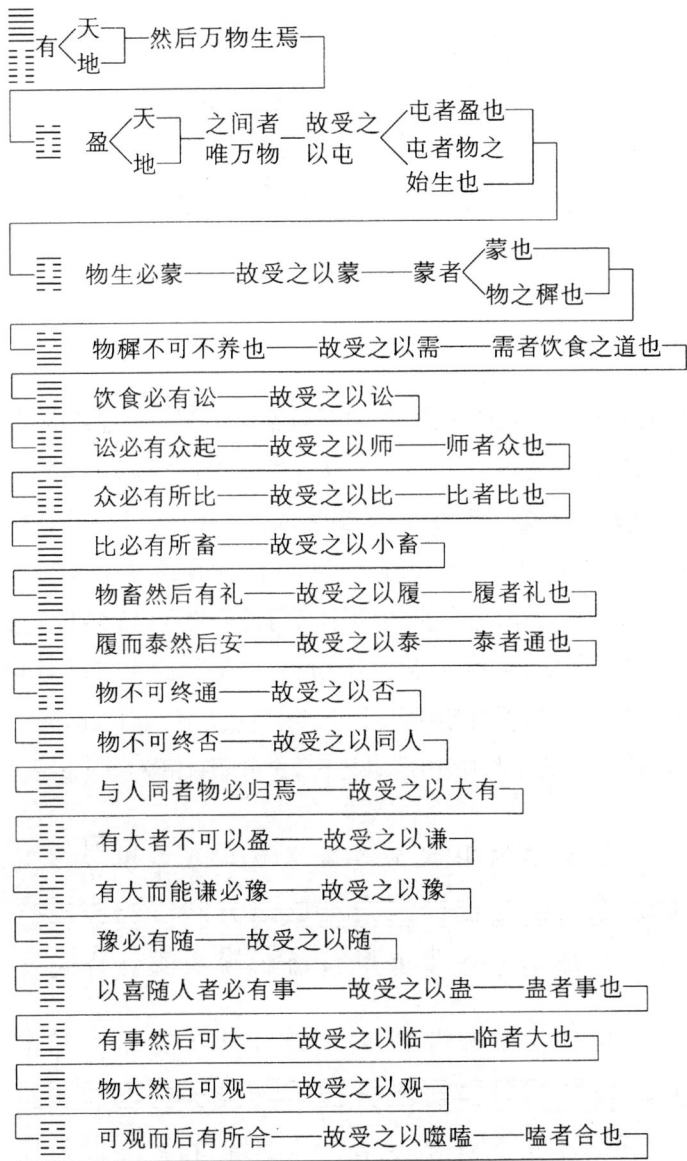

有〈天地——然后万物生焉

盈〈天地——之间者__故受之〈屯者盈也
唯万物 以屯 屯者物之
始生也

物生必蒙——故受之以蒙——蒙者〈蒙也
物之穉也

物穉不可不养也——故受之以需——需者饮食之道也

饮食必有讼——故受之以讼

讼必有众起——故受之以师——师者众也

众必有所比——故受之以比——比者比也

比必有所畜——故受之以小畜

物畜然后有礼——故受之以履——履者礼也

履而泰然后安——故受之以泰——泰者通也

物不可终通——故受之以否

物不可终否——故受之以同人

与人同者物必归焉——故受之以大有

有大者不可以盈——故受之以谦

有大而能谦必豫——故受之以豫

豫必有随——故受之以随

以喜随人者必有事——故受之以蛊——蛊者事也

有事然后可大——故受之以临——临者大也

物大然后可观——故受之以观

可观而后有所合——故受之以噬嗑——嗑者合也

15

物不可以苟合而已——故受之以贲——贲者饰也┐

致饰而后亨则尽矣——故受之以剥——剥者剥也┐

物不可以终尽剥穷上反下——故受之以复┐

复则不妄矣——故受之以无妄┐

有无妄然后可畜——故受之以大畜┐

物畜然后可养——故受之以颐——颐者养也┐

不养则不可动——故受之以大过┐

物不可以终过——故受之以坎——坎者陷也┐

陷必有所丽——故受之以离——离者丽也。

序卦上章表解

上篇共三十卦，说明天道，序之者言相受之理。上篇始乾坤，下篇始咸，为天地人道之本。三才者，人参天地以得自然之理，非所相受者也。故《序卦》始于乾坤咸三卦，不言卦名以示其实。上下篇的卦数，并不平分为三十二而定为三十及三十四。为何有此阴阳之分，说法甚多。《乾凿度》谓三十之三阳也，三十四之四阴也，可备一说而已。或以反复卦观之，上篇有乾、坤、颐、大过、坎、离六卦为反复不衰卦，此外二十四卦合成十二卦，故共为十八卦；下篇有中孚、小过二卦为反复不衰卦，此外三十二卦合为十六卦，故亦为十八卦，由是知上下篇之分颇有精义。作下图明之：

上篇 乾坤屯需师 小畜 泰 同人 谦随临 噬嗑 剥 无妄 颐 大过 坎 离

下篇 咸遁晋 家人 蹇损夬萃困革震渐丰巽涣 中孚 小过 既济

16

表八　序卦下章

有 ⟨ 天 / 地 ⟩ ──然后有万物──有万物然后有 ⟨ 男 / 女 ⟩

有 ⟨ 男 / 女 ⟩ ──然后有 ⟨ 夫 / 妇 ⟩ ──有 ⟨ 夫 / 妇 ⟩ ──然后有 ⟨ 父 / 子 ⟩

有 ⟨ 父 / 子 ⟩ ──然后有 ⟨ 君 / 臣 ⟩ ──有 ⟨ 君 / 臣 ⟩ ──然后有 ⟨ 上 / 下 ⟩

有 ⟨ 上 / 下 ⟩ ──然后 ⟨ 礼 / 义 ⟩ ──有所错

⟨ 夫 / 妇 ⟩ ──之道不可以不久也──故受之以恒──恒者久也

物不可以久居其所──故受之以遁──遁者退也

物不可以终遁──故受之以大壮

物不可以终壮──故受之以晋──晋者进也

进必有所伤──故受之以明夷──夷者伤也

伤于外者必反其家──故受之以家人

家道穷必乖──故受之以睽──睽者乖也

乖必有难──故受之以蹇──蹇者难也

物不可终难──故受之以解──解者缓也

缓必有所失──故受之以损

损而不已必益──故受之以益

益而不已必决──故受之以夬──夬者决也

决必有所遇──故受之以姤──姤者遇也

物相遇而后聚──故受之以萃──萃者聚也

聚而上者谓之升──故受之以升

17

升而不已必困——故受之以困

困于上者必反下——故受之以井

井道不可不革——故受之以革

革物者莫若鼎——故受之以鼎

主器者莫若长子——故受之以震——震者动也

物不可以终动止之——故受之以艮——艮者止也

物不可以终止——故受之以渐——渐者进也

进必有所归——故受之以归妹

得其所归者必大——故受之以丰——丰者大也

穷大者必失其居——故受之以旅

旅而无所容——故受之以巽——巽者入也

入而后说之——故受之以兑——兑者说也

说而后散之——故受之以涣——涣者离也

物不可以终离——故受之以节

节而信之——故受之以中孚

有其信者必行之——故受之以小过

有过物者必济——故受之以既济

物不可穷也——故受之以未济终焉。

序卦下章表解

下篇凡三十四卦,以明人事。易贵天人合一,当悟其分合之象数。上篇已示其反复观之同为十八,此处更可论其三十与三十四之分,象为"参伍以变"。今据马王堆出土之《周易》卦次,已能排列成八八之方阵,然仅知七、九、八、六之阴阳而尚未知"先天图"之阴阳。今以卦数论,六十四卦之以方阵分天人,似当对分成各三十二卦为是,可以下图示其意。

贞＼悔	一二三四	五六七八
一二三四	一	二
五六七八	四	三

由上图之意，可见不论纵分(一、四与二、三)横分(一、二与三、四)或对角分(一、三与二、四)当同为三十二卦以配天人。然编《序卦》之次者，深知天人之蕴决不平均，方可启发天人之气，宜由四四而改为"参伍以变"。参伍者当三与五，其象以下图示之。

贞＼悔	一二三	四五六七八
一二三	九卦	十五卦
四五六七八	十五卦	二十五卦

据图所示，由四四而改为三五之分，其间以卦数论，从四分同为十六卦而变成二分为十五卦，一分为二十五卦，一分为九卦。合计二分之十五卦，即上篇之三十卦，以示天道；合计一分之二十五卦，一分之九卦，即下篇之三十四卦，以示人道。可见天人相合之基础，决非来自阴阳的平分，而是变于参伍之位。上篇三十卦、下篇三十四卦之次序，

完全有象数变化的原则,不可任意变易。

上述《序卦》,不可空读其文字而忽视其象数。至于其文字,有其似是而非,似非而是的内容。历代读《序卦》文字而能深解其蕴者不多,唯唐代著《华严经疏钞》之澄观大师(公元 738—838)知之,其以象数喻华严之理颇有妙义。余如历代儒生,仅知文字而不知象数,更无从得知《序卦》之蕴。

表九 杂 卦 上 章

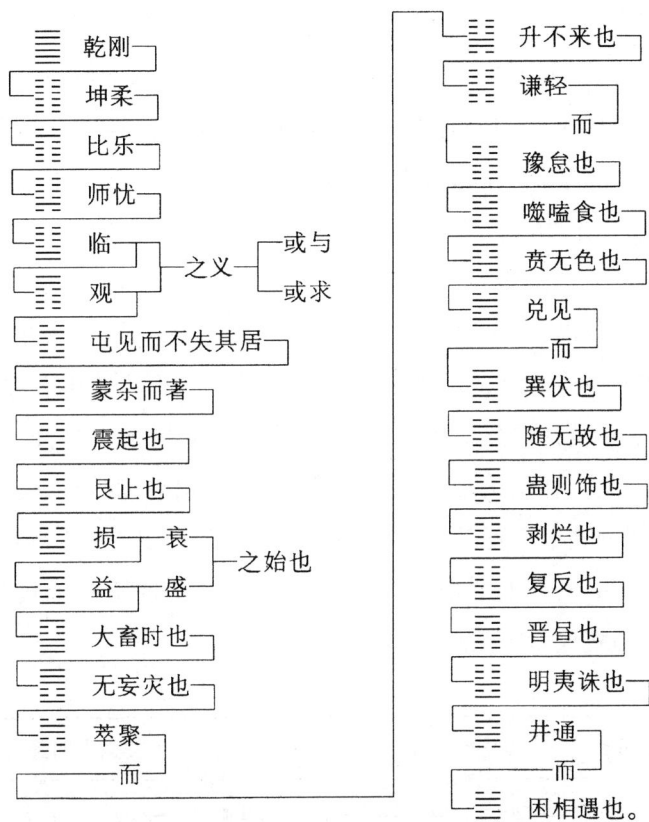

乾刚
坤柔
比乐
师忧
临
观 —— 之义 —— 或与 / 或求
屯见而不失其居
蒙杂而著
震起也
艮止也
损 —— 衰
益 —— 盛 —— 之始也
大畜时也
无妄灾也
萃聚
而

升不来也
谦轻
而
豫怠也
噬嗑食也
贲无色也
兑见
而
巽伏也
随无故也
蛊则饰也
剥烂也
复反也
晋昼也
明夷诛也
井通
而
困相遇也。

杂卦上章表解

《杂卦》继《序卦》之次,深入分析卦次的变化。说其继《序卦》,主要是《杂卦》依《序卦》的方法分三十卦与三十四卦,各以乾天坤地咸人三才之道为首。《杂卦》虽短,其意甚明,当分二章。上章自"乾刚"起至"困相遇也"凡三十卦;下章自"咸速也"起至"小人道忧也"凡三十四卦。

　　《说卦》曰:"观变于阴阳而立卦,发挥于刚柔而生爻",如合论之,阴阳、刚柔可同义。或深入分析,阴阳指卦,刚柔指爻。又《序卦》之分三十与三十四卦,仅指"参伍以变"的反复卦,而《杂卦》之分三十与三十四卦,却更注重爻变。计上章的三十卦,反复成十六卦,则知下章之三十四卦,当反复成二十卦。这就不同于《序卦》之上下篇同为十八卦。其与《序卦》的具体不同,计有《序卦》上篇之"需、讼、小畜、履、泰、否、同人、大有、颐、大过、坎、离"十二卦与下篇之"晋、明夷、损、益、萃、升、困、井、震、艮、巽、兑"十二卦。二组如互换,即可由《序卦》变为《杂卦》。且《序卦》上下篇同为反复十八卦,要在见"参伍以变"之理。《杂卦》上章反复成十六卦,下章亦将反复成十六卦,所余之卦,又与刚柔生爻有关。上章三十卦中取颐、大过两个反复不衰卦移至下章,方可使三十卦反复成十六卦,而十六为"互卦"之数。春秋、战国时的读易取象每用互体,以数论之,六十四卦互成四画的十六互卦;再由十六互卦互成二画的四卦。逆言之,刚柔二爻四卦,经上下相生而成十六互卦,又经四爻的十六互卦上下相生,自然成六十四卦。详见下表。

二爻四卦	四爻十六互卦	六爻六十四卦			
二乾	乾	乾	夬	姤	大过
	夬	大有	大壮	鼎	恒
	姤	同人	革	遯	咸
	大过	离	丰	旅	小过
二坤	颐	中孚	节	涣	坎
	复	损	临	蒙	师
	剥	益	屯	观	比
	坤	颐	复	剥	坤

上图所示,可见二画纯刚纯柔之乾、坤,与兼用一刚一柔合成之既济、未济四卦,亦为卦象的一种来源。尤其是中间环节的四爻十六互体,《系辞》名之曰"中爻";以六十四卦视之,须二与四、三与五之刚柔爻相同。《系辞》名之曰"二与四同功而异位","三与五同功而异位"。且互体的互字,恰可示其象。

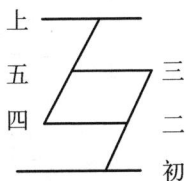

本互字之形象,可见同功异位之实质,依此看六十四卦中之十六互卦,仅属于乾、坤、既济、未济。于上图中加圈以示互卦之所在。

23

表 十 杂 卦 下 章

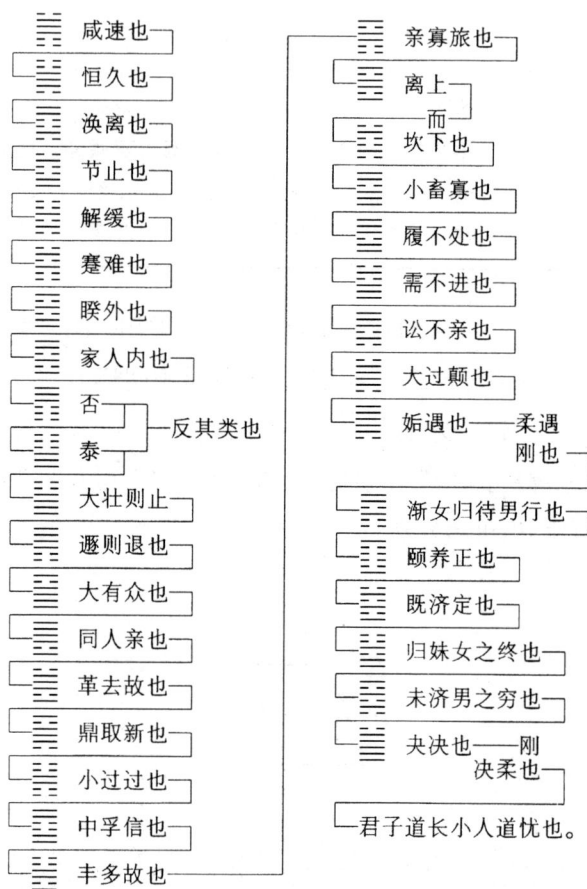

咸速也
恒久也
涣离也
节止也
解缓也
蹇难也
睽外也
家人内也
否
泰 —反其类也
大壮则止
遯则退也
大有众也
同人亲也
革去故也
鼎取新也
小过过也
中孚信也
丰多故也

亲寡旅也
离上
而
坎下也
小畜寡也
履不处也
需不进也
讼不亲也
大过颠也
姤遇也——柔遇刚也
渐女归待男行也
颐养正也
既济定也
归妹女之终也
未济男之穷也
夬决也——刚决柔也
君子道长小人道忧也。

杂卦下章表解

表十以示《杂卦》下章三十四卦之次。下章之始于"咸速也"，此"速"字义与上章之"乾刚坤柔"有直接联系。天地人三才之道，有其玄微相应之处，由《序卦》而《杂卦》即在理解由卦而爻。因天地之象无刹那停顿，人处其间由生而死，亦瞬息万变，一切生物，莫不皆然。故取

"速"字者,实即《系辞上》之"唯神也,故不疾而速,不行而至"。能喻此"速"字之由变而不变,方可悟天人之合一。如今日以光速表示时间,每秒之速度约三十万公里,可云神速。然能密合为一,相结而不知相分,则同为每秒三十万公里之速度,可绝对不知其疾。此"不疾而速"之时间,"不行而至"之空间,同为自然之变化,或倍之而为每秒六十万公里之速度,仍不觉其为疾。推究人类之合于天地,当知此"不疾而速"之"速"字,亦就是掌握时空之理始能超越时空,能一切随其变化而得其不变之阴阳。此唯后世佛教传入,结合而产生"当下"之禅机有之,而易道早具其理。以六爻之卦位论,去初上之时空,方可喻中爻之九六,此《杂卦》上下章之反复卦数,所以必取十六互卦之精义所在。然事实上,下章三十四卦,有反复卦数二十,乃于大过以下八卦,不取反复卦之次。于此文献之事实,方可知排列《杂卦》者本有其意,宜以下图示之。

《序卦》《杂卦》,同为以反复卦相次,如遇"反复不衰卦"则取旁通卦。故读《杂卦》时,在"大过颠也"以下,不接"颐养正也",读者每有所疑。今考核《杂卦》之作者,约在西汉中叶。然至东汉郑康成时,象数之理已乏人研究,郑氏疑有所误,然碍于"经文",不敢擅自改变。而虞翻注则曰:"自大过至此八卦,不复两卦对说,大过死象,两体姤夬,故

次以姤而终于夬,言君子之决小人,故君子之道长,小人之道消。"则尚能明其理,惜于象数亦已粗疏。其后自王弼之易注出,象数基本全部失传。及宋苏轼著《易传》,为改经文为反复之次的第一人,可云点金成铁。唯朱熹有见,注曰:"自大过以下,卦不反对,或疑其错简,今以韵协之,又似非误,未详何义。"可云谨慎,且以正苏轼之已不协韵的改文。不期朱子之门人蔡渊,又误解其师之言,第二次改成反复之次而协韵,实重蹈苏氏之覆辙。其后经明代何楷诸学者之深思其象,及清李光地始有环卦之认识。总上历代注释《杂卦》最后八卦之情况,汇合其义以成下表,似可理解西汉时排此《杂卦》者之神思。以下当略为说明此表之大义:

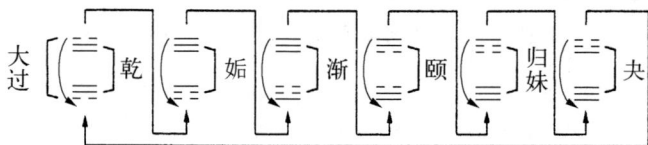

大过 〔乾〕 姤 〔 〕 渐 〔 〕 颐 〔 〕 归妹 〔 〕 夬

上图示《杂卦》上章自"乾"至"困"为三十卦反复成十六卦;下章自"咸"至"讼"为二十六卦反复成十五卦。以下八卦即另取他义,虞翻注:"大过死象",诚属《杂卦》之至言,因易道生生,当研究死而复生之理。大过之死,死于中爻自强不息的乾元为初上时空所围,而欲复生则在以夬(决)去其围。然虞氏亦未明其决去之象,今依其次而观之,自然成决柔之象。其法为由大过死象,取其上爻置于初爻之下,则卦由大过而遯。且取卦之中爻即为姤,故继"大过颠也"以下为"姤遇也,柔遇刚也"。又取遯卦之上爻,置于初爻之下,则卦由遯而无妄,取无妄卦之中爻即为渐,所以继姤为"渐女归待男行也"。以下再取无妄卦之上爻,置于初爻之下,则卦由无妄而中孚,且取中孚卦之中爻即为颐,故继渐为"颐养正也"。至于继颐为既济卦者,历代注解中始终尚未见能合于《杂卦》原著意思者。其实能取"大过"以下环互之象,仅得反复不衰八卦中之六卦,既济、未济不在其中。且取环互的目的,在取由大过之死象恢复"颐"之养生象,今正及半(指姤、渐、颐;以下之半为归妹、夬、乾)而得中互颐,必当体验互中的"互"。凡由二爻所成之乾坤为阴阳不变,而不可不知尚有既济、未济的瞬息万变。核诸人之历史和宇宙的历史,莫不缊缊在既济、未济之中。此所以继"颐"曰"既济定也",实指另外二卦的环互体,如下图所示:

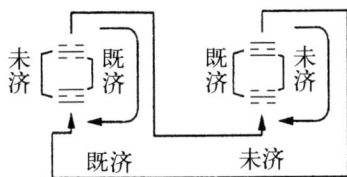

上图所见环互卦之变化,是自"颐"卦以下,兼取二个环互卦之次。且于既济下,又取"大过"卦之环互,即当中孚卦上爻置于初爻之下,卦为大畜,大畜中互归妹,故继"既济定也"为"归妹女之终也"。以下继归妹,又取另一环互卦既济,即既济上爻置于初爻之下,卦为未济,故继"归妹"为"未济男之穷也"。以下再继大过之旋互,当取大畜卦之上爻置于初爻之下,则卦为大壮。大壮中互夬,即最后一卦继"未济"而曰"夬,决也,刚决柔也,君子道长,小人道忧也"。大过六卦环互后,本当再继既济、未济环互,而既济、未济的环互,只此二卦,且其环互的卦象与取反复的卦象完全相同。所以在《杂卦》下篇末尾不反复的八卦中,大过等六卦的环互为自环体,而既济、未济的环互则为一对反复卦。故下章反复的二十六卦可和既济、未济连成二十八卦,此二十八卦即可反复成十六卦的互卦,使上下章的反复卦完全相同。而《序卦》的始乾坤,终既济、未济的大义,也与《杂卦》完全相应。再观大过的环互,最后由大壮的上爻置于初爻之下,则卦恢复大过,大过中互乾,乃决去时空之囿,恢复中爻乾象的自强不息。易道穷变通久之理,生生之象,于《杂卦》互卦卦象中见焉。

卷　二

上经（象上、象上）（表十一至四十）

表十一 乾 卦

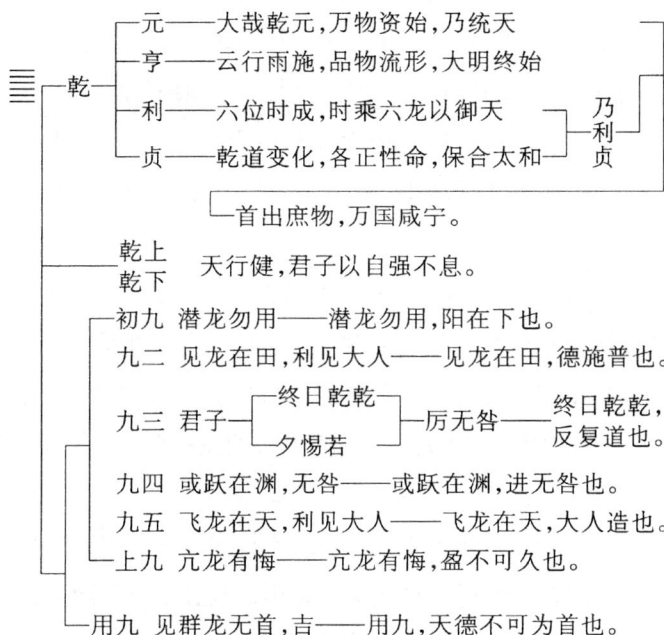

乾卦表解

《周易》六十四卦,每卦有六爻,六十四卦共有三百八十四爻。六十四卦有六十四卦名,即乾、坤、屯、蒙等(详见各卦表解)。三百八十四爻有十二爻名。定爻名层次有三:第一层次是时空,以初、终二字表示时间,而在二字间取"初"字;以上、下二字表示空间,而在二字间取"上"字。爻名兼用"初""上"二字,表示时空的结合。合而言之,卦辞明卦时而及空,爻辞明爻位而及时;分而言之,卦爻辞亦各分时位。这一卦时爻位的结构,是读《周易》卦爻辞的基础。第二层次是阴阳,由时位而及阳爻九、阴爻六,由九、六乃定初九、初六、上九、上六四爻名。更由第二层次而及第三层次是爻等,所以明时位之间阴阳爻等之理。除初、上爻外,为中爻,分四等,以二三四五当之,取名九二、九三、九四、九五和六二、六三、六四、六五。合之共有初九、九二、九三、九四、九五、上九,初六、六二、六三、六四、六五、上六十二爻名。十二爻名中的每一爻名可通于三十二爻,十二乘三十二,为三百八十四爻。又爻变经六位,阳曰用九,阴曰用六,六乘三十二为一百九十二,故用九有一百九十二爻,用六亦有一百九十二爻。《周易》乾坤两卦为阴阳之纯,故此两卦以"用九""用六"系之,其他六十二卦无不九、六杂用。

卦爻为象,显示卦、爻之象的文辞为卦爻辞。卦爻辞不同,卦辞属全卦,爻辞属全卦中的一爻。理解卦辞,当准全卦所画的象;理解爻辞,则以全卦中的一爻为主。卦以静,爻以动,静则观其六画间之象,动则全卦六位各因爻而用九六。由此卦爻合成一整体,表示天地人三才的各种变化状况。

十翼中,与卦爻辞密合者为《彖》、《象》。《彖》解释卦辞;《象》又称《小象》解释爻辞。此外又有《大象》,说明六画卦中上下两三画卦的卦象,重在三才之间的相应。《大象》不释卦爻辞,直接承八卦因重的卦象而立论。《彖》说明三才,理兼应、比、同功;《大象》取下上两三画卦结合成一整体后的相应。《小象》说明六节爻辞,《大象》总结六节《小象》而明处之之道。《彖》、《象》、《大象》紧密结合以释卦爻,为二千年来读《周易》的基础。以哲理言,卦辞明时,爻辞明位。合而言之,卦时有变(卦变),六爻阴阳之位即不同;六位之爻有变(爻变),六画之卦亦不同,此即时空之相辅相成。分而言之,卦变推求卦之成因,爻变考察卦之结果,而《大象》说明处此时位之道。以医理为喻,卦如诊断,爻如病变,《大象》如处方云。

卦象乾下、乾上,乾为天,为健。

乾卦卦辞"元亨利贞"仅四字,宜分四节。《彖》以"大哉乾元,万物资始,乃统天"三句释"元";"云行雨施,品物流行,大明终始"三句释"亨";"六位时成,时乘六龙以御天"二句释"利";"乾道变化,各正性命,保合太和"三句释"贞"。"乃利贞"合"六位时成"、"乾道变化"二节。"首出庶物,万国咸宁"二句总论四德。合此四德则贞下起元,由既济、未济之濡首,复而首出,役物而不役于物,故能"万国咸宁"。

《大象》:"天行健,君子以自强不息"者,统卦爻而明时位之理,即《周易》首乾之大义。

爻辞明初、二属三才之地,初位水下曰潜,二当地上曰田。三四属三才之人,故三称君子,四曰"或"者,或上出至天,或下入于渊。五、上属三才之天,故五位天而上位亢,亢者犹知宏观而未知微观云。《象》初言下,二言普,三以"反复"明"乾乾",四言进,五言造,上戒盈,用九贵无首,皆因位而明所处之道。合而言之,即呼应《大象》之"自强不息"。乾卦六爻称"六龙",龙为善变之物,六龙变化于六十四卦与三百八十四爻之中,乃可御天而统天。

阳爻在初位曰"初九"。初阳在下,故曰"潜龙勿用",此为确乎不拔的根本,乾元当之。

阳爻在二位曰"九二"。二当地上曰田,出潜离隐,故称"见龙"。三、四为人,乾二、五皆称"利见大人"。因二地而五天,当人参天地之象。凡乾二当之坤五,"德施普"者,为大人的作用。

阳爻在三位曰"九三"。三、四为人道,故称君子。终日乾乾,夕惕若者,为自强不息的形象。分日、夕者,因九三于消息当泰,处于"否泰反类"的天地之际。以九三君子言,居泰以"包荒",日乾也,居否以"系包桑",夕惕也,本倾否保泰之心而"反复道",故虽厉无咎。

阳爻在四位曰"九四"。四位疑而未定,故称"或"。"跃"者或上出于五,"在渊"者或下入于初,进无咎者,勉励上出。人道之进化,正待三厉、四或的努力。

阳爻在五位曰"九五"。九五之位,贯通三才为全卦主爻,故有"飞龙在天"之象,大人造也。

阳爻在上位曰"上九"。上过中曰"亢",消息阳极阴必生为有悔,上戒盈,盈不可久,不盈则可久,故亢龙有悔。

用九,即用一百九十二阳爻,用法因得、失位而异。凡得位之九十六爻,即初九、九三、九五,其用为七动而九,动而不变;失位之九十六阳爻,即九二、九四、上九,其用为七动而九、九动而八,因动而变。乾六爻潜、见、惕、或、飞、亢六爻皆龙,故称"群龙"。乾为"首",为"天德",犹一阴一阳之道。二、四、上当正其位,故不可为首。群龙无首,用九之坤而成既济,无始无终以保合太和,所以称吉。

表十二 坤 卦

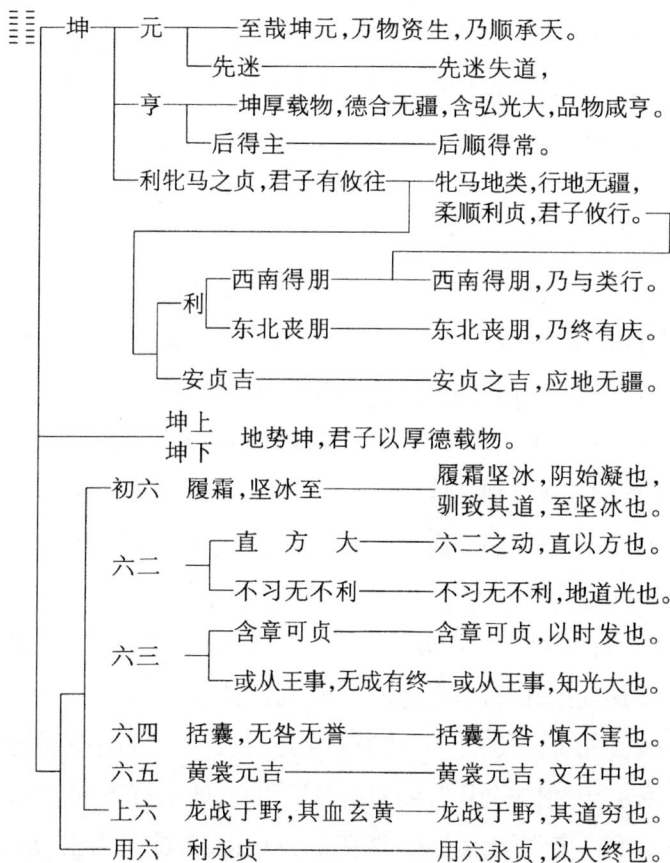

坤卦表解

卦象坤下坤上,坤为地为顺。

坤卦卦辞的纲领亦为"元亨利贞",承乾之"元亨利贞"而来,而散入整篇卦辞之中。可分二节:由"坤元"至"君子有攸往"为第一节,由"先迷后得主"至"安贞吉"为第二节,二节同为解释坤之"元亨利贞",

35

第二节足成第一节之义，表中使继于第一节之下。坤承乾而有坤元，乾元大而坤元至，乾元资始而坤元资生，乾元坤元既为二又为一，是即坤之元亨。乾为马，坤为牝马，息坤牝成乾马，初、三、五正亨成既济，为"利牝马之贞"，坤元承乾而亨为"有攸往"。"先迷"谓坤元之未承天，则坤先乾元，失阴阳而失道；"后得主"谓顺乾元而亨，凝阳出震得位为"得主"；"利"字兼"西南得朋"、"东北丧朋"，即第一节之利，乾时坤空，故辨方位。"安贞"，犹牝马之贞，于第一节"利牝马之贞"合利贞为一；于第二节又分言利贞，利又辨以西南、东北的方位，或得或丧，则坤元即乾元，庶见《乾彖》"乾道变化"之象。

《彖》以"至哉坤元"至"乃顺承天"三句释坤元；"坤厚载物"至"品物咸亨"四句释亨；"牝马地类"至"君子攸行"四句释"利牝马之贞，君子有攸往"。由"先迷失道"以下，依次释卦辞的第二节，明"有攸往"和四德的关系。乾不分而坤分为二节，以数的抽象概念而论，就是阳一阴二，为乾坤基本差别。坤地有疆，而《彖》言"无疆"者三："德合无疆"谓亨；"行地无疆"谓利；"应地无疆"谓贞。此三种无疆，皆起于"乃顺承天"的坤元。

《大象》："坤大象"承"乾大象"而来，乾健以自强，坤势以载物，乾坤云行雨施成两既济，亨道之极，殊途同归，其致一也。

阴爻在初位曰"初六"。初为阴之始凝、驯致，"履霜坚冰至"所以辨始。乾初曰"潜龙勿用"，乾勿用而坤用之，所以有履霜之戒，即《文言》"积善积不善"辨始之义。阴阳驯致其道，凝乾元而出，则正位成既济。

阴爻在二位曰"六二"。坤二与乾五相应为主爻，"直方大"为体。"不习无不利"，因坤地有自然之利，故云"不习无不利"。《小象》谓"地道光"，初、三正成阳，卦成离为光，乃"含万物而化光"。二为坤元之正位，即"地道"。

阴爻在三位曰"六三"。三为"含章可贞"。"含章"指坤含既济，

《说卦》:"六位而成章。""可贞"指六三正成九三。时发而光大,坤之含章得时而发,发则坤成离为光。或发、或不发,要在知时。九五为王,三四为人道,未正则有或,故乾四为或跃,坤三为或从,三正则不或。未正无成,有终则正成谦三之"君子有终"。

阴爻在四位曰"六四"。括囊者,韬光之象。阴正位故无咎,二多誉,四多惧故无誉。三、四为人道,三含四括者,三之含章而无成有终,可免乾三之厉,四之括囊而韬光避害,乃定上下之或。处世之道可尽于乾坤两端之间,可深思之。

阴爻在五位曰"六五"。坤为黄裳,元吉之正,犹比之"元永贞"。《系辞》"物相杂,故曰文",经纬天地,人道参之而立,三才之道也,故文而元吉。九五、六二与六五、九二,性命之几则在其中。

阴爻在上位曰"上六"。"龙战于野",战谓接,即阴阳之相接。上爻曰穷,犹乾上曰亢,乃消息之义。阴阳消息,庶明周期之理。"其血玄黄"者,乾二至坤五,上卦成坎为血,乾亢反初,震为玄黄,"其血玄黄"而卦成屯。屯《大象》曰"君子以经纶",经纶者,三含章时发而成既济。

坤卦亦有用六,与乾卦用九同义。用六用一百九十二阴爻,用法亦因得失位而异。凡得位之九十六阴爻,即六二、六四、上六各三十二爻。其用为八动而六,即动而不变。凡失位之九十六阴爻,即初六、六三、六五,其用为八动而六,六变而七,即因动而变。利永贞者,正坤成既济。乾元用九不言所利,坤元用六有所利。然利以大终,乃坤元含于乾元,利贞于既济,为保合太和之象。

表十三　屯　　卦

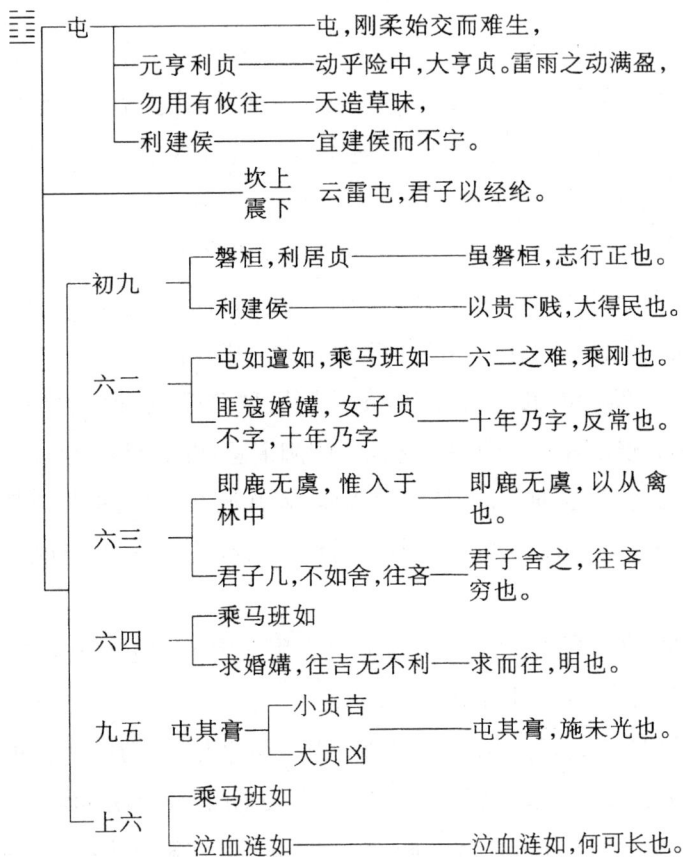

屯卦表解

卦象震下、坎上,震为雷、为动,坎为水、为云、为险。

卦辞分三节,一、元亨利贞,承乾之元亨利贞、坤之元亨利牝马之贞而言。又卦从临来,临亦曰元亨利贞。元谓复初乾元,上息成临,二五亨生贞,三正成既济为利贞,故屯具四德。二、勿用有攸往谓六三,往吝而舍之,则屯成既济。三、利建侯为初九,得民以宁天下,为不拔之乾元,宜为卦主。《彖》以"刚柔始交而难生"释卦变,临九二刚六五柔,始交九二,升九五成屯五坎,坎为难,故"难生"。由此震动坎险,而"大亨贞"成既济。"雷雨之动满盈"指下震为雷,上坎为雨,"满盈"而三正参坎,云行雨施成既济也。"天造"谓五,"飞龙在天,大人造也","草昧"谓三,"宜建侯"谓初,初为卦主而不宁,所以宁天下正三成既济,乃消屯难。

《大象》:云雷积叠,屯难之象。卦象天地之道已正而人道未正,君子处此当经天纶地,正六三成既济以济屯难也。

初九,"磐桓"为旋象,不宁也,正位故"利居贞"。贞初贞五,初五皆得位故"志行正"。卦从临来,临初《象》亦曰"志行正",所以二升于五。《杂卦》"屯见而不失其居","见"指九五,"居"指初九,即此"志行正"也。九五王建初九震侯,故"利建侯",阳贵阴贱,初九下于二三四坤民,所以"大得民"而有利。

六二,二四上皆曰"乘马班如",初九、九五阳位,乾阳为马,凡阴处阳爻曰"乘",故皆曰"乘马"。二乘初九而应九五为坎难,故"屯如邅如",然九五、六二正应,则匪寇,乃婚媾也。三未正反常,"女子贞不字",正之故"十年乃字"。

六三,艮为山,六三当山足为鹿,虞为猎,三未正,故无虞。无虞入林以从禽,则迷而永不得禽,故君子见几而舍,三正则免"往吝"之穷。

六四,二四上皆曰"乘马",二乘刚,上无应,则或有难,或泣血,唯四能承五应初,有求而往之明,故往吉无不利,初四正应为婚媾。

九五,坎为膏,三未正,下参坎雨不降为"屯其膏",屯错鼎,即鼎三之"雉膏不食"。阳大阴小,"小贞吉"谓二四上小位皆正而吉,"大贞凶"谓初三五大位中三未正而凶,当下施而坎为雨离为光,大小贞皆吉也。

上六,上卦坎为血卦,三未正,上无应,故曰"泣血涟如",三不变则上位极而不中,故"何可长也"。

表十四　蒙　　卦

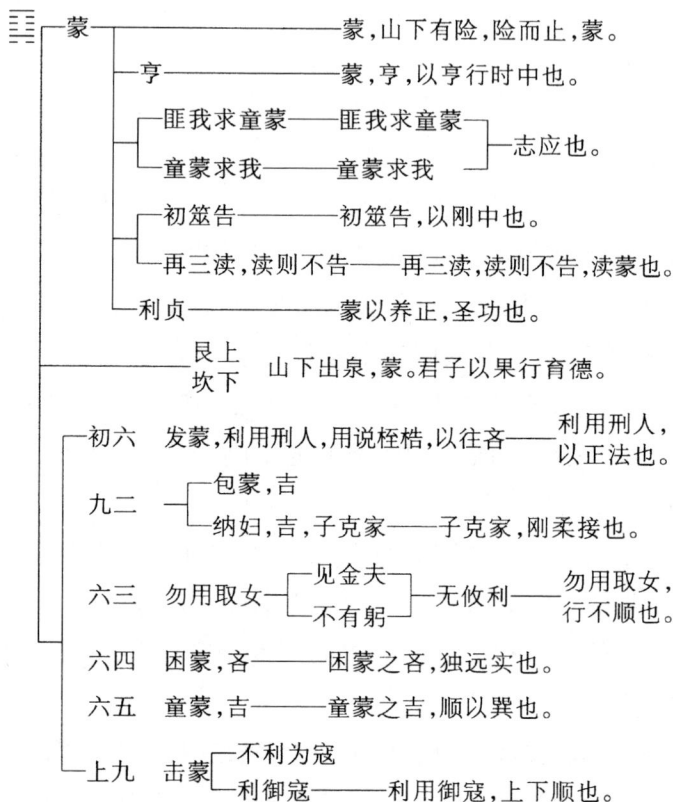

蒙————————————蒙，山下有险，险而止，蒙。

　　亨————————————蒙，亨，以亨行时中也。

　　匪我求童蒙————匪我求童蒙
　　童蒙求我————童蒙求我————志应也。

　　初筮告————————初筮告，以刚中也。

　　再三渎，渎则不告————再三渎，渎则不告，渎蒙也。

　　利贞————————蒙以养正，圣功也。

　　艮上
　　坎下　　山下出泉，蒙。君子以果行育德。

初六　发蒙，利用刑人，用说桎梏，以往吝————利用刑人，以正法也。

九二　┌包蒙，吉
　　　└纳妇，吉，子克家————子克家，刚柔接也。

六三　勿用取女┌见金夫
　　　　　　　└不有躬————无攸利————勿用取女，行不顺也。

六四　困蒙，吝————困蒙之吝，独远实也。

六五　童蒙，吉————童蒙之吉，顺以巽也。

上九　击蒙┌不利为寇
　　　　　└利御寇————利用御寇，上下顺也。

蒙卦表解

卦象坎下、艮上，坎为水、为险，艮为山、为止。

蒙卦坎下、艮上，二体险而止，故蒙。凡蒙者，止于险而不知也。卦辞有四义，以尽教育之道。其一为亨，卦变观五亨二而生蒙，本诸亨通之理，才能使蒙者不蒙。其二志应，"匪我求童蒙，童蒙求我"，童蒙指六五，我指九二主爻。九二为启人蒙者，因启蒙，故必由童蒙来求我,非我往求童蒙,《礼》"有来学无往教"是也。童蒙有来学之诚,方可由其诚而去其蒙。不然往求童蒙以去其蒙,彼尚未知有蒙,虽曰教之,无益也。其三谓刚中,童蒙来求我,已有其诚,是谓"初筮告",如再三不休,不信初筮之告,则由诚而渎。渎则虽告,徒增其蒙而非去其蒙,故亦无益而不告。四曰"利贞",为养正之道,此即圣功,谓我以正道养蒙,使蒙者皆能当其时而去其蒙。养蒙以正,成既济为利贞。

《大象》: 果行育德,为学不厌、教不倦之象。能学不厌教不倦者,则蒙皆因时而去,即为启蒙者之圣功。

初六,发蒙。六爻中二上阳爻,象启蒙者,初三四五阴爻,象蒙者。初承二,故二发其蒙,利用刑人以正法,谓用礼法,能脱蒙之桎梏,往四无应为吝。

九二,包蒙。九二掌握去蒙之时机,即《象》"时中"之义,因时至须去蒙。去蒙和包蒙,当刚柔之际。纳妇吉子克家者,识阴阳也。

六三,三阴柔乘刚,蒙而不自以为蒙。外诱于"金夫"而说之,内放心而"不有躬",故"勿用取女"而无攸利。

六四,四应初比三五,皆为阴爻,故独远实而为困蒙。远实之实指阳,阳实阴虚,其吝自不待言,然困而学之,犹能有为。易象四应初为独,初正四有应,四能舍比而应,则阳实不远,为困学之象。

六五,五于二为志应,童蒙有初发之诚,五阴柔居尊,谦下应二,犹童蒙顺巽以求教之象,故吉。

上九,击蒙。蒙而不知去,反以不蒙为蒙,此为寇。寇者必不来求我,如六三之反乘二,则上九必击去之。不利为寇,即六三之无攸利,利御寇则正六三,上下顺也。又屯屡言"匪寇婚媾",蒙上与三,其象反之,谓匪婚媾也,乃寇也。

表十五　需　卦

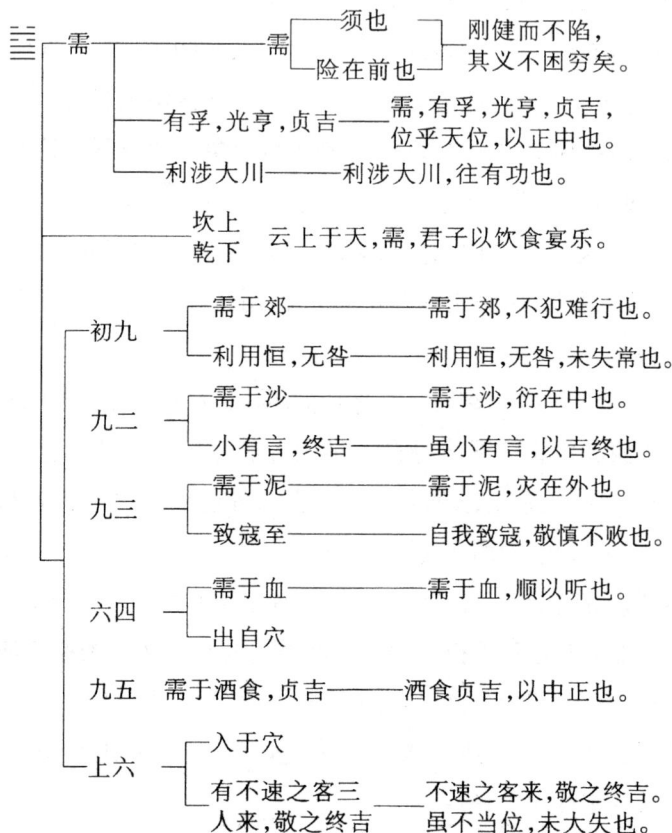

需卦表解

卦象乾下、坎上,乾为天、为刚健,坎为水、为大川、为云、为险、为陷。

卦辞分二义。一、有孚光亨贞吉。谓有孚而亨生光,则贞吉。卦变从大壮来,大壮四挥五生需,坎为有孚,坎卦辞"有孚惟心亨",《象》曰"行险而不失其信"是也。亨生离光为光亨。贞吉指九五,位乎天位以正中也。二、利涉大川。涉大川有利有不利,因象而异,而需之所以利,指九五正位,《系辞》曰"五多功",《象》曰"往有功"。又需,《彖》以"须"释之,须为等待,险在前也,如刚健而不陷,则不困穷,上天之坎云将化雨下施以济天下而成既济。

《大象》:饮食宴乐,即九五卦主之"需于酒食"。需有孚、光亨、贞吉、利涉大川而需于酒食,故君子亦饮食宴乐以自养也。

初九,初最远于险,故曰需于郊。利用恒,为恒其所守,以不犯难行为常,故无咎。

九二,二渐近于险,故曰沙。二、三、四兑口为有言。二处中又未至险,故有言为小,能之正则终吉,坎流为衍,九五正之也。

九三,三已近险,故曰泥。本爻为"我",外卦坎为寇、为灾,故致寇至。下卦乾为敬,敬慎中正,故不败。

六四,四已入于险,血之出穴,犹云之上天。凡气阳血阴,需于血之出入于穴,当顺以听,此为处险之道,亦为养生之理。坎为血,六四阴为穴。

九五,五处险中,坎酒兑口,故曰需于酒食。贞吉即卦辞之"贞吉",《象》曰"位乎天位以正中也"。四海困穷,天禄永终,发挥中正之道以孚天下,故可需于酒食,处险而无险也。

上六,上居险极,坎血出于四穴,入于上穴,血之出穴、入穴,犹云气之变化,当化雨而下施也。"不速之客三人"指下卦三阳爻,上六应九三,但一应三爻皆至,故"不速之客三人来"。然三爻未皆当位,故须敬之。三曰敬慎,上曰敬之,三上交相敬,则正二。不当位爻在二,上无大失,二正成既济,二吉终,上亦终吉。

表十六　讼　　卦

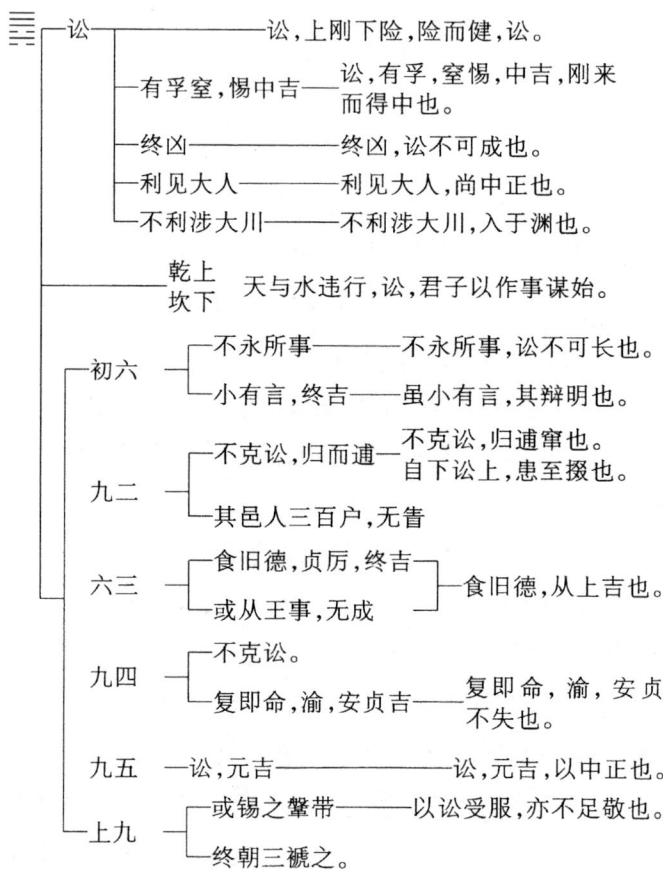

讼卦表解

卦象坎下、乾上,坎为水、为险,乾为天、为健。

《彖》分五节:首节以上下二体释讼,坎心险而乾行健,上刚下险,所以成讼。二节以"刚来而得中"释"有孚窒惕中吉",谓卦变,"刚"于爻谓九二。讼由遯来,坎有孚,遯下卦艮止为窒,生讼下卦坎险为惕,九二得中为吉。三节释"终凶",谓讼不可成,于爻谓上九及六三。四节以"中正"释"利见大人",于爻谓九五。末节以"入于渊"释"不利涉大川",于爻谓初六。有吉、有凶、有利、有不利,讼也。乾四曰"或跃在渊",渊亦谓初,初正则不入于争讼之渊,卦成履,履礼而免终凶矣。

《大象》:两造乖违,其行愈远,故成讼,天与水违行也。作事谋始,谓消其因不使成讼,始犹初,初正得本,则化姤遯否之消为息,为化讼之大法。

初六,初位未正,能不永所事,幡然而改,辩明小有言,芥蒂顿失,由阴而阳,故终吉。凡作事谋始者,何必成讼邪。

九二,二、四刚而失位,二险四健,讼事以成。讼则终凶,故皆不克讼。爻分二义:不克讼一也,讼败而善后二也。九二不克讼而窜于三百户之小邑,俭德避难,免自下讼上之患,亦能无眚。

六三,上卦乾为旧德,三处险健之际,承而食之,以从王事,日乾夕惕虽危无咎,是谓"贞厉,终吉",即坤三之知光大。"从上",谓食旧德以从王事,则是明于讼之无益而不为之君子。

九四,二险入于四健,不克讼与二同,"复即命"谓之正于初,"渝"谓变,讼而复,得本为命渝,即安贞吉之不失,为息讼之法。

九五,讼元吉,讼卦六爻唯此一爻正位,乃以中正而为听讼之大人。《论语》:"听讼,吾犹人也,必也使无讼乎",元吉之象也。九五中正元吉,诸爻皆利见之。

上九,上健而亢,以讼为事者也。上当讼之终,幸而胜,故锡之鞶带,讼胜而受服,必有终朝三褫之辱,故"不足敬",即卦辞之"终凶",喜讼者当戒之。"或"谓失位,三上均系"或"字,皆宜之正,以免凶厉。

表十七　师　　卦

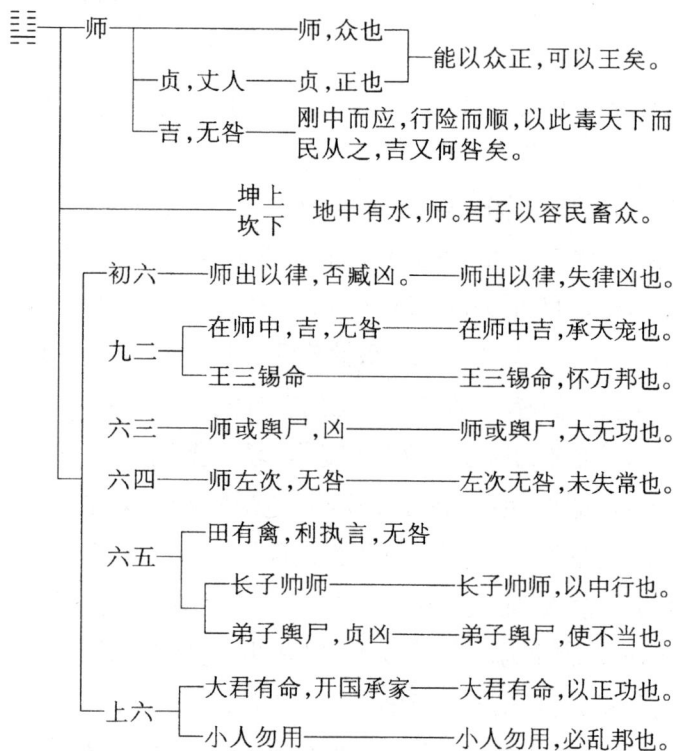

师卦表解

卦象坎下、坤上。坎为水、为险，坤为地、为顺。

师卦九二以一阳为将统五阴，为率师之象，故称师。《彖》以众释师，以正释贞，"能以众正"即九二之丈人，"可以王矣"，指九二升九五。丈人所以"吉无咎"者，于爻象九二应六五为刚中而应，于卦象二体当坎险坤顺，以此毒天下而民从之，可以王矣。所以称"贞，丈人"，谓以贞为本，丈人重其老成持重。因兵者凶器，圣人不得已而用之。必也

46

丈人通于王者,才能免毒之害而用之,得吉方可无咎。故用师当郑重之至。师反比,比吉也,不言无咎。

《大象》:容民畜众,师之本也。凡用师毒天下而民从之,容民畜众乃消去其毒。

初六,六爻分言师之得失,初言律,"否臧"为失律。卦象坎为律,律兼音律和纪律而言,律者所以成师,失律之师为寇,其凶不言而喻。

九二,二为卦中主爻,即卦辞"贞丈人吉无咎"。"承天宠"指九二应六五。"王三锡命",指九二升九五,丈人有怀万邦之志,方可用师吉而无咎。

六三,三爻不中不正,有穷兵黩武之象,故舆尸无功。"或"指失位,即乾四"或跃于渊"和坤三"或从王事"之"或",故凶而无功。

六四,四爻阴柔,不中而居阴得正,故有左次退避之象。四左次无咎者,不敢为天下先,得用师之常。

六五,五应于二,得用师之正,田有禽,当执而申张正义,故去其禽而无咎。长子帅师指九二,弟子舆尸指六三。长子老成,中行以去禽。弟子使不当,故舆尸而贞凶。贞凶谓六三当正位成九三。

上六,上师成禽去,当开国承家以重见太平之象。然正功之时当勿用小人,不然又将乱邦,师将更出,用师无已,能不惧哉? 大君防患于未然,可谓知几。若师卦之上爻,即《大象》之目标,而师卦之小人,即失律及舆尸者。

表十八 比 卦

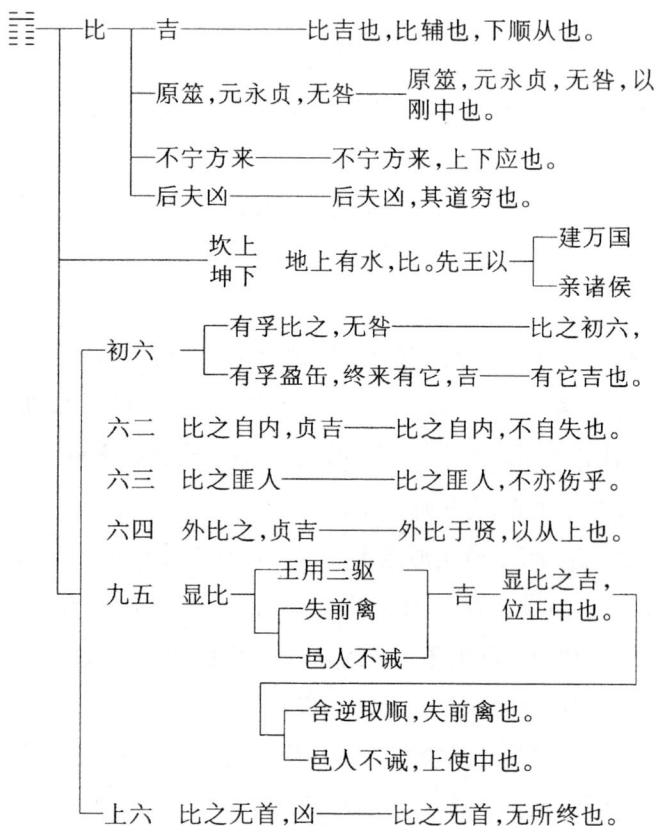

比——吉————————比吉也,比辅也,下顺从也。

——原筮,元永贞,无咎————原筮,元永贞,无咎,以刚中也。

——不宁方来————不宁方来,上下应也。

——后夫凶————后夫凶,其道穷也。

坎上坤下 地上有水,比。先王以——建万国/亲诸侯

初六——有孚比之,无咎————比之初六,

——有孚盈缶,终来有它,吉——有它吉也。

六二 比之自内,贞吉——比之自内,不自失也。

六三 比之匪人————比之匪人,不亦伤乎。

六四 外比之,贞吉———外比于贤,以从上也。

九五 显比——王用三驱/失前禽/邑人不诫——吉——显比之吉,位正中也。

——舍逆取顺,失前禽也。

——邑人不诫,上使中也。

上六 比之无首,凶———比之无首,无所终也。

比卦表解

卦象:坤下、坎上。坤为地、为顺,坎为水。

比卦之吉指九五,九五刚中而为卦主,在下皆顺从而辅助之,所以吉。"原筮"指再筮,得筮之原而"元永贞",天人之际之根本也。"原筮"相对蒙卦"初筮",比尚原筮,蒙尚初筮。启蒙贵初发之诚,再三则渎。比贵一再之思,原筮而得本。原筮"元永贞",为九五刚中,以至德

凝至道而无咎,且能致不宁方来而上下应也。上六乘刚,而际比吉之时为后夫,乃不比圣王,是以道穷而凶。

《大象》:地水为比,密合无间也。先王指九五,"建万国亲诸侯",亲亲之义,所以致万世之太平也。

初六,上卦坎为有孚,初有孚于五而比之,故为无咎之道。然初位未正,且感有孚而盈其缶。因孚而及它来,则之正而吉,即初正成屯,以经纶天下。爻有二义,《象》亦应之,比之初六,指无咎言,终来有它,指吉言。

六二,二位本应五,内比指初,初有它吉,二内比贞吉,皆谓正初。能内比而应上,为不自失之道。

六三,《说卦》"立人之道曰仁与义",三乃人道之仁,失位为不仁之匪人,不仁而比,朋比为奸也。二曰内比,四曰外比,避此朋比也,当之正以去匪人之伤。

六四,四外比于五,与二三之内比于初相对,皆得比道之正,同曰贞吉。外比于贤,使不宁方渐宁,从九五之上是也。

九五,显比之吉,指正中而显诸仁。王用三驱,失前禽者,谓舍逆而取顺,此来者不拒,去者不追,有网开一面之象,故为王者之风。邑人不诫而吉者,谓王者心无取舍,邑人亦无得失,共化于中,故吉。此以田猎喻王者之仁,犹师五之田有禽利执言,比主仁而师主义,时、事异而其道则一。

上六,上阴柔为无首,乘刚为后夫,应六三为朋比匪人,无所终而凶自取也。能由无首而有道,则由逆而顺,由后而先,则变无所终为有所终。

表十九　小　畜　卦

```
☰ ── 小畜 ──────────── 小畜,柔得位而上下应之,曰小畜。
            ├─ 亨 ──────────── 健而巽,刚中而志行,乃亨。
            ├─ 密云不雨 ──── 密云不雨,尚往也。
            └─ 自我西郊 ──── 自我西郊,施未行也。

            ┌ 巽上
            └ 乾下　　　风行天上,小畜。君子以懿文德。

  初九 ── 复自道,何其咎,吉 ── 复自道,其义吉也。
  九二 ── 牵复,吉 ──────── 牵复在中,亦不自失也。
  九三 ──┬ 舆说辐,
         └ 夫妻反目 ──────── 夫妻反目,不能正室也。
  六四 ── 有孚,血去惕出,无咎 ── 有孚惕出,上合志也。
  九五 ── 有孚挛如,富以其邻 ── 有孚挛如,不独富也。
         ┌ 既雨既处,尚德载 ── 既雨既处,德积载也。
  上九 ──┤ 妇贞厉,
         │ 月几望,
         └ 君子征凶 ──────── 君子征凶,有所疑也。
```

小畜卦表解

卦象:乾下、巽上。乾为天、为健,巽为风、为木。

小畜五阳畜于六四一阴,六四柔得位,而上下五阳应之,二体以巽畜乾健,阴为小,故为小畜。亨,谓二五刚中而志行。当二爻未正,有密云不雨之象,下参兑为密云,二未正不成坎雨为不雨,故宜自兑西乾郊以雨,则尚往而施行于天下。

《大象》:大畜"多识前言往行以畜其德"为史学,小畜"懿文德"为文学。风行天上尚变,所以使密云而雨也。

　　初九,六爻皆为文德之象,乾四、坤初挥而小畜通复,故初二皆言复。复自道者,得乾元之本,正位有应,故何其咎。于象复自道,当由小畜而自复于一阴一阳既济之道,故吉,即文以载道之象。

　　九二,初正位而安于复,为复自道。二位未正,五挛如而二连初,故牵复,由中而正,不自失以文之,故吉。

　　九三,舆轮成车,夫妇成室,舆脱輹,车不行,九二不能正室成家,夫妇则反目。九三正位,君子终日乾乾,懿文德,则出能行天下,入能正室。

　　六四,三四当由贞而悔,上卦当施行之位,故四上合五志,血去,以去天下之害,惕出,以解众生之忧,故无咎。九五刚中而六四志行,故有孚,有孚坎象,当正上。

　　九五,五四合志,故有孚。挛如于二,而二不自失,则去脱輹之害,解密云不雨之忧。富及其邻,犹施行尚往以正天下。

　　上九,既雨既处,尚德载,谓厚积德以云行雨施,小畜之道成焉。当位未正,有密云不雨之象,故月几望而妇贞厉,君子征凶也。凡文而忘质,富而不教,安得无疑? 若积德以处,几望而不盈,自我西郊而云行雨施,安得有疑?

表二十　履　卦

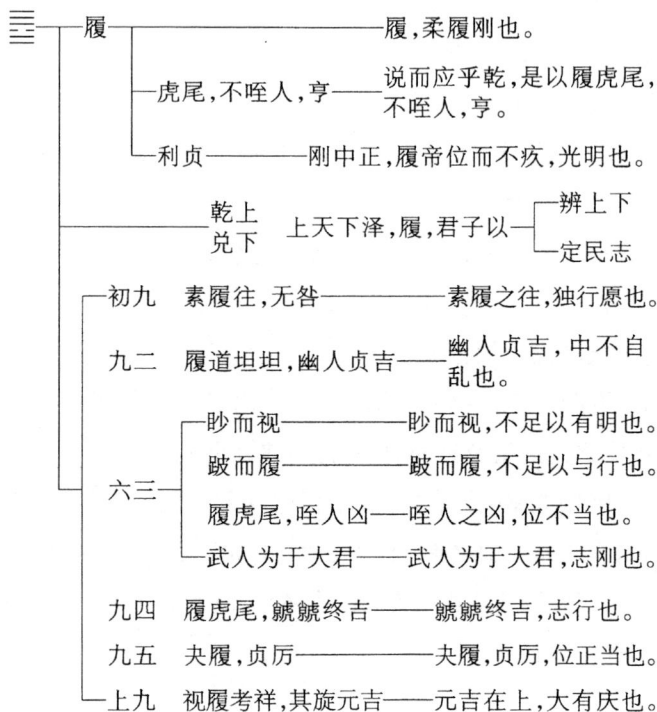

履卦表解

卦象：兑下、乾上。兑为泽、为口，乾为天。

履为践，礼也，柔履刚指六三。履兑为虎，谦艮为尾，履履谦，有履虎尾咥人之象。二体兑说而应乎乾，是以履虎尾不咥人亨。九五刚中正履帝位而不疚，守正不变，乃光明成既济为利贞。又柔履刚者，即坤以凝乾，然苟非至德，至道不凝焉。履礼有咥人不咥人之异，说而应乎乾，则不咥人，不然难免于咥人之凶。此犹水能载舟亦能覆舟之义。

《大象》：辨上下者，即辨上天下泽也。辨明说而应乾之理，上下

52

明,民志定,各安其位,乃礼成。制礼而行,解忧患也。

初九,素履而行,不愿乎外。初四正应为独行,初九正,四随之而正,故往无咎。

九二,二谓履礼而行,其道坦坦。幽人见此坦坦之道,履之而行,故贞之而吉。九五天秩天序,初二独行而中不自乱,故无咎、吉应之。

六三,位不当,故眇而视,跛而履,咥人凶。卦辞言不咥人,爻辞言咥人者,卦辞本二体言,乃下卦应上卦,不论其位之得失。爻辞本六爻言,重位之得失,六三失位当兑口,故咥人凶。彼眇、跛而咥人,安足以言礼,乃上卦乾武人佑九五大君,行刚志以正眇、跛,则免六三咥人之凶。

九四,四多惧为虩虩。三当虎尾而咥人凶,四知惧,虩虩而戒,三正承五以行坎志,故终吉。

九五,二体由履而夬为夬履,夬履指决去六三之眇跛,三上未正时有厉,故履五必决六三,即武人为于大君。

上九,乾善为祥,上当履终,故视履考祥以为履道之本。其旋谓循环,犹三代之礼,各有损益。视履考祥以知本,其旋以识时,是以元吉。易象上之初或初之上为旋,上下互根,皆辨之而行,莫不有庆。

表二十一　泰　　卦

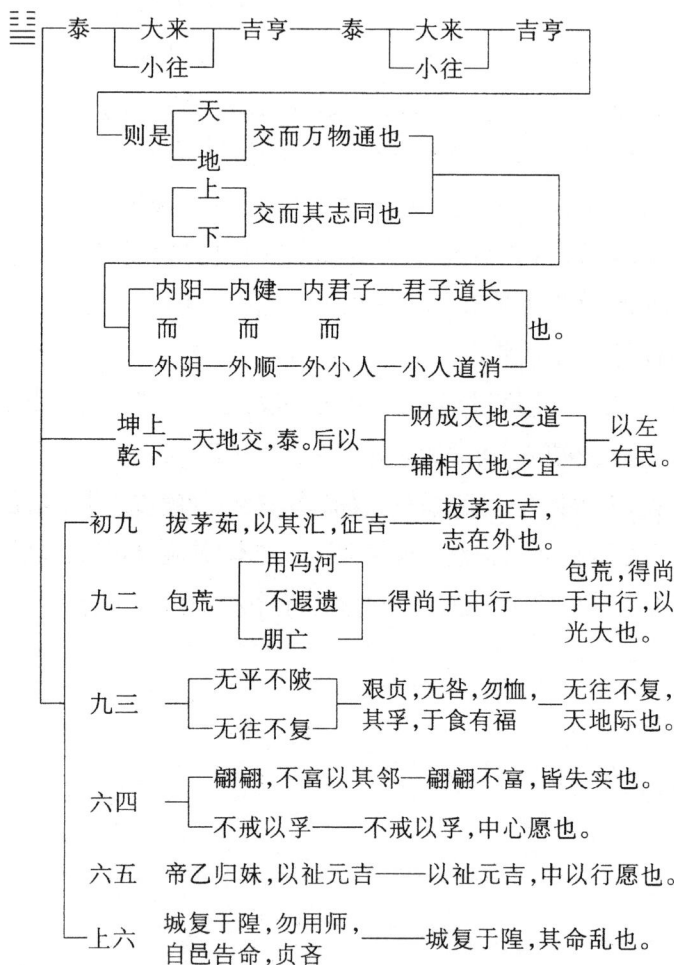

泰—大来—吉亨——泰—大来—吉亨
　　小往　　　　　　　小往

则是┌天┐交而万物通也
　　　│地│
　　　└上┘
　　　┌上┐交而其志同也
　　　└下┘

内阳—内健—内君子—君子道长
而　　而　　而　　　　　　　也。
外阴—外顺—外小人—小人道消

坤上　天地交，泰。后以┌财成天地之道┐以左
乾下　　　　　　　　　└辅相天地之宜┘右民。

初九　拔茅茹，以其汇，征吉——拔茅征吉，志在外也。

九二　包荒┌用冯河┐得尚于中行——包荒，得尚
　　　　　│不遐遗│　　　　　　　于中行，以
　　　　　└朋亡┘　　　　　　　　光大也。

九三┌无平不陂┐艰贞，无咎，勿恤，┌无往不复，
　　└无往不复┘其孚，于食有福　　└天地际也。

六四┌翩翩，不富以其邻—翩翩不富，皆失实也。
　　└不戒以孚——不戒以孚，中心愿也。

六五　帝乙归妹，以祉元吉——以祉元吉，中以行愿也。

上六　城复于隍，勿用师，——城复于隍，其命乱也。
　　　自邑告命，贞吝

泰卦表解

卦象：乾下、坤上。乾为天，坤为地。天地交，泰也。

二体否反泰，泰反否，否泰反类而所以贵泰，就在于天地上下交通

而志同。而阴阳健顺君子小人之消长,就在此阴小阳大之往来。泰坤往外卦为小往,乾来内卦为大来,其唯小往大来而吉亨,则天地已交后以裁成辅相以左右民而同归于道,即《大象》之志。创业维艰,开泰既难,而济泰尤难,故当兢兢业业,不可有丝毫怠忽也。

《大象》:六十四卦《大象》唯此一卦称后,后继先王,所以辅相而左右民,以尽天地间人事的作用。

初九,六爻大义明消息之往来。初拔茅茹以其汇,谓消息之同类相从,故否泰初爻皆云拔茅茹以其汇,泰初其志在外,故征吉。

九二,包荒以中行,为吉亨之主。"用冯河"、"不遐遗"、"朋亡"三者为济泰之大法。用冯河以戒逸,不遐遗以明鉴,朋亡以去私,泰由此而济,即包荒"光大"之象。

九三,三、四天地际,当人心一念之间,即《书·多方》之"惟圣罔念作狂,唯狂克念作圣",否泰反类也。于时空之平陂往复,艰贞守之,可无咎。而于消息之变化勿忧,当孚于此际,则食其机而有福。

六四,三阴相连为翩翩,阳实坤虚为不富。邻指五、上,二升五正成既济为孚,坎为孚为心为愿,不戒谓孚之诚,四有所承为中心愿。二之"中行"于五即为"中以行愿",于四即为"中心愿",四五邻爻,其愿一致。

六五,五参震上为帝乙,中互震兄归兑妹为归妹,归妹以明阴从阳之义。九五为祉,中行坎水成愿,正位元吉,犹坤五之元吉,即二升五降之理。

上六,城下沟,有水称池,无水称隍。积土为城而城存,城复于隍而城毁。上之城存、城毁,犹三爻平陂往复之义。勿用师,用师即命乱而否。自邑告命,指卦之阳息成夬,即夬卦辞的"告自邑",上六处此虽贞犹吝,至夬上为凶。

表二十二 否 卦

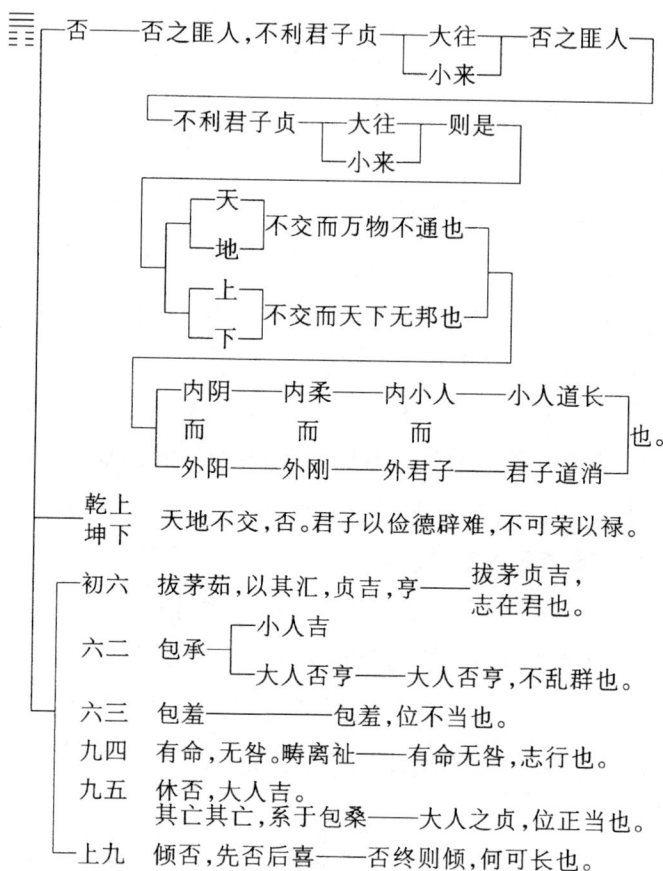

```
䷋ ─否─┬否之匪人,不利君子贞─┬大往─┬否之匪人
      │                    │     └小来
      │                    └不利君子贞─┬大往─则是
      │                                └小来
      │         ┌天─┐
      │         │ 地 ├─不交而万物不通也
      │         │ 上 ┐
      │         └ 下 ┴─不交而天下无邦也
      │    ┌内阴──内柔──内小人──小人道长─┐
      │    │ 而    而    而              ├也。
      │    └外阳──外刚──外君子──君子道消─┘
   ┌乾上  天地不交,否。君子以俭德辟难,不可荣以禄。
   │坤下
   ├初六  拔茅茹,以其汇,贞吉,亨─┬拔茅贞吉,
   │                            └志在君也。
   ├六二  包承─┬小人吉
   │          └大人否亨──大人否亨,不乱群也。
   ├六三  包羞────────包羞,位不当也。
   ├九四  有命,无咎。畴离祉──有命无咎,志行也。
   ├九五  休否,大人吉。
   │      其亡其亡,系于包桑──大人之贞,位正当也。
   └上九  倾否,先否后喜──否终则倾,何可长也。
```

否卦表解

卦象:坤下、乾上。坤为地,乾为天。天地不交,否也。

否为否塞不通,阴阳二气各处其位,当不交之象。人为天施地生已交之二气,而具人之形尚取不交之象,此即否之匪人之义。凡乾坤二五交而坤生比,比三亦不知交为比之匪人,与此同义。《易》二言匪

人,皆反喻人道之贵交通以开泰,不然万物不通而天下无邦,即泰上命乱反否而大往小来。消息之际,几焉微焉,需思患而豫防之。或既已成否,由泰上之贞吝,即不利君子。

《大象》:当天地不交之时,君子俭德指守贞,避难为避匪人,不可荣以禄,以防贞正之不利。此为处否之法,而倾否之道亦具于此。

初六,初之拔茅以汇,否泰所同,而泰为征吉,否则为贞吉。征吉谓开泰保泰而征,何往而不吉,故志在外。贞吉者,谓宜以贞正之道,正之而吉,故志在君而亨。志君而贞吉亨,小人已化为君子,泰之吉亨当基于此。

六二,包承,小人之乃顺承天,二五正位,吉道在焉。而大人有倾否之责,入小人之群而不乱,以潜移默化而成其倾否之功,故否二之大人可为否主而无愧。

六三,天下无人为包羞,三四爻天地之际,乃人道之仁义,失位则不仁不义。小人道长而消阳不已,观而剥,不食硕果而不厬,则来复无日,亦可哀已。天地之际,人禽之异,可否可喜,其间实几希者也。

九四,外卦三阳爻皆行其倾否之志,四承五命,有命而拒三阴不使上消,使三阴畴皆离阳而得福祉,则无咎。不然阴将上消,有命者可瞬息而忘济天下之志邪。志行即否泰反类。或谓畴即九畴。亦是。

九五,五当休否而吉,九五之大人,比有畴离祉与倾否之辅,位正当而中,故可正包羞之匪人。当上消时,五不应自安其位,当以剥肤之象自戒,存"其亡其亡,系于包桑"之心,则身安而国家可保。

上九,终而倾否,即消息之循环,有先否之不喜,始见后泰之可喜。否泰反复,天行也,而宜倾否以保泰,故否终则倾,何可长也。

表二十三　同　人　卦

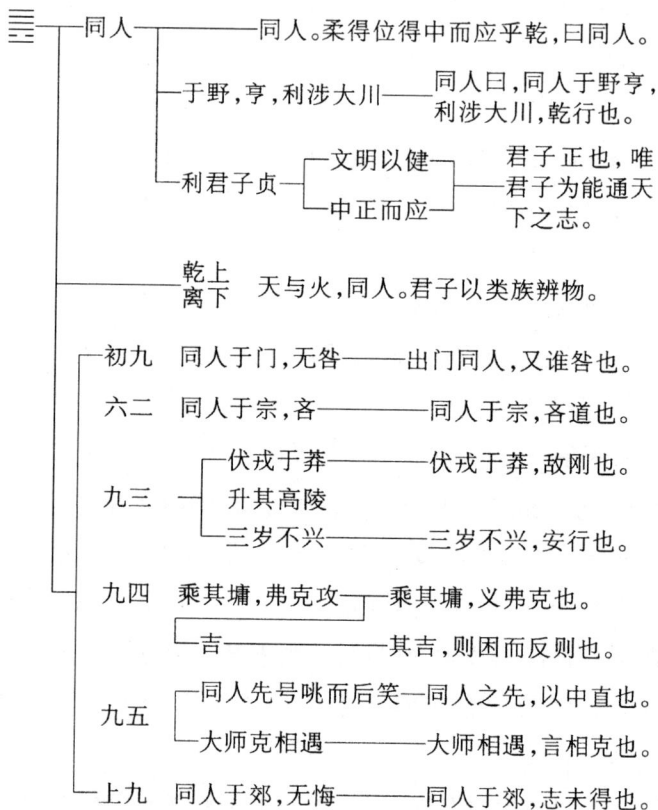

```
☰    同人 ──── 同人。柔得位得中而应乎乾,曰同人。
      ├─ 于野,亨,利涉大川 ──── 同人曰,同人于野亨,
      │                        利涉大川,乾行也。
      │           ┌ 文明以健 ─      君子正也,唯
      └─ 利君子贞 ┤              ─ 君子为能通天
                  └ 中正而应        下之志。

      ── 乾上    天与火,同人。君子以类族辨物。
         离下

  初九  同人于门,无咎 ──── 出门同人,又谁咎也。

  六二  同人于宗,吝 ──── 同人于宗,吝道也。

        ┌ 伏戎于莽 ──── 伏戎于莽,敌刚也。
  九三 ─┤ 升其高陵
        └ 三岁不兴 ──── 三岁不兴,安行也。

  九四  乘其墉,弗克攻 ┬─ 乘其墉,义弗克也。
        └ 吉 ──────── 其吉,则困而反则也。

  九五  同人先号咷而后笑 ─ 同人之先,以中直也。
        └ 大师克相遇 ──── 大师相遇,言相克也。

  上九  同人于郊,无悔 ──── 同人于郊,志未得也。
```

同人卦表解

卦象:离下、乾上。离为火,乾为天。乾天上出,离火炎上。

宇宙间以理而言,万物莫不同。卦象乾为野,同人者,乃同乎人性之本然也,放于四海皆准,故谓同人于野。同人始于近而及于远,凡于门于宗而于郊于野,野既同,则无所不同,故君子正道而能亨通天下之志。由乾行而能济,大川之险何能阻隔哉。六二一阴,柔得

位得中而应乾为卦主,即坤五"黄中通理正位居体"而生同人,故利
君子贞。

《大象》:君子之亨于野,贵乎类族辨物。类族谓方以类聚,辨物
谓物以群分。类族辨物,所以辨六十四卦之阴阳得失以尽天下之
责也。

初九,初二比爻有合,四爻未合,故为同人于门。此非君子通天下
之道,然又可出门同人以正四,出入无疾,则无咎而又谁咎也。

六二,二当在田以济人,然仅知同人于宗,故为吝道。知一族而不
知类族,执一物而不知辨物,不能大同通志也,故吝。

九三,三敌刚而伏莽升陵,欲同人而未能,故有攻伐而三岁不兴之
象。然此爻本正,故宜安行以同人。

九四,四亦敌刚而乘墉,失位而义弗克,攻比爻三或五与应爻初,
均非,故困,弗克攻而之正,反则而吉。

九五,同人通天下之志,然以六爻言阻隔亦甚。初限于门,二限于
宗,三、四敌刚而伏莽乘墉,通志之理,扼塞殆尽,五爻安得不先号咷
乎?又初能出门,二忧介而遇师,三安行,四弗攻,则中直而徐有说,为
后笑焉。号咷者,不同也;笑者,同也。先号咷后笑者,由不同而同也。
旅人反是,故先笑后号咷。相克以涉大川,由近及远而志通,人将同
焉。大师相遇,牧野之誓也。

上九,同人宜及野,然及于郊,尚未及野,故志未得。上九亢有
悔,之正为无悔。凡同人局限于某爻以观,必有咎吝吉悔之失,必总
六爻以观,方至同人于野之亨利贞,亦即《大象》类族辨物以通天下
之志。

表二十四　大　有　卦

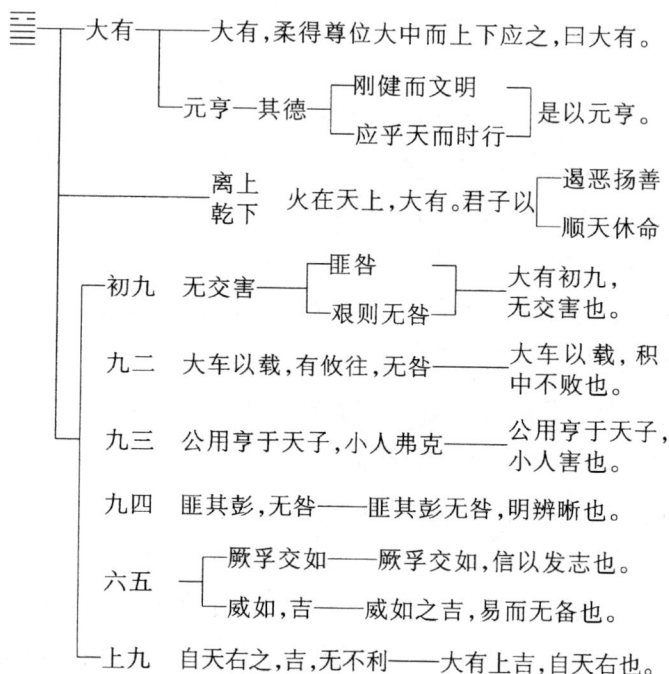

```
☰  ─大有─┬─大有,柔得尊位大中而上下应之,曰大有。
         │
         └─元亨─其德┬─刚健而文明─┐
                     │            ├─是以元亨。
                     └─应乎天而时行─┘

       ─离上
         乾下   火在天上,大有。君子以┬─遏恶扬善
                                      └─顺天休命

  初九  无交害─┬─匪咎      ┐  大有初九,
              └─艰则无咎  ┘  无交害也。

  九二  大车以载,有攸往,无咎─── 大车以载,积
                                中不败也。

  九三  公用亨于天子,小人弗克─── 公用亨于天子,
                                小人害也。

  九四  匪其彭,无咎──匪其彭无咎,明辨晰也。

  六五  ┬─厥孚交如──厥孚交如,信以发志也。
        └─威如,吉──威如之吉,易而无备也。

  上九  自天右之,吉,无不利──大有上吉,自天右也。
```

大有卦表解

卦象:乾下、离上。乾为天、为刚健,离为火、为文明。

乾卦卦辞"元亨利贞"一分为二,大有得"元亨",大壮得"利贞",各获二德而其德纯,始于大有而终于大壮,坤用六《象》曰"以大终也",即此意。大有者,五爻柔得尊位而有其大,此坤五"黄裳元吉"之象。其德刚健文明而应天时行,是以元亨。五爻居中而上下应之为卦主。

《大象》:大有兴盛之时,遏恶扬善,顺天休命,为处大有之法。履信以处有,履礼以处壮,始可以语大也。

初九,大有丰足之时,故云无交害。交害谓交之邪正,匪咎谓交,

60

艰则无咎谓无害。守乾元以正交害,遏恶之义也。

九二,大车以载有攸往者,大有之时大行也,无交害谓去私,此能行其所有,犹公也。积中不败而无咎,此扬善之义。积中犹积善,若不善积,必说辍随之而何能有攸往,故云积中不败。

九三,三正位为公用亨于天子,大有也,小人居之则弗克而害,公能顺天休命而小人则否也。

九四,四积有而盛,彭也,有以下凌上之势,其咎亦大。必明辨晰以匪其彭,乃得无咎,不然因大有之彭而败,古今史实,不可胜数。

六五,五当虚以受天下之有,为大有卦主。厥孚交如者,信以发志,所以通大车之载。威如者,易而无备,所以化正有害之小人,易谓知险知阻,无备谓以德孚于天下,是以吉,即《彖》"柔得尊位大中而上下应之"之象。

上九,五系乾元之亨通而坤元凝焉,是以自天右之而吉,履信思顺而又尚贤,故有天右之吉,无不利也。

表二十五　谦　　卦

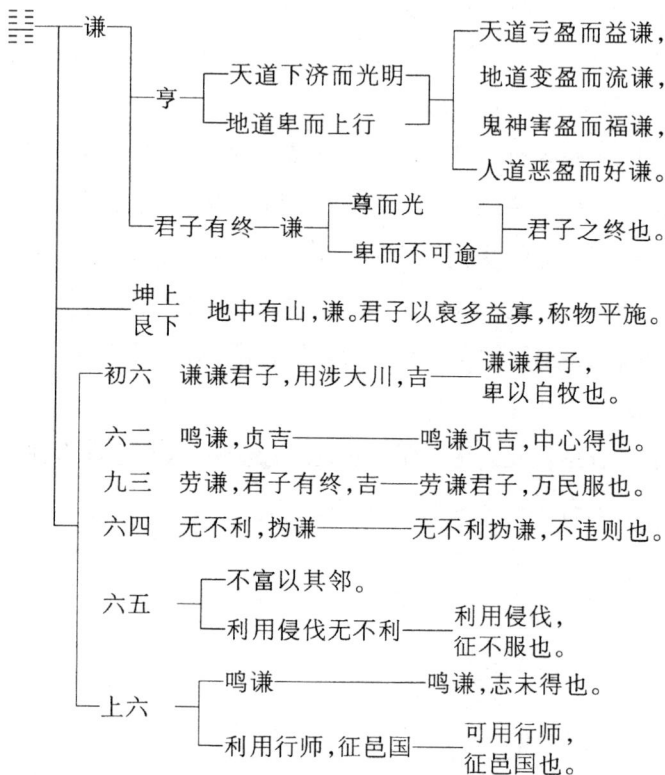

```
䷎ ── 谦 ┬ 亨 ┬ 天道下济而光明 ┬ 天道亏盈而益谦，
       │      └ 地道卑而上行  ├ 地道变盈而流谦，
       │                      ├ 鬼神害盈而福谦，
       │                      └ 人道恶盈而好谦。
       │
       └ 君子有终 ── 谦 ┬ 尊而光 ┐
                        └ 卑而不可逾 ┴ 君子之终也。

── 坤上 艮下　地中有山，谦。君子以裒多益寡，称物平施。

┬ 初六　谦谦君子，用涉大川，吉 ── 谦谦君子，卑以自牧也。

├ 六二　鸣谦，贞吉 ──── 鸣谦贞吉，中心得也。

├ 九三　劳谦，君子有终，吉 ── 劳谦君子，万民服也。

├ 六四　无不利，撝谦 ──── 无不利撝谦，不违则也。

├ 六五 ┬ 不富以其邻。
│      └ 利用侵伐无不利 ── 利用侵伐，征不服也。

└ 上六 ┬ 鸣谦 ──── 鸣谦，志未得也。
       └ 利用行师，征邑国 ── 可用行师，征邑国也。
```

谦卦表解

卦象：艮下、坤上。艮为山，坤为地。

乾上盈不可久，来坤三生谦为谦亨，九三君子，正位有终。《彖》以六句释谦亨之理，首二句释卦变，乾上之坤三为下济，坤三之乾上为上行。下四句明谦是而盈非，三才之道，莫不如是。故君子而谦，位尊则光，位卑则不可逾，皆有终者也。

《大象》：裒多戒盈也，益寡防虚也，盈虚合宜是曰称物平施。称物平施者,哀益阴阳而成既济也。

初六,山在地中为谦,初位又当地之下为谦谦,之正为君子,应四有坎象为用涉大川。卑以自牧,故不可逾而吉。

六二,二承三震鸣为鸣谦,三正位,二得中,故贞吉而中心得,内得诸心而外鸣之,诚中形外,善于谦者也。

九三,九三一阳为卦主,君子正位,故卦辞即爻辞,尊而光者也。三多忧,故劳谦有终而吉,坎为劳,坤为万民服,劳而谦者,万民服矣。

六四,二承三,上应之皆曰鸣谦,四乘三而曰㧑谦,或鸣或㧑,皆以宣三之德,四正位而不违则。㧑谦者,㧑三居五,以功归之,乘而下之而视乘如承,故无不利。

六五,五位不当,六爻中不谦者,阴中虚,故不富以其邻,正位故利用侵伐,无不利。利则称物平施,富以其邻矣。

上六,鸣谦为应三,"利用行师,征邑国"与五之"利用行师,征不服"同理,以谦道行师侵伐,其有不利乎。征者,正也,九五之正位即上六之得志。又总观六十四卦之三百八十四爻,凶咎亦多。曰无咎者,实已有咎而能避之。其唯谦卦之六爻,仅有吉、利而无凶、咎,《易》重谦德之心,盖可见矣。

表二十六　豫　　卦

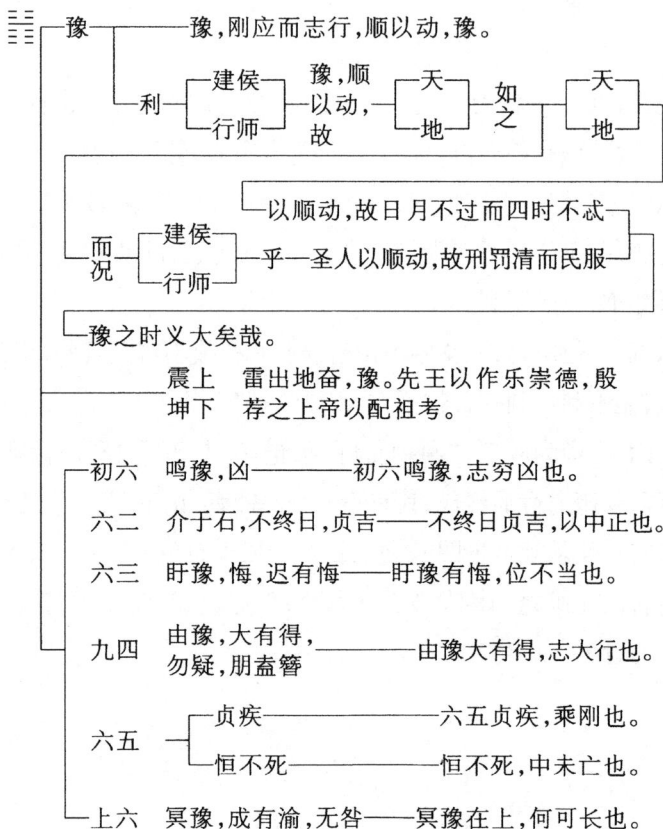

豫—————豫，刚应而志行，顺以动，豫。

利—建侯行师—豫，顺以动，故—天地—如之—天地

而况—建侯行师—以顺动，故日月不过而四时不忒—乎—圣人以顺动，故刑罚清而民服

豫之时义大矣哉。

震上　雷出地奋，豫。先王以作乐崇德，殷
坤下　荐之上帝以配祖考。

初六　鸣豫，凶————————初六鸣豫，志穷凶也。

六二　介于石，不终日，贞吉——不终日贞吉，以中正也。

六三　盱豫，悔，迟有悔——盱豫有悔，位不当也。

九四　由豫，大有得，
　　　勿疑，朋盍簪————由豫大有得，志大行也。

六五　┌贞疾————————六五贞疾，乘刚也。
　　　└恒不死————————恒不死，中未亡也。

上六　冥豫，成有渝，无咎——冥豫在上，何可长也。

豫卦表解

卦象：坤下、震上。坤为地、为顺，震为雷、为动。

豫者，复初之雷奋出于地，乾元上出，阳为主，群阴应之，顺以动者也，故天地如之，而况建侯行师乎。凡天地以顺动，故日月不过而四时不忒，圣人以顺动，故刑罚清而民服，其时义岂不大矣哉。凡豫综谦，谦入，故君子有终；豫出，故利建侯行师。

《大象》：先王谓有德而兼备时位者,始能制礼作乐以崇乾元上出之德。以易象言,豫作乐而综谦以制礼,谦错履,履者,礼也。履礼而行,上下乃和。以位言,履三豫四当人道之仁义未正,故先王以礼乐化之。能殷荐之上帝以配祖考,庶几履帝位而不疚而光明,九四卦主之大有得,即为得此。

初六,鸣豫凶。初应四当震鸣为鸣豫,四坎志失位,初反应之,故志穷而凶。又豫综谦,谦之"鸣谦"有吉、有利,均指得位而言。鸣豫失位而应,故凶。

六二,二得位而有中正之道,二、三、四艮为石,二为艮石之初为介,辨介为知几。几者动之微,吉之先见者,故不终日而贞吉。

六三,三承四而位不当,盱为张目。六三不思正位,反而张目上视于四为有悔,迟而不改,故又曰有悔。凡知几者速,不知几者,悔迟有悔。

九四,为全卦主爻。由此爻而得豫象故为"由豫",成卦主志大行为大有得。正礼乐以定乾四之"或"为勿疑,一阳贯五阴为朋盍簪,使诸爻各得其宜也。

六五,乘刚为疾,疗之为贞疾,中未亡则有救治之道,故恒不死。贞疾者,贞下起元,九五龙见,由不死而生,正六十四卦而保合太和,恒不死也。

上六,上六为冥,升上"冥升",豫上"冥豫"同。六五有疾,上六冥豫,沉溺而乐极生悲也。然而"冥豫在上,何可长也",仍当有救治之道。成谓冥豫,渝为变,冥豫将成而变,六三成九三以应上,消其昏冥,则无咎。

表二十七　随　卦

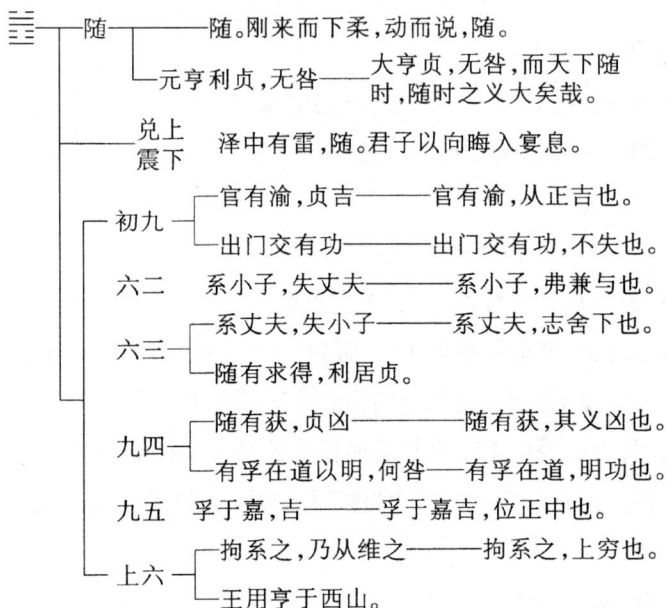

随 ── 随。刚来而下柔，动而说，随。
└ 元亨利贞，无咎 ── 大亨贞，无咎，而天下随时，随时之义大矣哉。

兑上
震下 ── 泽中有雷，随。君子以向晦入宴息。

初九 ── 官有渝，贞吉 ── 官有渝，从正吉也。
└ 出门交有功 ── 出门交有功，不失也。

六二　系小子，失丈夫 ── 系小子，弗兼与也。

六三 ── 系丈夫，失小子 ── 系丈夫，志舍下也。
└ 随有求得，利居贞。

九四 ── 随有获，贞凶 ── 随有获，其义凶也。
└ 有孚在道以明，何咎 ── 有孚在道，明功也。

九五　孚于嘉，吉 ── 孚于嘉吉，位正中也。

上六 ── 拘系之，乃从维之 ── 拘系之，上穷也。
└ 王用亨于西山。

随卦表解

卦象：震下、兑上。震为雷、为动，兑为泽、为说。

否上刚来初而下柔，生震动而兑说，兑以从震，阴以附阳，是之谓随。凡坤宜得主于乾，故曰元亨利牝马之贞。随亦须善随于阳，乃曰元亨利贞无咎。如为柔道牵，殊非随之正，咎必难免。《彖》曰随时者，处随之妙法也，时犹乾之自强不息，能随之而得四德，何咎之有。

《大象》：向晦入宴息者，养其夜气也。处随而能息，始能处乾而不息，日乾夕惕和向晦宴息，象异而行异，实各得其所。

初九，初应四，四艮官失位当变，为官有渝。卦为随，应爻宜相从，未正则不可从，既正则不可不从，故从正则吉。初震出，四艮门，初正四交五为交有功,即不失随时之义。

六二,四艮为小子,初震为丈夫,初四皆非其正应,故或系或失。三四人道未正,阳皆不知所从,正应未明,故或系或失也。

六三,三系初丈夫而失四小子,所以志舍下者,乃推本丈夫以求其或得或失之理。初九乾元,三得初而正四,四正故利居贞,与屯初利居贞同。三以正居于四,则自然志舍下而正应于初,舍为止息,宴安息阳也。

九四,艮手为获,四有系有失,故随有获。位未正而执其获,爻获而卦失者不义,故贞凶,而其义凶也。能有渝,则下之三成既济,四随五坎有孚于一阴一阳之道,即明功而何咎。

九五,阴阳和合为嘉,九五正中,故孚于嘉,吉。嘉会足以合礼,礼正则阴皆有随,乃正成既济,五坎位正中而孚于嘉,使贤任能,有分有归,是以吉。

上六,上乘刚无应而穷,拘系之,乃从维之,随之固结而不可解也,故穷。九五王,兑仁义而艮西山。王用亨于西山,是王者欲以致仁义而济随道也。随卦三、四爻人道之仁义未正,用亨于西山即正仁义,故吉。三正卦成革,四正卦成屯,革屯合,既济成而人道正,则嘉会合礼阴阳合德而吉。故革、屯、随三卦皆曰元亨利贞。

表二十八　蛊　卦

蛊 ——— 蛊。刚上而柔下，巽而止，蛊。
　├ 元亨 ——— 蛊元亨，而天下治也。
　├ 利涉大川 ——— 利涉大川，往有事也。
　├ 先甲三日 — 先甲三日 ┐ 终
　└ 后甲三日 — 后甲三日 ┘ 则有始 ─ 天行也。

艮上
巽下　　山下有风，蛊。君子以振民育德。

初六　干父之蛊，有子，考无咎，厉，终吉 ——— 干父之蛊，意承考也。
九二　干母之蛊，不可贞 ——— 干母之蛊，得中道也。
九三　干父之蛊，小有悔，无大咎 ——— 干父之蛊，终无咎也。
六四　裕父之蛊，往见吝 ——— 裕父之蛊，往未得也。
六五　干父之蛊，用誉 ——— 干父用誉，承以德也。
上九　不事王侯，高尚其事 ——— 不事王侯，志可则也。

蛊卦表解

卦象：巽下、艮上。巽为风、为入，艮为山、为止。

泰初刚上而泰上柔下，成象当巽风为艮山所止，其气郁塞而蛊事生焉。疏通之道，必本乾元，故元亨而天下治，利涉大川而济之。有事指有通变之法，能通变而蛊事可免，是即先甲后甲之天行，穷变通久，终则有始也。

《大象》：蛊之治在终则有始，若知终而不知有始，则民情所以委靡，德行所以颓唐也。而君子际此惑乱之际，当自任振民育德之职，则元起贞下，蛊事治矣，亦即六爻由家而国干蛊之象。

初六，初至五曰父母之蛊者，父母为人伦之本，故干蛊以治其源。初三五阳位，皆曰干父之蛊。二代之际，必有蛊也。乾为正本，初正复初乾元为干,即《文言》"贞固足以干事"。父死有子,子承父考而干其蛊,正阴为阳则无咎,厉谓蛊,干则终吉。

九二,二由干父而干母,不可贞者,谓当由干父而干母,兼阴阳也,故不可贞而以二升五降辨阴阳先后,能辨则得中道。

九三,三之小有悔无大咎,干蛊之行未能尽善而已,心未尝有失,故终无咎。于象敌应上为小有悔,九三正位为无大咎,三上正应为终无咎。

六四,干父干母之蛊者,承其事而任其失也,裕父之蛊则承其失而大之,陷父于不义,辱及父母,故往见吝。初干蛊有子,故无咎。四裕蛊则无子,故吝。初正,四守正应之而不往,往则未得而吝。

六五,二多誉当乾德,升五用誉而四承之为承以德,犹初《象》"意承考"。乃干父之蛊而誉归于亲,用誉承德,于人子之道其庶几焉。

上九,不事王侯,高尚其事者,五爻家而六爻国,齐家而后治国也。此出入无疾以治蛊,即《大象》之振民育德,为事之最高尚者,足为世式,故其志可则,而成泰以济蛊。

表二十九　临　卦

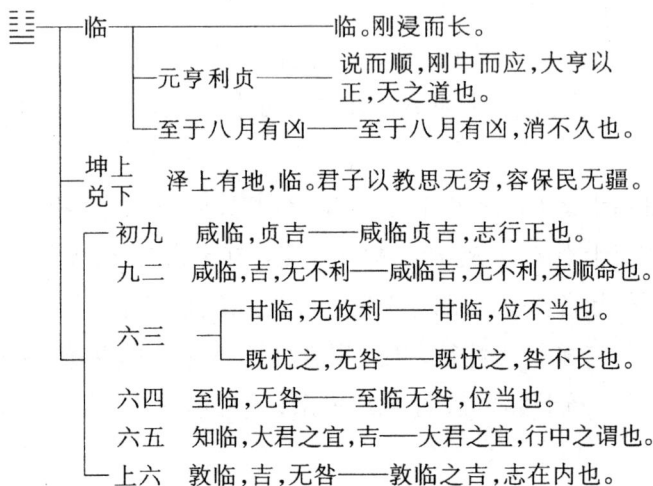

临 —— 临。刚浸而长。

元亨利贞 —— 说而顺，刚中而应，大亨以正，天之道也。

至于八月有凶 —— 至于八月有凶，消不久也。

坤上兑下　泽上有地，临。君子以教思无穷，容保民无疆。

初九　咸临，贞吉 —— 咸临贞吉，志行正也。

九二　咸临，吉，无不利 —— 咸临吉，无不利，未顺命也。

六三　甘临，无攸利 —— 甘临，位不当也。
　　　既忧之，无咎 —— 既忧之，咎不长也。

六四　至临，无咎 —— 至临无咎，位当也。

六五　知临，大君之宜，吉 —— 大君之宜，行中之谓也。

上六　敦临，吉，无咎 —— 敦临之吉，志在内也。

临卦表解

卦象：兑下、坤上。兑为泽、为说，坤为土、为顺。

卦象临由复息，复初九刚息，刚浸而长成临。临，临近也，指卦将上息成泰。复初乾元，上息而亨，成泰正位成既济为利贞。复息临，刚自然浸而长，二体兑说而坤顺。九二刚中以应六五，复一阳为小，《系辞》"复小而辨于物"，临二阳为大，《序卦》"临，大也"。复息临为大亨，上息泰通而济，是即大亨以正，天之道也。六三兑为八月，位不正为凶，又辟卦建子复为正月，临二月，泰三月，依此遁为八月，遁临为错卦，消息循环，观息观消。以咸临之吉而免消不久之凶，戒患于未然也。

《大象》：兑泽无穷而临坤地无疆，临也。君子法之，知而教思无穷，仁而容保民无疆，临民之道备矣。

初九,初二两阳同心,皆曰"咸临"。初九正位,故贞吉。临八月有凶,而初九九二皆云吉者,"咸临"而吉也。咸临者,谓临三息成泰,遯三不消成否而成咸☶,则泰通而咸通,故吉也。志行正谓二升五以成屯,屯初"志行正"亦同。

九二,"咸临"与初同,"未顺命"即不顺息必有消之命。易象乾为性巽为命,巽为命者象为咸或遯,临能息阳而不顺巽消之命,故吉无不利,而免八月之凶。

六三,坤土为甘,三当兑口,衔坤为甘临。甘临者甘于阳息,位不当故无攸利。阳尚未息故既忧之,然阳必上息故咎不长。

六四,至临,至为坤元,六四正位以应初九乾元当位之实,故无咎,凡阴虚阳实也。

六五,临二升五成屯,坎为知,故为知临。九五大君之宜谓二五正位,二在田而五在天,《大象》"教思无穷容保民无疆",于临二为君子之志,于屯五已为大君之宜,宜者宜施也。

上六,坤土敦厚,故称敦临,厚实为佳,故吉。又艮上称敦艮亦吉,《象》曰"以厚终也"。五行坤阴土艮阳土,皆以厚为吉也。上六无应故有咎,息临成泰而有应得吉,故无咎。

表三十　观　　卦

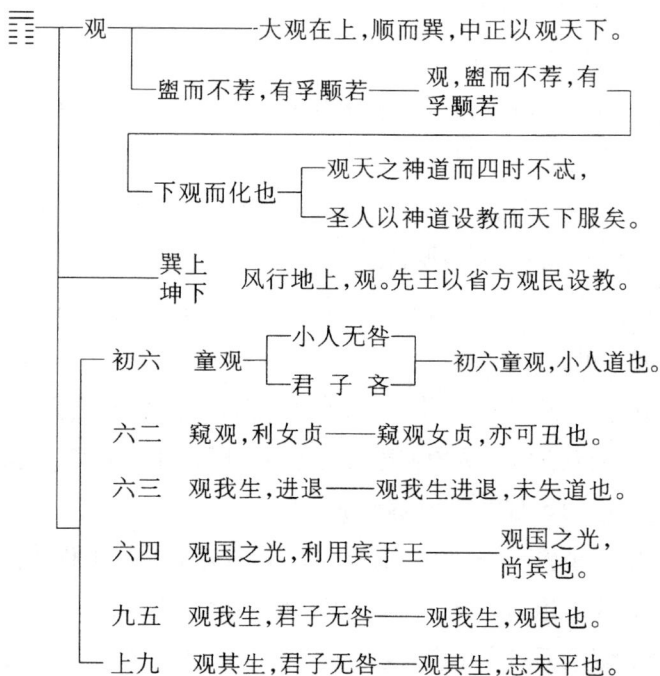

观———————大观在上,顺而巽,中正以观天下。

盥而不荐,有孚颙若————观,盥而不荐,有孚颙若

下观而化也———观天之神道而四时不忒,
　　　　　　　　圣人以神道设教而天下服矣。

巽上坤下　　风行地上,观。先王以省方观民设教。

初六　童观——小人无咎
　　　　　　　君子吝————初六童观,小人道也。

六二　窥观,利女贞——窥观女贞,亦可丑也。

六三　观我生,进退——观我生进退,未失道也。

六四　观国之光,利用宾于王————观国之光,尚宾也。

九五　观我生,君子无咎——观我生,观民也。

上九　观其生,君子无咎——观其生,志未平也。

观卦表解

卦象:坤下,巽上。坤为地、为顺,巽为风。

观之为言,有大小上下之异。大观在上者,观天之神道也。下观而化者,圣人以神道设教也。教以化民,所以正童、窥之观,若我生未失道而其志平,即观民尚宾而天下服,此先王省方观民设教之大义也。卦辞"盥而不荐,有孚颙若",指九五、六四,全卦之天人之际也。因观卦由否而消,非大观在上,下观而化以转消为息,剥其继焉。天之神道指自然规律而言,《系辞》"一阴一阳之谓道""阴阳不测之谓神",是谓神道,因"四时不忒",故"神道设教"而天下服,即《中庸》之"上天之载,

无声无臭"之义也。

《大象》: 观之省方,对复初之不省方而言,观民设教,所以化民而归诸既济,移风易俗也。

初六,初位未正而以下观上,位卑识劣,故为童观。观为消卦,由否而成,初当消阳之始,犹否之小人道长,故为小人道。小人可待上观而化,故无咎。君子同于小人则吝,如识时而自奋以之正,卦成益之利用为大作,则不吝。

六二,初三未正,离目隐于阖户之内为窥观,六二贞离中女,利初三正成家人,则女正位乎内,即《家人》之"利女贞"。二爻不应于五之大观而比于阴,初二未正故有窥观之丑,当观而屯,二爻方知应五,如屯二之"女子贞不字",其丑免焉。

六三,本爻称我,初正震生,未失道者,观我生而知进退变化之机也。

六四,坤为国,九五为王而六四为宾。九五大观,光被四表,四承之,故观国之光,利用宾于王。三正成离为观国之光,初正应四为利用宾于王,观其济矣。

九五,三五同功,均为观我生。三之观我生,我生指我,五之观我生,我生指民,九五大观中正之为君者,天下当其任,我生即民也。卦辞"盥而不荐有孚颙若",观我生也,君子无咎者,下观而化也。五之观民,犹为民所观。《中庸》曰"声色之于化民末也",若无声无臭者,即斋庄敬顺之颙若乎。

上九,上居外而观五观三,故不称我而称"观其生",观其生者无人我也,五上同志,故皆曰君子无咎。观五正初以化君子吝,观三则以道定进退,坎为志,自正而正人,则志平而卦可济。

表三十一 噬 嗑 卦

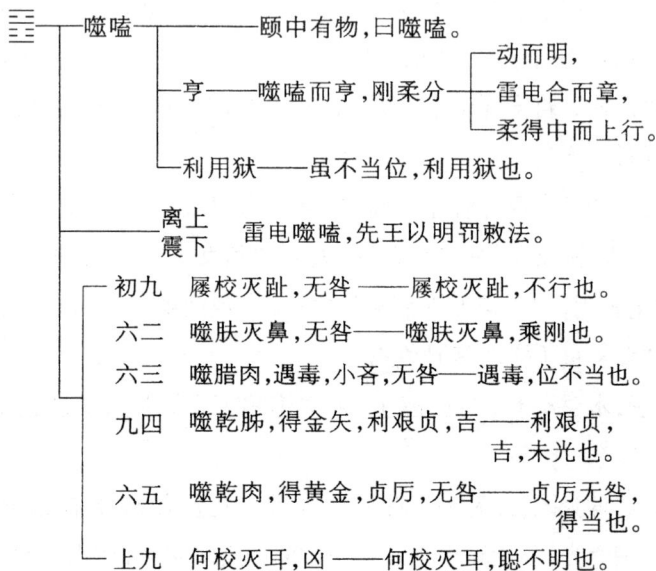

```
䷔  噬嗑 ┬──────── 颐中有物,曰噬嗑。
           │                                    ┌─ 动而明,
           ├─ 亨 ── 噬嗑而亨,刚柔分 ─┤─ 雷电合而章,
           │                                    └─ 柔得中而上行。
           └─ 利用狱 ── 虽不当位,利用狱也。

     离上
     震下     雷电噬嗑,先王以明罚敕法。

┌─ 初九  屦校灭趾,无咎 ── 屦校灭趾,不行也。
│  六二  噬肤灭鼻,无咎 ── 噬肤灭鼻,乘刚也。
│  六三  噬腊肉,遇毒,小吝,无咎── 遇毒,位不当也。
│  九四  噬乾胏,得金矢,利艰贞,吉── 利艰贞,
│                                           吉,未光也。
│  六五  噬乾肉,得黄金,贞厉,无咎── 贞厉无咎,
│                                           得当也。
└─ 上九  何校灭耳,凶 ── 何校灭耳,聪不明也。
```

噬嗑卦表解

卦象:震下、离上。震为雷、为动,离为电、为明。

噬嗑所以食颐中之物,九四当之。因梗而未合,故利用狱以噬之,噬而嗑乃亨。卦由否来,初五挥而刚柔分。"动而明,雷电合而章,柔得中而上行",前句明本卦之两象;中句明两象之爻变,即雷电合而两象易成丰,章而成既济䷶ᐅ䷷→䷾,即丰之"雷电皆至",又丰五曰"来章";末句明生本卦两象之卦变,否初挥五上行得中为噬嗑,六五卦主虽不当位,乃离明得中,利用狱以之正。六爻之义,中四爻当颐中,又象用狱,初、上爻当上下颐以噬嗑之,又象受刑者,总于卦辞即利用狱之象。

《大象》:明罚敕法,谓昭明刑罚整理法律,以昭示万民,如电雷在

上,莫教怀邪。此先王之以法象用狱,以止否消。

初九,初灭趾,因灭趾而不行,此小惩而大诫之象,小人之福也,故无咎。

六二,噬肤,肤指胁革肉,为肥柔之物,顺而易噬,喻狱之易得其实。灭鼻例于灭趾灭耳,为所受之刑。六二乘刚有失,因正位而无咎。

六三,噬腊肉遇毒谓其狱难治,毒指坎法未正,喻是非颠倒,用狱不决。然改邪归正,可小吝而无咎。

九四,噬乾胏,胏为肉之有骨者,九四坎阳为胏,由噬嗑而丰,丰四正成明夷为"利艰贞",明入地中,故"未光"。乾胏之不可噬,喻狱之难决,利艰贞则吉。又"得金矢"和五爻的"得黄金",皆为决狱之象。九四阳刚坚硬,故为金矢;六五得中,黄为中色,故称黄金。

六五,噬乾肉,九四为骨,六五则为肉。噬乾肉虽比噬乾胏为易,但仍为狱之难决者,六五不当位故贞厉,得中故无咎。曰得当者,因六五离明为用狱之主,必得当才能免贞厉而无咎。

上九,亢极失位,为小人之罪大恶极者,故何校灭耳,凶。坎聪离明皆失位,而为聪不明,以聪为主故灭耳。凡聪明者辨声色之正,聪不明者,纵声色之欲而罹凶也。又卦象讼与噬嗑,皆由止否而生,噬嗑之义,以用狱为主,而听讼亦在其中。

表三十二　贲　　卦

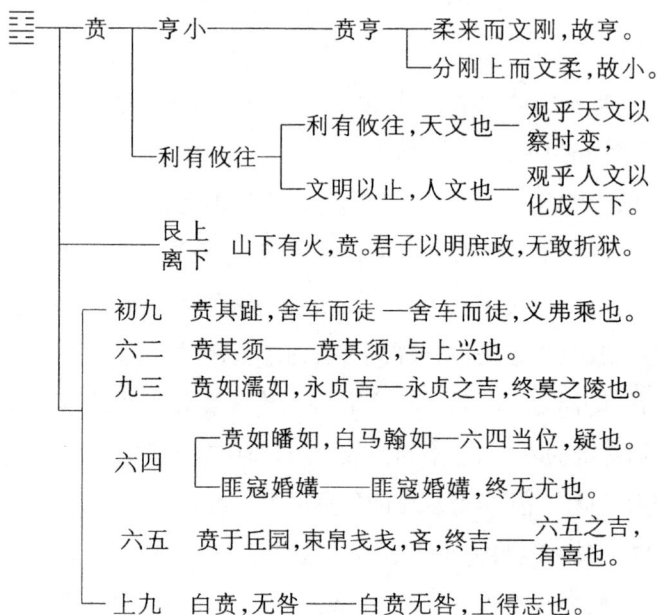

贲 ── 亨小 ──────── 贲亨 ── 柔来而文刚,故亨。
　　　　　　　　　　　　　└ 分刚上而文柔,故小。

　　 利有攸往 ── 利有攸往,天文也 ── 观乎天文以察时变,
　　　　　　　　└ 文明以止,人文也 ── 观乎人文以化成天下。

　　 艮上
　　 离下　　山下有火,贲。君子以明庶政,无敢折狱。

初九　贲其趾,舍车而徒 ── 舍车而徒,义弗乘也。
六二　贲其须 ──── 贲其须,与上兴也。
九三　贲如濡如,永贞吉 ── 永贞之吉,终莫之陵也。
六四 ── 贲如皤如,白马翰如 ── 六四当位,疑也。
　　　└ 匪寇婚媾 ──── 匪寇婚媾,终无尤也。
六五　贲于丘园,束帛戋戋,吝,终吉 ── 六五之吉,有喜也。
上九　白贲,无咎 ──── 白贲无咎,上得志也。

贲卦表解

卦象:离下、艮上。离为火、为明,艮为山、为止。

泰二上亨生贲,刚柔互贲,六二为小,既济亨小同例。五上天文未正,当利有攸往以文之,三四人文已正,则宜文明以止。时者艮象,位当之正,故时变察于天文,人文已正不变,故能化成天下。

《大象》:明庶政无敢折狱,谓尚德不尚刑。与综卦噬嗑之"明罚敕法"不同者,知贲而不争,甘于无色,则无狱可兴。

初九,贲之基础,取自身之美,初守正不变为本,所以能"贲其趾,舍车而徒",此为先义而后车的安贫乐道之象。不义而逐车,噬嗑初有灭趾之诫。

六二,亨小为贲其须,与上兴指察时变而五上推正,二爻得应,乃贲其须也。又须为待,察时变之义。

九三,三正位,二三四坎象,故贲如濡如,三正位而五上正位为永贞吉。三持正,上卦艮为陵,五上既正则九三终莫之陵。

六四,贲如皤如,白素也,白马翰如,精神也。六四白马,四当位而不承于五,或疑为陵三,故疑为寇。此初所以弗乘也,当位而疑则尤。能由贲而皤,由饰而素,则五正四承之而不陵三,初亦与之为婚媾则终无尤。

六五,五贲于丘园者,贤士隐居之象。束帛戋戋指招隐者,贤士由隐而出,六五而九五,故有喜也。五未正为吝,与上推正为终吉。五处艮山之中为丘,震为草木,故五有丘园之象。

上九,贲极反本,由色而白,白无色而含一切光线,故为贲之极也,白贲而得贲之质,绘事后素,乃化成天下也。五正巽白为白贲,上正坎志为上得志,正位故无咎。

77

表三十三　剥　卦

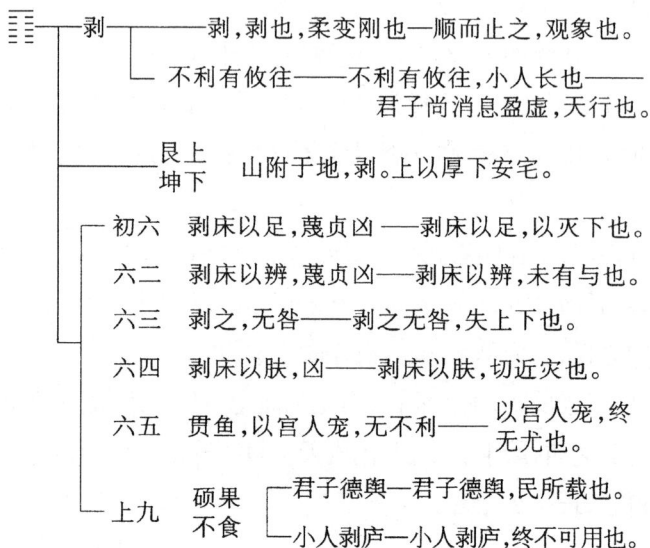

```
䷖──剥──────剥,剥也,柔变刚也──顺而止之,观象也。
    └─不利有攸往──────不利有攸往,小人长也──
                        君子尚消息盈虚,天行也。
    艮上
    坤下    山附于地,剥。上以厚下安宅。
  ┌─初六  剥床以足,蔑贞凶──剥床以足,以灭下也。
  │ 六二  剥床以辨,蔑贞凶──剥床以辨,未有与也。
  │ 六三  剥之,无咎──剥之无咎,失上下也。
  │ 六四  剥床以肤,凶──剥床以肤,切近灾也。
  │ 六五  贯鱼,以宫人宠,无不利──以宫人宠,终
  │                              无尤也。
  └─上九  硕果──君子德舆──君子德舆,民所载也。
       不食 └─小人剥庐──小人剥庐,终不可用也。
```

剥卦表解

卦象：坤下、艮上。坤为地、为顺,艮为山、为止。

卦变由观五消而成剥,小人道长,故不利有攸往,谓不可消上九之一阳而成坤。剥象柔变刚由姤而始,姤遯否观而至五又消,阴长而阳道剥落,故称剥也。然乾元不绝于天地之间,上九一阳可坤顺艮止而"顺而止之",以止阴上消而五正成观,为"观象"䷓→䷓,亦可转复初乾元以尚消息盈虚之"天行"䷖→䷗。消谓由姤而剥成坤虚,息谓由复而夬成乾盈。剥穷上反下成复为"天行",复《象》"复其见天地之心乎",所以转消为息,转虚为盈,转不利为利也。

《大象》：剥象山附于地,为崩溃的形势。以"厚下"之道处之则剥可成观,交可成谦成复成比,亦可以厚德转初三五正成既济,所以安宅

也。此爻不言君子大人先王而言上,因上之地位未定,其宅既可安亦可危,全视如何"厚下"而定,故上九爻辞以君子、小人分言之。

初六,初当姤,震为足,由乾而姤,初阴始消,灭阳于下,故剥床以足,蔑贞而轻慢贞正之道则阴长,故凶。

六二,二阴又上消成遁,辨居足上,故云"剥床以辨"。"蔑贞凶"同初,初二阴合力上消,故皆言"蔑贞凶",所以成剥卦阴上消之势。初之"蔑贞凶"指未能早辨积善积不善之道,二之"蔑贞凶"指二未有与于应比之阳,故亦非阴之正。初二早辨以贞刚,其凶皆去,即复初、二之吉也。

六三,三上消成否,剥象莫不有咎,但三于五阴之中失四五二阴,又失初二二阴,独应于上九,从阳不从阴,故剥之无咎。三上易位成谦以化上九之咎,故无咎。

六四,四上消成观,已消尽床而危及于身,故云"剥床以肤"。上爻为穷为灾,乾上"穷之灾也",坤上"其道穷也"。剥"穷上"四将剥九五而及上九,故云"切近灾也",故凶。

六五,姤遁否观皆有巽鱼之象,六五居群阴之上,贯通群阴,故云贯鱼,顺于上九一阳,故云"以宫人宠",阴能如贯鱼之有序以承上阳之宠,则化消为承,大观重现,故无尤而无不利。

上九,上九硕果,艮象也,为卦之乾元所在,当保存以作来年之种子,绝不可消,故云不食。而君子德舆以得坤民之戴,小人剥庐竟受群阴之消,得舆者宅安,剥庐者宅危,故终不可用。硕果不食而反初,则剥而转复,七日来复,乃见天地生生之元气。

表三十四 复 卦

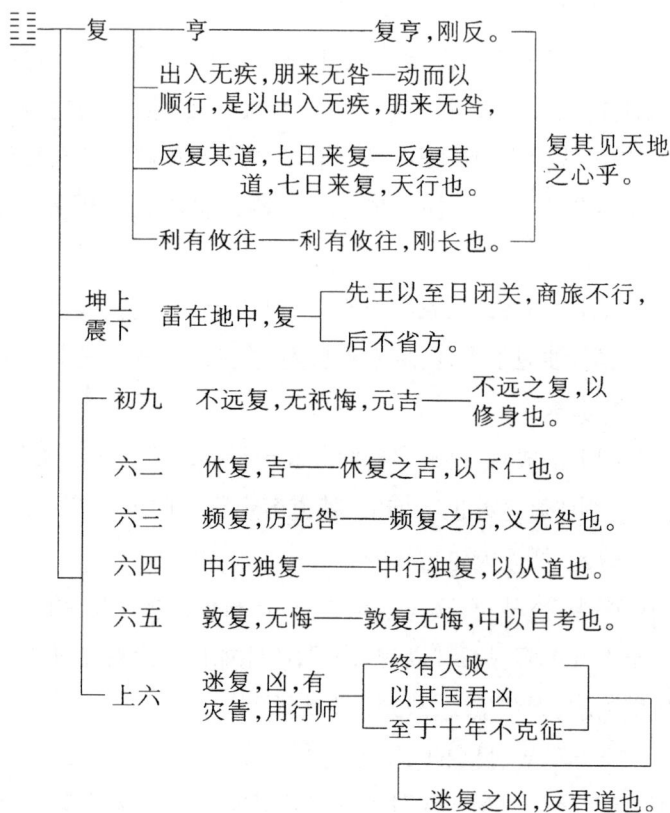

复 —— 亨 —————————— 复亨,刚反。

出入无疾,朋来无咎—动而以
顺行,是以出入无疾,朋来无咎,

反复其道,七日来复—反复其
道,七日来复,天行也。

利有攸往 ——利有攸往,刚长也。

复其见天地
之心乎。

坤上
震下　雷在地中,复 —先王以至日闭关,商旅不行,
后不省方。

初九　不远复,无祇悔,元吉—— 不远之复,以
修身也。

六二　休复,吉——休复之吉,以下仁也。

六三　频复,厉无咎——频复之厉,义无咎也。

六四　中行独复——中行独复,以从道也。

六五　敦复,无悔——敦复无悔,中以自考也。

上六　迷复,凶,有
灾眚,用行师 —终有大败
以其国君凶
至于十年不克征

迷复之凶,反君道也。

复卦表解

卦象:震下、坤上。震为雷、为动,坤为地、为顺。

复初乾元,乃六十四卦之本。卦辞宜分四节:一、剥穷上反下成复为"复亨"。二、复震"出"姤巽"入",十二辟卦消息无坎疾象为"无疾",出入者乃乾元之屈伸,出既非疾,入为不可谓疾。息阳成临兑为朋,故"朋来无咎"。三、消息循环之自然为"反复其道",而由姤之复,

凡七变,一爻当一日,故曰"七日来复"䷖→䷗→䷜→䷒→䷊→䷡→䷰。四、《易》首乾,剥消阳为"不利有攸往",复息阳为"利有攸往",扶阳抑阴也。四节卦辞其义相间,《象》以"刚反""天行"解初、三两节,盖明复之由剥而反,以"动而以顺行""刚长"解二四两节,盖明由复息阳而成纯阳。结云"复其见天地之心"者,息阳犹天心,正位犹地心,乾坤相凝于初九乾元,故"复其见天地之心"。

《大象》:兼称先王与后,贯通"先王"与"后"所以得现在之时,即《象》所谓"天地之心"也,读易者当识之。后不省方云者,所以长刚,即初爻修身之义。

初九,不远复指剥复之间而复,初上比爻,故曰不远复。剥乾上有悔,复则元吉而无悔,复初乾元,故曰元吉。《系辞》以颜渊当此爻之象,"有不善未尝不知,知之未尝复行也"。

六二,休复,乾美为休,二爻顺初自然以长刚,故休复也。初为仁,二爻比初,亲而下之,故吉。

六三,频复谓时得时失,此为君子乾乾之象,但以复为主。虽得而有失,但当失时仍能求得复,故于义无咎。相对巽三"频巽"以失为主,故"频巽"曰吝。

六四,中行独复,四居五阴之中,故为中行,应初为独复。六四不顾坤群而独从初九之道,为独善其身之象,释教之二乘似之。

六五,四应初,五居四上,为"敦复",失位无应为有悔,然中以自考,则由五中而自发伏阳而正,故无悔。临上有"敦临",艮上有"敦艮","敦复"由阴而阳,犹坤土而艮土。

上六,上九迷而不知初九复,为"迷复"。复上当剥上,消剥入坤为"先迷失道",即反君道而凶,人而迷复,则灾眚继之,各种凶象相继而现,皆为"迷复"之凶。

表三十五　无妄卦

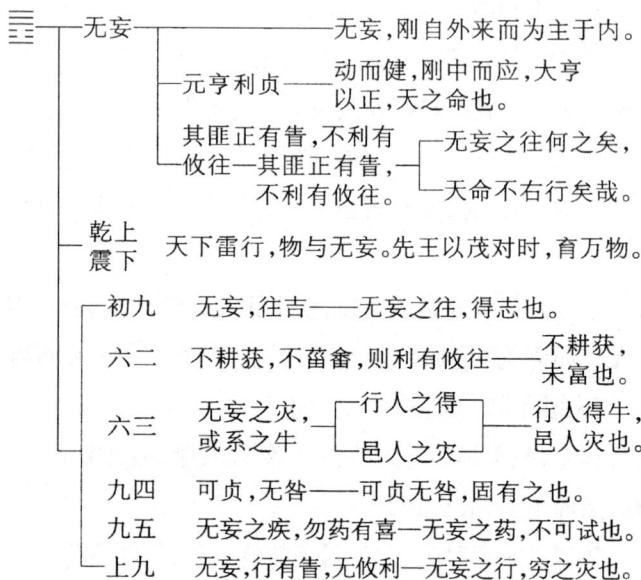

```
䷘──无妄────────────无妄,刚自外来而为主于内。
        ┌元亨利贞────────动而健,刚中而应,大亨
        │                以正,天之命也。
        │其匪正有眚,不利有──无妄之往何之矣,
        └攸往─其匪正有眚,─┤
                不利有攸往。└天命不右行矣哉。
  乾上
  震下   天下雷行,物与无妄。先王以茂对时,育万物。
  ┌初九   无妄,往吉──无妄之往,得志也。
  │六二   不耕获,不菑畬,则利有攸往──不耕获,
  │                                    未富也。
  │六三   无妄之灾,┌─行人之得─┐行人得牛,
  │       或系之牛 └─邑人之灾─┘邑人灾也。
  │九四   可贞,无咎──可贞无咎,固有之也。
  │九五   无妄之疾,勿药有喜─无妄之药,不可试也。
  └上九   无妄,行有眚,无攸利─无妄之行,穷之灾也。
```

无妄卦表解

卦象:震下、乾上。震为雷、为动,乾为天、为健。

遯三刚自外来而主于内,卦成无妄䷠→䷘。明初九为主,发全易六十四卦卦主之例。《彖》所云之"天命"与临《彖》之"天道"对言,"天道"以消息为主,故云"至于八月有凶","天命"以之正为主,故曰"其匪正有眚",而临二《象》曰"未顺命也"。其归则天命犹天道,故卦辞"元亨利贞",当无妄而革改命以成既济,䷘→䷰→䷾,和由临而屯经纶以成既济同,䷒→䷂→䷾,皆得一阴一阳之道,各正性命而大亨以正,二元一也。又《易》凡二言"不利有攸往",剥之不利有攸往,所以止消阳,此无妄之不利有攸往,所以止匪正失位。爻当时位而正,则天命右之,何往而不利,初爻之往吉,二爻之利有攸往皆是。

《大象》：天下雷行，阳气普遍，万物莫不与焉，故曰"物与无妄"。处此时代，天地位万物育，成己成物，乃先王之志也。

初九，初乾元正位，无妄而诚，成己成物，往以正四，四正而初四正应为吉，此即无妄初九之得志。又四正卦成益，得志犹益五之大得志，乃上又正成坎志，卦成屯，此即初九卦主之志也。

六二，益有耒耜之利。谓益初大作而耕之畲之，则二顺其自然禽之而获之。初二正位，二居中应五以正四成益而由耕而获，由畲而禽，则"利有攸往"，益卦辞曰"利有攸往"是也。无妄之四未正成益，上卦未成巽富，正则富矣。

六三，匪正有眚，互姤消阳为灾，震行人得牛，谓初九正位，坤邑人受灾，谓六三失位。行人者时也，邑人者位也，行人因时而得位，故物从之，邑人不知时而失位，则物失之而灾，六三当正成九三，系牛而灾免也。

九四，失位故可贞，正之而无咎。初阳位得阳，四阴位当得阴，故固有之而可贞。

九五，因二之不耕不畲，三之灾，四之未贞，故有无妄之疾。然九五六二正位，变易之药岂可轻试，于正位之爻，故勿药以待四正而有喜也。

上九，上失位故有眚，应六三又失位而不知变正，故无攸利，上九阳亢为穷之灾。《象》"无妄之往何之矣，天命不右行矣哉"，即指此爻，能三上变正则无眚而有利，天命右之。

表三十六　大　畜　卦

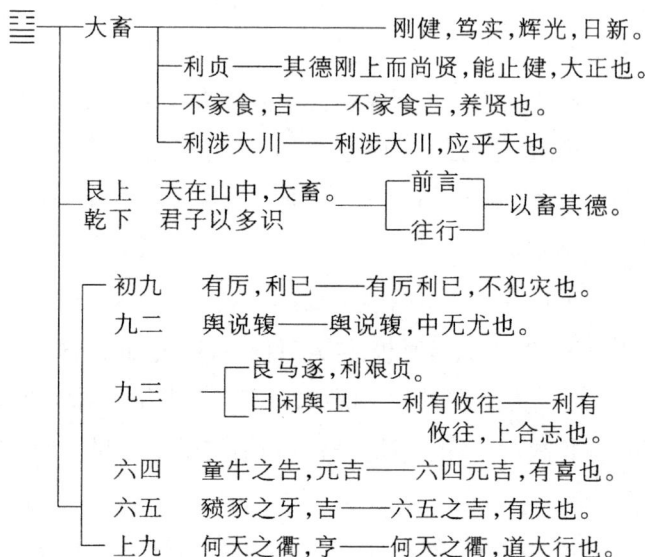

```
䷙┬─大畜──────────── 刚健,笃实,辉光,日新。
     ├─利贞──其德刚上而尚贤,能止健,大正也。
     ├─不家食,吉──不家食吉,养贤也。
     └─利涉大川──利涉大川,应乎天也。

  艮上　　天在山中,大畜。┌前言┐
  乾下　　君子以多识　　　└往行┘─以畜其德。

  ┌初九　有厉,利已──有厉利已,不犯灾也。
  │九二　舆说輹──舆说輹,中无尤也。
  │　　　┌良马逐,利艰贞。
  │九三　┤曰闲舆卫──利有攸往──利有
  │　　　└　　　　　　　　　　　攸往,上合志也。
  │六四　童牛之告,元吉──六四元吉,有喜也。
  │六五　豮豕之牙,吉──六五之吉,有庆也。
  └上九　何天之衢,亨──何天之衢,道大行也。
```

大畜卦表解

卦象:乾下、艮上。乾为天、为健,艮为山、为止。

大畜下卦乾为刚健,上卦艮为笃实,二升五下卦离为辉光,上参震新成离日为日新,四者为大畜之德,《彖》所以为赞。下以卦变而言,卦由大壮刚上而生,为尚艮贤之象,二体健止,大正成既济为利贞。若大正之道,二五正应天利涉大川而成家人䷤→䷤,由养贤不家食而上正成既济䷾→䷾。本大畜之德,与贤者处,是谓不家食,利涉大川,当齐家而治国之义。先秦有大禹治水,三过家门不入的传说,合于此也。

《大象》:小畜者,畜文学,大畜者,畜史学,故称前言往行。言行君子之枢机,多识之者,选择其善不善以进德也。六爻之畜,皆为畜此。

初九,有厉利已,犹需初之待。因初应四而四挥生需与大畜,需生坎难,故需郊而不犯,大畜生艮止,故利已亦不犯。止以畜德,由小畜之复自道而大之,为由文而史之象。

九二,二舆说輹,亦畜止,畜忌不行,輹脱而舆不行为尤,二五中而正则舆行而无尤。小畜三亦曰"舆说輹",小畜之脱輹,夫妻当之,大畜之脱輹,古今当之,能通古今,则前言往行皆为德,舆行而无尤也。

九三,三当震行,有出门不家食之象,故曰良马逐,但艮止在前,则良马逐当有其畜,故曰利艰贞,其可徒恃良马之逐而忽艰贞乎。而曰闲舆卫,则御马有术,能合上志畜养四五之阳而利有攸往。

六四,牛有触物之害,告于童牛之时以畜止之,可免害。四处艮之始,得位以止健初,初则有厉利已,故童牛之告元吉。四正位,五正而四承之,故元吉而有喜。

六五,犙豕以去其势,豕性乃和,而牙不能为害,乃畜止于人,五正有庆而吉。四五爻相似,皆善于畜,四畜以柔,五畜以刚,是谓阴阳,三之曰闲舆卫,调阴阳也。

上九,六爻所畜之积累,至此而发,乃畜极而通,成何天之衢亨。衢九爻之道,天衢亨通,卦成既济,道大行也。上九为卦所尚之贤,贤者当大畜时担荷天之道者,其责至重,诸爻之畜皆与焉。人工之,天成之,道大行也。

表三十七　颐　　卦

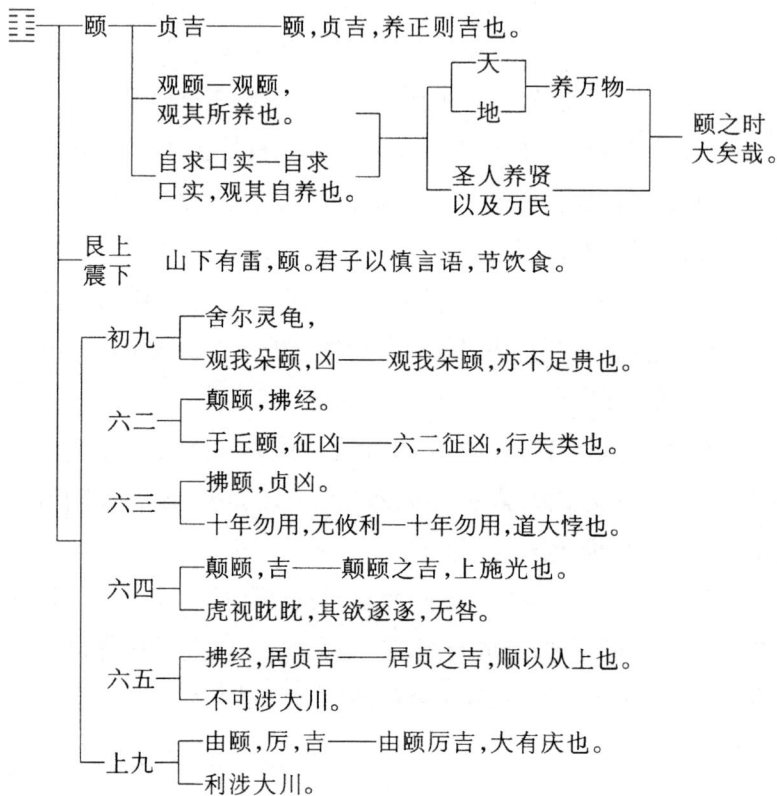

颐——贞吉——颐,贞吉,养正则吉也。

观颐—观颐,观其所养也。

自求口实—自求口实,观其自养也。

天
地——养万物

圣人养贤
以及万民

颐之时
大矣哉。

艮上
震下　山下有雷,颐。君子以慎言语,节饮食。

初九——舍尔灵龟,
——观我朵颐,凶——观我朵颐,亦不足贵也。

六二——颠颐,拂经。
——于丘颐,征凶——六二征凶,行失类也。

六三——拂颐,贞凶。
——十年勿用,无攸利—十年勿用,道大悖也。

六四——颠颐,吉——颠颐之吉,上施光也。
——虎视眈眈,其欲逐逐,无咎。

六五——拂经,居贞吉——居贞之吉,顺以从上也。
——不可涉大川。

上九——由颐,厉,吉——由颐厉吉,大有庆也。
——利涉大川。

颐卦表解

卦象：震下、艮上。震为动,艮为止。

颐口象,颐养之意,贞吉即养正则吉。养正分观所养、观自养两个方面。观所养,谓初上,观自养谓二三四五。卦变观五来初,转消为息,谓观颐而观其所养。自求口实谓由二三四五而及初上,由是得三才之本为观其自养。天地养万物谓上九而初九,圣人养贤及万民谓初九而上九,天地人皆有其自养所养,故颐之时大矣哉。

《大象》:初九得本为颐养,"慎言语节饮食"即所谓"病从口入,祸从口出"之理。山下有雷为封闭之象,慎节之所以养正而吉也。

初九,灵龟食气,朵颐食物,初九阳为贵,灵龟自养得正,方能所养亦正,不然因朵颐而变,阳而阴失位凶,亦不足贵也。

六二,中四爻"颠""拂",二五为"经",敌应故拂经,二不能养于五,而养于初,故颠颐拂经。于丘颐征凶,谓不能及上,上九艮象,丘颐也。所养自养,养正养不正,皆繁复,行失类也。上九至五成屯,君子以经纶,可正颠拂而免征凶。

六三,六三不中不正,悖养正之道,故拂颐,上九由颐而养,三则不知由颐而消阳,故为拂颐,守阴不变故贞凶。颐而屯,即六三即鹿无虞以从禽者,从禽道大悖,故十年勿用无攸利,当上之三,五正而道大行,即颐上之大有庆也。

六四,若初之养上,乃免被阴消,此唯贤者知之,故二四之乘应于初,反曰颠颐,六二无应颠颐凶,六四有应则颠颐吉。此爻颠颐养虎,为养万物之一,能知养正,则养虎无害,犹养虎于动物园之象,故无咎。颠颐有咎,咎在虎视眈眈,其欲逐逐,得初九阳正应以消其欲,故吉。上施光正三,则人能饲虎,而免为虎所食。

六五,未正拂经,居贞吉,不可涉大川者,养正不宜过急,当待之而自正也。因颐之时养正之事在上,即上有利涉之任,故宜顺以从上。

上九,万物万民之养皆由此爻,故曰由颐,由上而下也。然由颐难行而必须行,故曰厉吉,吉而利涉大川,大有庆也。

表三十八　大　过　卦

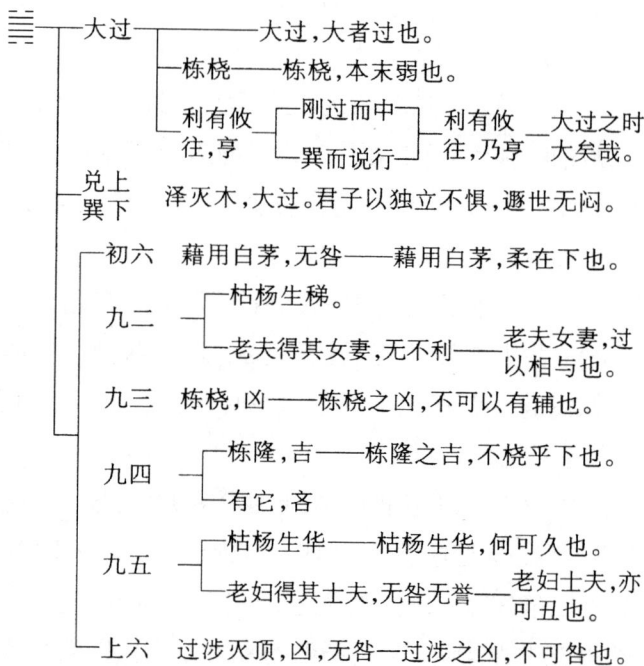

```
≡≡  ┬大过 ┬───────大过,大者过也。
    │     ├栋桡────栋桡,本末弱也。
    │     └利有攸 ┬刚过而中┬利有攸 ┬大过之时
    │      往,亨  └巽而说行┘  往,乃亨└大矣哉。
    ├兑上
    │巽下  泽灭木,大过。君子以独立不惧,遁世无闷。
    ├初六  藉用白茅,无咎────藉用白茅,柔在下也。
    │九二 ┬枯杨生稊。
    │     └老夫得其女妻,无不利───老夫女妻,过
    │                            以相与也。
    ├九三  栋桡,凶──栋桡之凶,不可以有辅也。
    │九四 ┬栋隆,吉──栋隆之吉,不桡乎下也。
    │     └有它,吝
    │九五 ┬枯杨生华──枯杨生华,何可久也。
    │     └老妇得其士夫,无咎无誉──老妇士夫,亦
    │                            可丑也。
    └上六  过涉灭顶,凶,无咎─过涉之凶,不可咎也。
```

大过卦表解

卦象:巽下、兑上。巽为木,兑为泽。

大过与颐初上、二五、三四对称,同为反复不衰卦。大过是阳大之过,四阳太盛,为两端之阴所限,不能舒展,故谓大过。栋桡为屋栋弯曲,大厦将倾,独木难支之象,初上本末阴柔,故"栋桡"也。二五刚过而得中,二体下巽而上兑,则仍有调节余地及发展前途,故利有攸往而亨。颐生而大过死,大过处危急状态,故其时大矣哉。

《大象》:泽灭木,洪水泛滥之象,是为大过。然独立不惧,以正乾元之本,遁世无闷,以通阴阳之气,所以处大过之时,仍有生机不灭之

德也。

初六,初阴柔而当大过,以谨慎为主。谨于小,慎于微,"慎之至也",故可免大过之咎。

九二,二五相对,都是刚过而中。枯杨为阳过,枯而生稊,为枯而复荣,乃转消为息,老夫女妻同,故无不利。阳过则求阴,过而相与,则阴阳仍可相合。于象九二应上六,九五应初六当之。

九三,三四为栋,三栋桡,因受压力故桡,未有辅故有凶,即卦辞之义。

九四,四桡隆,隆相对桡,因得支撑,能加固而隆上,大厦重获支撑,故吉。有它吝,谓未能一心隆栋。

九五,阴阳相遇,二生稊可继而生杨,五生华则谢而仍为枯杨。二其气向上而阴得位,五其气向下而阴失位,故有生稊生华之别。凡枯杨之花,日昃之离,首而濡,皆当过时之象,即花谢日落首灭,故《象》同曰"何可久"。五阴阳可相合与二同,然虽合仍有利有不利,无咎无誉许其阴阳合,可丑讥其不利。

上六,初上二阴,初柔在下,尚可以谨慎免咎,上为泽灭木之象,已无法谨慎,故凶。虽凶而不可咎,盖隆栋以济大过之颠,难免有灭顶之凶,凡杀身成仁如比干者当此象,灭而不灭,故不可咎而无咎。

表三十九　坎　　卦

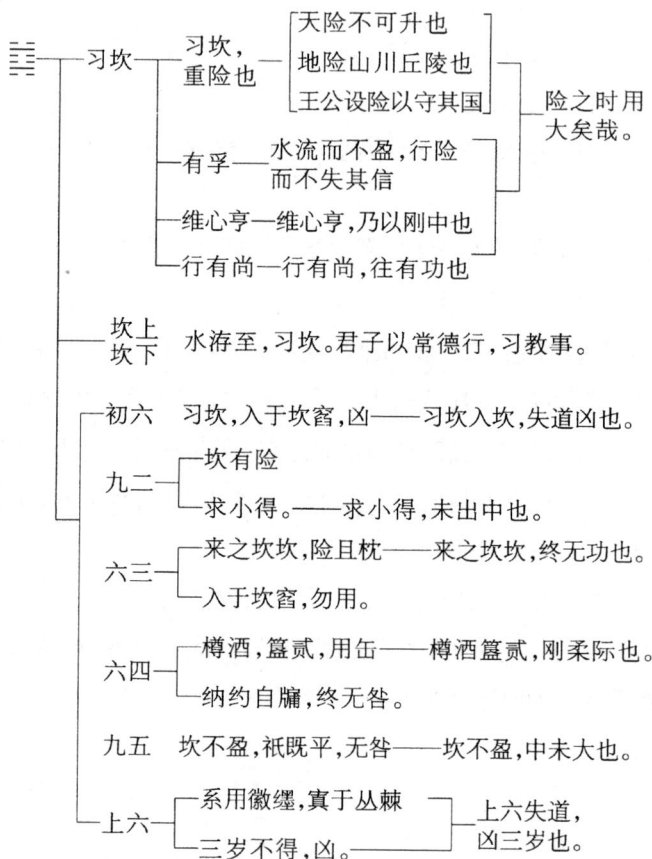

```
☵  ┬ 习坎 ─ 习坎，    ┬ 天险不可升也 ─────┐
            重险也    ├ 地险山川丘陵也 ─────┤
                      └ 王公设险以守其国 ───┤ 险之时用
                                              ├ 大矣哉。
      ├ 有孚 ── 水流而不盈，行险 ──────┘
      │        而不失其信
      ├ 维心亨 ── 维心亨，乃以刚中也
      └ 行有尚 ── 行有尚，往有功也

   ├ 坎上    水洊至，习坎。君子以常德行，习教事。
   │  坎下

   ├ 初六    习坎，入于坎窞，凶 ── 习坎入坎，失道凶也。

   ├ 九二 ┬ 坎有险
   │      └ 求小得。── 求小得，未出中也。

   ├ 六三 ┬ 来之坎坎，险且枕 ── 来之坎坎，终无功也。
   │      └ 入于坎窞，勿用。

   ├ 六四 ┬ 樽酒，簋贰，用缶 ── 樽酒簋贰，刚柔际也。
   │      └ 纳约自牖，终无咎。

   ├ 九五    坎不盈，祗既平，无咎 ── 坎不盈，中未大也。

   └ 上六 ┬ 系用徽纆，寘于丛棘 ──┐ 上六失道，
          └ 三岁不得，凶。──────┘ 凶三岁也。
```

坎卦表解

卦象：坎下、坎上。两体皆坎，坎水，险也。

习坎卦，习，重习也，坎为险，习坎为重险。水为信，为有孚，刚中为心亨，有孚心亨故行有尚。卦变从临而来，初五挥，生习坎，为行有尚，五多功为往有功。两体重险，一分为三为天地人，天险指九五，地

险指九二,九五王公,六三居天险地险之中,为设险。守邦而以贵下贱,坎成屯,震守正位为利建侯,故险之时用大矣哉。

《大象》:水洊至,前水后水相继不断也,故习坎。常德行,习教事,即《论语》首章"学而时习之,不亦说乎"。凡能设险出险者,常习之功也。

初六,习坎之水入于坎窞,失道而不流,愈陷愈深,犹人陷嗜欲,终身不出也,故凶。初六阴柔失位而无应为失道,正之卦成节,凡事知节,凶可免矣。

九二,刚中为坎有险,未出中故求小得,九二能刚中成习坎之孚,故可免初六入于坎窞之凶。

六三,三当上下两坎之际,故曰"来之坎坎",与乾三"终日乾乾"同例。三阴,水受阻而止,故险且枕。"入于坎窞"与初同,三多凶,故勿用。六三不中不正,又当重险之际,前后为难,故终无功。此爻之象必宜变成井三之"可用汲"☵,勿用而可用矣。

六四,乾阳为尊,九五当之,盛酒;坤阴为簋,六四当之,盛食。贰,二也,为阳一阴二之象。酒食为祭,用缶质朴,诚敬为主也。自牖,指刚柔之际的诚敬,不纳繁而纳约,不自门而自牖,刚柔之际得其本皆可变,处险之道也,故无咎。六爻分三才,四五当天人之际,故俭约以处险,敬诚以承五,故无咎,于象四五皆正位。

九五,刚中正位,水流而不盈。逝者如斯,而未尝往也,为坎不盈,祗既平。正位而不泛滥,故无咎。然上卦坎九五正位而下卦坎初二三未正位,当变坎为离成既济,则为光大之象。水盈科而进,君子成章而达是也。

上六,初上之凶皆为失道。初之失道,在位未正而不知变,故入于坎窞而凶。上之失道,在位已正而不知守,故变而陷于罪。徽缥为绳索,丛棘为狱象,上六险极不得出,故有三岁之凶。

表四十 离 卦

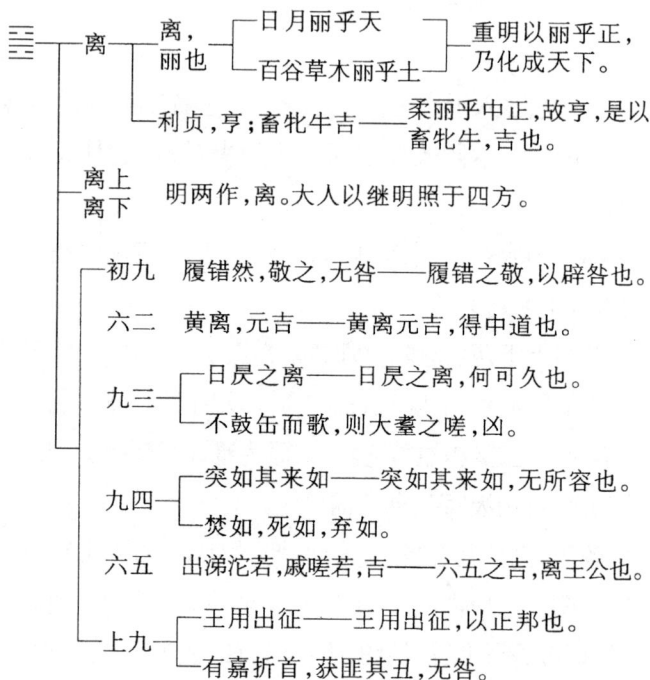

离卦表解

卦象：离下、离上。离为火，为日，为明。

坤二五阴，丽乾而乾生离为"离丽也"。上卦离六五，则离日坎月，为日月丽乎天；下卦离六二，则巽百谷震草木，为百谷草木丽乎土；上下二体离明为重明以丽乎正，故化成天下。坎离相成，犹时空相成也，坎之时用，犹离之化成。坤五丽乾二为柔丽乎中正，乾二得坤五为畜牝牛，是以利贞亨而畜牝牛吉也。

《大象》：六十四卦《大象》唯此一卦称大人，因继明有明明德之义，以继明之德普照四方，无所偏私，即乾二五爻利见大人是也。

初九,明初作,履错然为入世之始,错谓对待,错然谓种种对待。纷繁复杂之矛盾现象,敬之而守乾元正位,故辟咎而无咎。离、睽初《象》皆曰"以辟咎",睽伍离,故云。

六二,坤二五之乾成离,坤五黄裳元吉,丽二得中道而黄离元吉,乃柔丽乎中正,坤元凝乾元,是以元吉。

九三,三如日中天,然过中则昃,鼓缶而歌谓重获始基之生气,不过中昃也;大耋之嗟谓垂暮现衰乱,过中昃也,故凶。或歌或嗟,以当阴阳,则离不可久而成乾之可久。

九四,四过中日昃,其象突变,突如其来如,焚如、死如、弃如,无所容而无可挽者,可不警戒乎。

六五,四之突如其来如,谓三之日昃;五之戚嗟若即三之大耋之嗟,六五柔之丽乾,中而未正,故有此象。然离错坎,出涕而离交坎水,则五正而离成坎,九五王公,离丽王公而伏阳发,故吉。

上九,上九王用出征,有嘉折首,获匪其丑以正邦,为离之盛大景象。离五伏阳出,大人有嘉以继明,折首以正上,获匪其丑以正四,则正邦而无咎。折首而获匪其丑,谓仅诛首恶而不及附逆者,则不顺者皆来从,故上九以出征始,以化成天下终也。

卷 三

下经（象下、象下）（表四十一至七十四）

表四十一 咸 卦

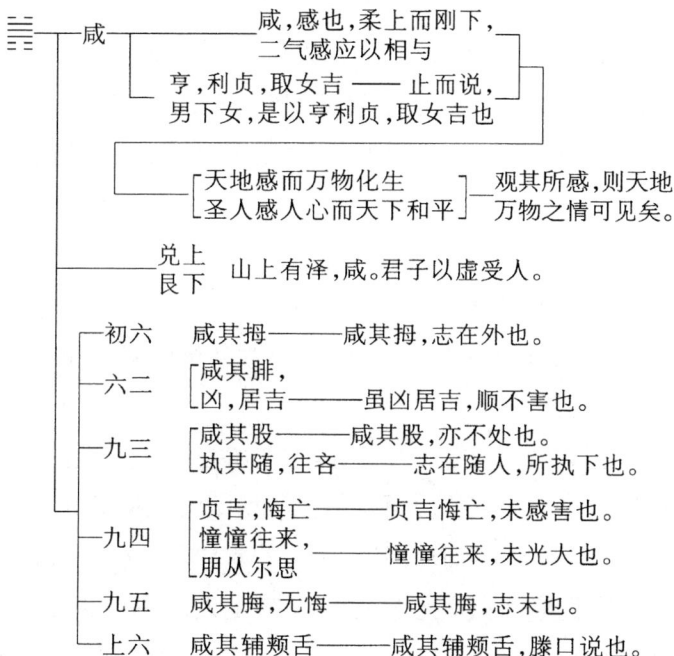

咸 ——咸——┌咸,感也,柔上而刚下,二气感应以相与
　　　　　└亨,利贞,取女吉 —— 止而说,男下女,是以亨利贞,取女吉也

┌天地感而万物化生┐观其所感,则天地
└圣人感人心而天下和平┘万物之情可见矣。

兑上
艮下 山上有泽,咸。君子以虚受人。

初六 咸其拇———咸其拇,志在外也。

六二 ┌咸其腓,
　　　└凶,居吉———虽凶居吉,顺不害也。

九三 ┌咸其股———咸其股,亦不处也。
　　　└执其随,往吝———志在随人,所执下也。

九四 ┌贞吉,悔亡———贞吉悔亡,未感害也。
　　　│憧憧往来,———憧憧往来,未光大也。
　　　└朋从尔思

九五 咸其脢,无悔———咸其脢,志末也。

上六 咸其辅颊舌———咸其辅颊舌,滕口说也。

咸卦表解

《周易》上下经,上经始乾坤为天地,下经始咸为人,以乾坤咸三卦建立三才之道大纲。咸卦取象于人之男女,与《诗经》三百篇以《关雎》冠首同义。

卦象:艮下、兑上,艮少男兑少女,又艮为山兑为泽。

咸,感也,感而去其心,无心之感也。有心则感有所滞,无心才能无所不通而感及一切。咸从否来,否六三"柔上",上九"刚下"成咸。否塞而咸通,庶见阴阳"二气感应以相与"。卦辞"亨利贞,取女吉"谓"止而说,男下女",由恋爱到婚姻,艮止安定而兑说活泼,所以象少男少女的性情。由自然"二气感应"至人事"男下女",乃推广至"天地感而万物化生","圣人感人心而天下和平",示感通之大义,由三才之道的整体,归诸和平乃圣人之愿。最后以"观其所感,而天地万物之情可见矣",由人生观推广到宇宙观,从宇宙观相合于人生观,天人之际往复交通,咸也。又《周易》六十四卦直接有两卦从人身取象,即咸与艮,咸为男女,艮为自身,咸为二气之辗转相与,艮为人生根本的安定与静止。

《大象》:山泽通气当咸象,君子法之以虚受人,虚而咸通,无心之感也。

初六,咸六爻直接取象整个人身。初咸拇为脚趾,受感未深。志在外者,当正初四。站稳立场,方能接受外卦之感。

六二,咸腓,腓为小腿,未行先动,易为外境所感,故凶。能居则吉,顺自然而变则不害。

九三,咸股,股为大腿。下三爻艮以受感为主,上三爻兑以感人为主。九三为下卦艮止主爻,尤不宜任意行动,故以"执随"为是,随从上卦兑悦也。如不"执随"而动,则往吝。《小象》"亦不处"指艮止必须行动,行动有其准则,则虽动尤止,是即"志在随人,所执下也"。

九四,四为心,宜为全卦之主爻。爻辞未言咸,又未言心,无心之感也,所以扩大其所感。四为上卦兑初,"憧憧往来,朋从尔思"所以象兑初少女之心。憧憧往来,多变也,朋从尔思,多执也,心绪纷繁,刹那万变,确属少女之心,亦为天地万物之情,宜以"贞吉悔亡"之"未感害也"戒之。《系辞》释此爻云:"天下何思何虑,天下同归而殊途,一致而百虑,天下何思何虑",即扩大其所感的光大之象。心量不局限于个人,才能上达及天地万物。

九五,咸脢,脢为背。四为心主动,五为背主静,九四至九五,亦能由动感为静感,即由四之"贞吉悔亡"的"未感害"而成五之"无悔",故为感人的关键变化。"志末"指九五安定后,其气必然显出于上,以六位论,初本而上末。初《象》"志外",五《象》"志末"均由下而上,全身各部分完全相通,是之谓整体。

上六,咸其辅颊舌,为脸,指心背动静之全从内部酝酿而开窍显现到表面,所谓"言为心声",或不言者,犹可见其气。内外相通以咸人,其道永远无穷,君子受其咸,亦不可瞬息忘虚。

表四十二　恒　　卦

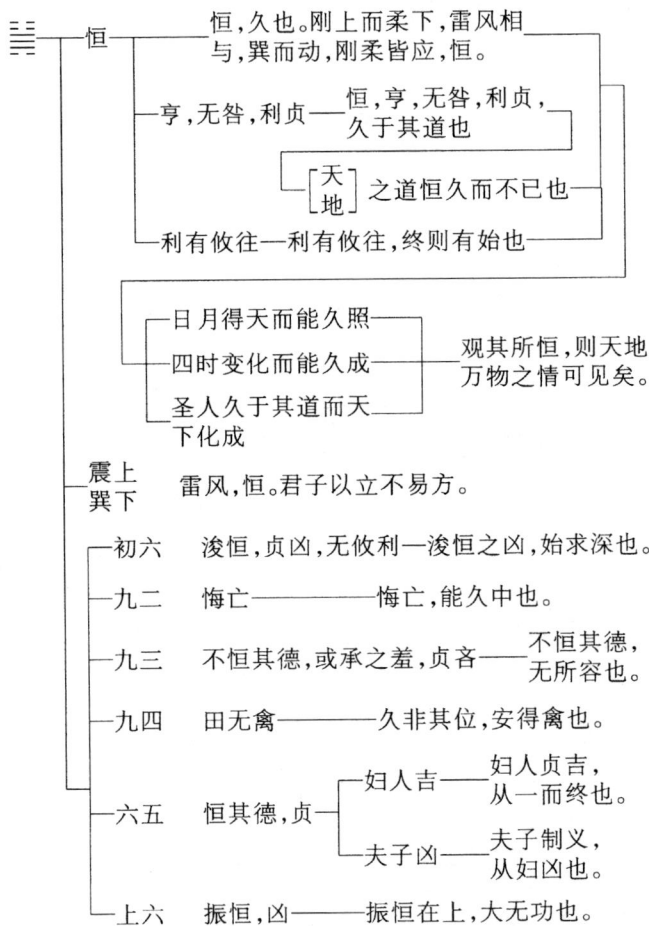

恒 ── 恒,久也。刚上而柔下,雷风相
与,巽而动,刚柔皆应,恒。

── 亨,无咎,利贞 ── 恒,亨,无咎,利贞,
久于其道也

[天地] 之道恒久而不已也

── 利有攸往 ── 利有攸往,终则有始也

── 日月得天而能久照 ──
── 四时变化而能久成 ── 观其所恒,则天地
万物之情可见矣。
── 圣人久于其道而天
下化成

震上
巽下　雷风,恒。君子以立不易方。

── 初六　浚恒,贞凶,无攸利 ── 浚恒之凶,始求深也。

── 九二　悔亡 ──────── 悔亡,能久中也。

── 九三　不恒其德,或承之羞,贞吝 ── 不恒其德,无所容也。

── 九四　田无禽 ──────── 久非其位,安得禽也。

── 六五　恒其德,贞 ── 妇人吉 ── 妇人贞吉,从一而终也。
── 夫子凶 ── 夫子制义,从妇凶也。

── 上六　振恒,凶 ──────── 振恒在上,大无功也。

恒卦表解

卦象:巽下、震上。巽为长女、为风、为入,震为长男、为雷、为动。

恒,久也,卦变恒从泰来,泰初九"刚上",六四"柔下",卦成恒。

"雷风相与,巽而动,刚柔皆应",恒也。"刚柔皆应"指初六、九四,九

二、六五，九三、上六三对应爻刚柔完全相反。《周易》有"皆应"卦八，即泰、否、咸、恒、损、益、既济，未济，《彖》于恒卦发凡起例。"亨无咎利贞"者，与咸卦"亨利贞"不同。咸少男少女互相感动有自然之义，故"亨"而"利贞"，由咸而恒，由少男少女成长男长女，其间一定会有种种矛盾，故"亨"后必须不断消除矛盾而成"无咎"，方可"利贞"，若"久于其道"才能相应"天地之道恒久而不已也"。"利有攸往"谓"终则有始"，由少男少女而长男长女，由长男长女而少男少女，终则有始为循环，能得循环之象，其中心即为"恒"不断旋转的动力，似变仍恒。而最后推广至"天地人"和"天地万物"，与咸《彖》同，而把咸《彖》的"天地"化为"日月四时"极妙，恒之不同时空数量级也。日的终则有始为一日，此即地球的自转。月的终则有始为一月，此即月球绕地球的运行。四时终则有始为一年，也就是地球绕太阳的公转。圣人得其环中，故能久于其道而天下化成。凡终则有始而至物不可终穷，则为洛书的循环而至河图的螺旋进化。"河出图，洛出书，圣人则之"，识此中国的抽象数学语言，由咸恒大壮之卦见天地万物之情。

《大象》：雷风永远相搏相随而变幻不定，君子处此，须从变化的恒中，找到不变的恒。立不易方者，得其环中也。

初六，浚恒，始求深为凶。爻象巽初为入，象同钻井，但在开始时即凝住一点求深入，则阴气日重，故贞凶而无攸利。必须逐渐拓宽基础，由阴而转阳，才能恒而深入。

九二，悔亡，此爻无象辞，有断辞，象示在爻位上。能久中也，在变动间不断得中才能悔亡。

九三，"不恒其德，或承之羞"，九三正位，当恒其德，如果变为六三以承九四，就是不恒其德而有羞。贞吝谓不当变而变，吝者由吉趋凶，将无所容于天地之间。又此爻辞《论语·子路》亦用之，从事任何一门工作都必须"恒其德"，确为不待占卜而可决定的行动准则。

九四，田无禽指非其位，九四当上卦震初为田猎，不当位则无禽。正位变刚为柔，则得禽。此爻有象辞，无断辞，断辞已寓于象中。

六五，五震中当恒其德，然恒德有动静之辨。因乾重元亨，坤重利贞，恒于元者阳，恒于贞者阴，六五当贞，故妇人吉，贞下未能起元，故夫子凶。《象》反映当时社会家庭组织中极严重的以男性为主意识，或能抽象成阴阳两气言，则阴当重视由一切而一，阳当制义而重视由一而一切。恒其德者，宜执体，亦宜破体也。

上六，上位震动之上，运动过度，必失稳定，亦将不利于恒，故凶。大无功者，喻未能"终则有始"而恒将不"利有攸往"。

表四十三　遯　卦

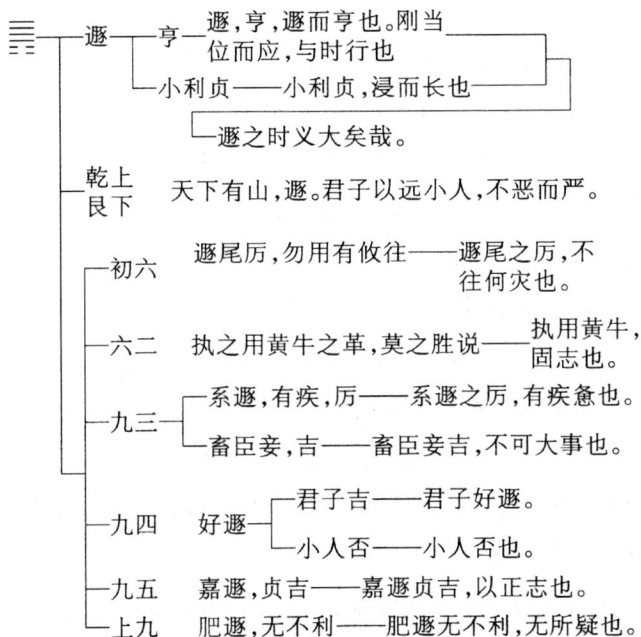

遯 ──┬─ 亨 ──── 遯,亨,遯而亨也。刚当
　　　│　　　　　　位而应,与时行也
　　　└─ 小利贞 ── 小利贞,浸而长也
　　　　　　　　── 遯之时义大矣哉。

乾上
艮下　　　天下有山,遯。君子以远小人,不恶而严。

─ 初六　　　遯尾厉,勿用有攸往 ── 遯尾之厉,不
　　　　　　　　　　　　　　　　　　往何灾也。

─ 六二　　　执之用黄牛之革,莫之胜说 ── 执用黄牛,
　　　　　　　　　　　　　　　　　　　　固志也。

─ 九三 ──┬─ 系遯,有疾,厉 ── 系遯之厉,有疾惫也。
　　　　　└─ 畜臣妾,吉 ── 畜臣妾吉,不可大事也。

─ 九四　　好遯 ──┬─ 君子吉 ── 君子好遯。
　　　　　　　　　└─ 小人否 ── 小人否也。

─ 九五　　　嘉遯,贞吉 ── 嘉遯贞吉,以正志也。

─ 上九　　　肥遯,无不利 ── 肥遯无不利,无所疑也。

遁卦表解

卦象:艮下、乾上。艮为山、为人,乾为天、为父。

卦象示乾天之下,艮人入静止不动之艮山中,退避阴气之上消,所以此卦名遯。"遯,亨"谓"遯而亨也",指亨在遯上。消息卦象当未,以一日论,属下午三时至五时,以一年论,属建寅之六月,皆为阴渐长以消阳,而阳呈退避之象。卦变从姤来,姤一阴上消成二阴成遯,即消姤之九二成遯之六二,九五刚当位而与六二相应,是即由"与时行"之"遯亨"。"小利贞"指六二,阳大阴小,阴不可再上消,是之谓"小利贞"。阴阳消息有浸而长的变化,但人作用于自然变化中,当有"人定胜天"的愿望,是谓"利贞"。遯时义之大,应重视遯所处阴阳变化的关键时

103

位,不在辨伯夷叔齐之是非,而应知世人有不能解决的问题这一事实,此人类知识方能有进化,故不应简单地误认遁退为非。

《大象》:乾清艮止,阳气上出,故君子以远小人,不恶而严,所以止消也。

初六,遁初就必须完全地遁,不能留一点尾巴,留尾就有厉,止阴上消故勿用有攸往,不往何灾,一心去掉尚保留的尾巴,则阴可转阳。

六二,初阴上消至二,最终目的是消乾成坤。六二虽成阴,尚有正位时行之德,如群起效尤,则遁象势必崩溃,故此处执之以最坚最韧黄牛之革,莫之胜脱而重重束缚之,以起阻止作用。礼教戒律有此固志的形象,是最要紧的界限。

九三,三阳而系于初二二阴,被系而难遁。九三君子有遁象,但受到事业家庭的种种牵绊,故有疾而惫。但由难遁转而"畜臣妾",则吉。"臣"为国家,"妾"为家庭,为人之牵累两个主要范围。然《象》之"不可大事"又作批评,因仅知一国一家,能处遁不能处否,国破家亡如何?君子责任远不止于此。

九四,遁卦总的情况是遁得越远越好。下卦艮止三爻各有难遁的情况,上卦乾天三爻皆属好遁,而且越往上越好。四阳爻已隔九三而远离二阴,又居四与初有应,故为好遁,居此君子吉谓助九三,小人否谓消九三。

九五,嘉遁,嘉指阴阳和合,九五刚当位而应,守正而吉。《象》五之"正志"相应二之"固志",五居天人之位,当辨"固志"之是非,是为"正志"。

上九,肥遁无不利,此爻与全卦的阴爻最为远离,一切牵挂都让其他阳爻担当了,脱离一切世俗是非,最为快活,有太上皇或山林之士的形象。肥为宽广或为飞翔,乾天上出,"无所疑也",故无不利。

表四十四　大　壮　卦

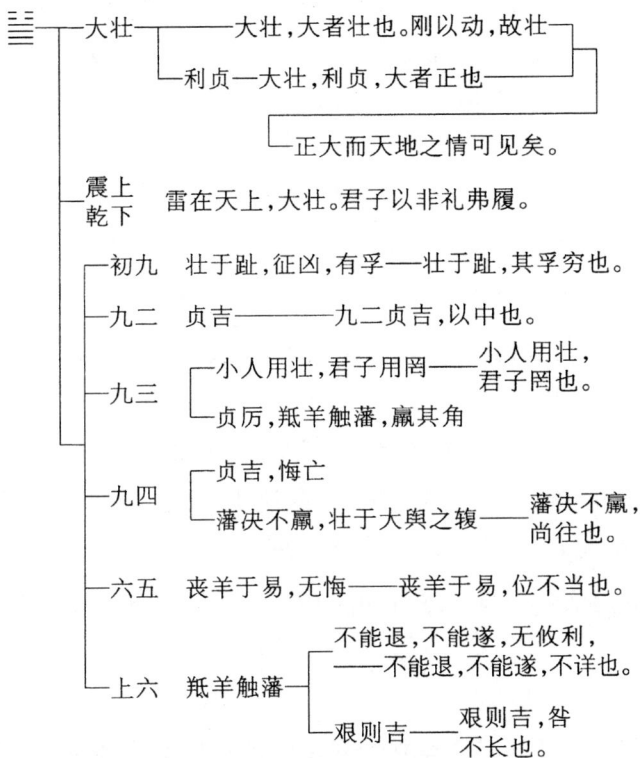

大壮 ——— 大壮,大者壮也。刚以动,故壮 ——
　　 └─ 利贞——大壮,利贞,大者正也 ——
　　　　　　　 └─ 正大而天地之情可见矣。

震上
乾下　　雷在天上,大壮。君子以非礼弗履。

初九　　壮于趾,征凶,有孚——壮于趾,其孚穷也。

九二　　贞吉 ——————— 九二贞吉,以中也。

九三 ┌─ 小人用壮,君子用罔—— 小人用壮,
　　 │　　　　　　　　　　　　　君子罔也。
　　 └─ 贞厉,羝羊触藩,羸其角

九四 ┌─ 贞吉,悔亡
　　 └─ 藩决不羸,壮于大舆之輹—— 藩决不羸,
　　　　　　　　　　　　　　　　　尚往也。

六五　　丧羊于易,无悔——丧羊于易,位不当也。

上六　　羝羊触藩 ┌─ 不能退,不能遂,无攸利,
　　　　　　　　 │ —— 不能退,不能遂,不详也。
　　　　　　　　 └─ 艰则吉—— 艰则吉,咎
　　　　　　　　　　　　　　　 不长也。

大壮卦表解

卦象:乾下震上。乾为天、为大,震为雷、为动。

泰阳息三至四成大壮。阳刚为大,震动发展为壮,所以卦名大壮。基于天而大动,须防壮伤。"利贞"指九四。按乾卦卦辞"元亨利贞",元亨为春夏,利贞为秋冬。一分为二,"大有"卦辞为"元亨","大壮"为"利贞"。"利贞"而正其大,以免阳进过大之伤,调阴阳也。而总结推广于"正大而天地之情可见矣",与咸恒同。咸恒者,泰否变化,大壮

者,阴阳消息。"正大"就是在天地间人的作用,盛大之时,有履礼之象。

《大象》:非礼弗履,所以化解壮伤,雷在天上,有警戒之意。

初九,初为趾,趾不能壮,故征凶。大壮从泰来,泰初有应于四故"征吉",大壮初无应,不宜妄动,故"征凶"。坎为孚,"有孚"卦成需,九五得位居中而初四有应,则孚不穷而化去壮趾之凶。

九二,贞吉谓中,二五有应,故吉。

九三,爻分二义,一指小人处壮而用之,一指君子处壮而罔之。用壮者,仅知四阳之发展而成壮伤,用罔者,联系二阴而化解,"罔"者"无"也。"贞厉"而"羝羊触藩羸其角",指三凭一股狠劲向前,但遇到九四的强劲阻挡,角伤了,此即小人用壮,故君子罔也。三处四阳之中,阳气过甚,故云。

九四,四在四阳之中终于出头遇到了阴,故贞吉悔亡。三遇四,阳遇阳,故触藩羸角,至四遇五,则阳遇阴,故藩决不羸。然而九四居四阳之首,受三阳的推动,仍然含伤,辐为车的关键部位,辐之壮也就是辐之伤。当藩决之时,角虽无伤,仍当注意内部。尚往指当正位于五。

六五,五之"易"指"場",二阴广阔之象,故为場。全卦的四阳到六五成阴,羊的狠劲和锐气全然消释,故"丧羊于易"而无悔。"易"亦作容易之易,意指四阳之间种种困难到此顺利解决,亦通。《象》"位不当也",指四宜正位于五,则初有孚四辐不伤而五无悔也。

上六,"羝羊触藩"与九三象同,但九三阳用壮已不利,上六阴用壮则更不可,不能退不能遂,指进退维谷。然而艰则吉则咎不长,在似乎看不到希望的困境中如果守正得当,变化之机很快就会显示。详指考虑周详,凡阳不能鲁莽,阴则更不能鲁莽。

表四十五　晋　　卦

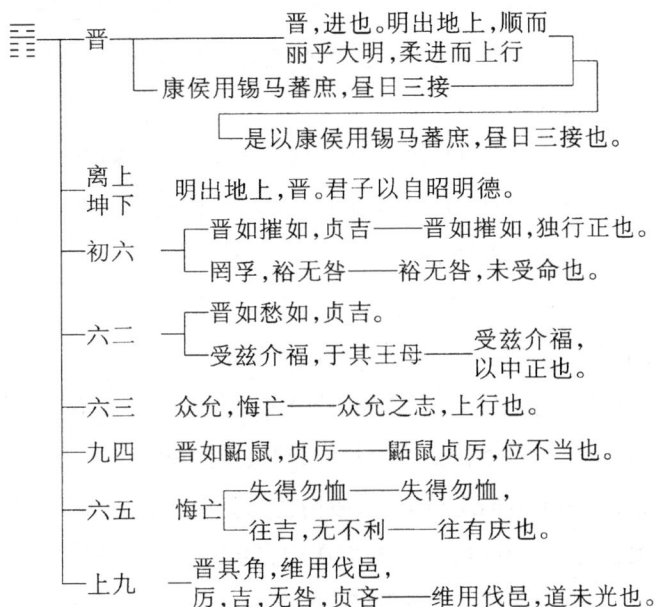

```
晋 ┬─ 晋 ──┬─ 晋,进也。明出地上,顺而
  │        │   丽乎大明,柔进而上行 ──┐
  │        └─ 康侯用锡马蕃庶,昼日三接 ─┤
  │                                    │
  │              └─ 是以康侯用锡马蕃庶,昼日三接也。
  │
  ├─ 离上 ── 明出地上,晋。君子以自昭明德。
  │  坤下
  │
  ├─ 初六 ─┬─ 晋如摧如,贞吉 ── 晋如摧如,独行正也。
  │        └─ 罔孚,裕无咎 ── 裕无咎,未受命也。
  │
  ├─ 六二 ─┬─ 晋如愁如,贞吉。
  │        └─ 受兹介福,于其王母 ── 受兹介福,
  │                                 以中正也。
  │
  ├─ 六三 ── 众允,悔亡 ── 众允之志,上行也。
  │
  ├─ 九四 ── 晋如鼫鼠,贞厉 ── 鼫鼠贞厉,位不当也。
  │
  ├─ 六五 ── 悔亡 ─┬─ 失得勿恤 ── 失得勿恤,
  │               └─ 往吉,无不利 ── 往有庆也。
  │
  └─ 上九 ── 晋其角,维用伐邑,
             厉,吉,无咎,贞吝 ── 维用伐邑,道未光也。
```

晋卦表解

卦象:坤下、离上。坤为地、为顺,离为日、为明。

晋,进也,进步,发展,进化。离明出坤地,坤顺而丽乎大明。卦变观六四柔进而上行为六五,九五刚退而下行为九四,成晋,太阳升上去,一派欣欣向荣景象。"康侯用锡马蕃庶,昼日三接",康侯者,安国之侯,为诸侯之主,指六四上行六五,为入朝之象,九五天子下行九四,为用锡马之象,坤为蕃庶,离为日,下卦三阴接离日为三接,此为晋的大发展时代。在历史上,康侯为晋国之祖,春秋战国时代,三晋以马群闻名,乃取此史实作卦辞,取以为鉴也。

《大象》:旭日东升,君子以"自昭明德"相应之,即《大学》"明明

德”之意。

初六,晋初即明夷上,明夷时代尚有力量。晋如摧如,初进即遇阻,然而贞吉而独行正,则罔孚,裕,无咎。罔孚指初居低位,尚不能得社会之相信。裕指以宽裕之心而待受命之时,可免独行之咎。二三四艮象为止,故云摧如。初爻元士,还不能对时代起作用,故罔孚,初二三坤象宽广,故称裕。

六二,初进遇艮象为摧如,二进遇坎象为愁如。然初以贞吉化摧如,二以贞吉化愁如,故六二得位中正乃受王母锡下的大福,王母者六五也。

六三,六三进接九四,初、二、三,三阴相连而进为众允,六三不正宜有悔,众允则悔亡,众允之志上行谓正位于上,晋角之危乃免。

九四,九四横梗于初二三与六五之间,阻碍上下的信息交通,故晋如鼫鼠而贞厉。鼫鼠为贪婪之鼠,处繁盛时代而居中间盘剥,《诗经·硕鼠》之象也。位不当指初四应易位,则贞吉而免贞厉。

六五,五为柔进而上行之主,故悔亡。失得勿恤、往吉无不利是大繁盛景象,晋象至此而成。六五柔居中,晋主当离,光芒四射,卦之中心在此爻,乃自明而明明德于天下,故有庆也。

上九,上爻当角,“晋其角”指发展过分而进至角,今谓“钻入牛角尖”者是也,姤上“姤其角”同。维用伐邑指不能容忍一切不顺从因素,此失其道,故有厉,必吉方能无咎,然仍有贞吝。断辞有几层转折,晋上独断专行,已渐有明夷之象。

表四十六　明　夷　卦

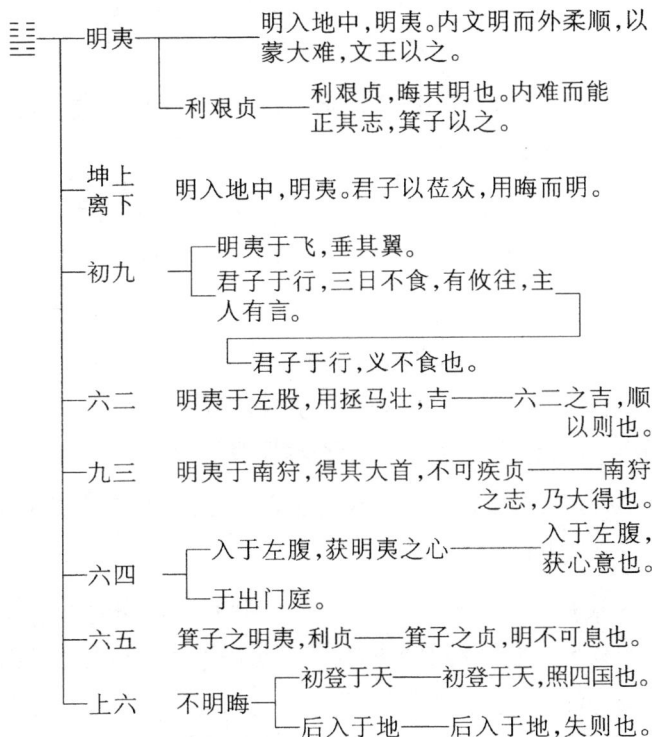

```
䷣┬─明夷────┬─────明入地中,明夷。内文明而外柔顺,以
  │          │          蒙大难,文王以之。
  │          └─利艰贞────利艰贞,晦其明也。内难而能
  │                        正其志,箕子以之。
  │
  ├─坤上────明入地中,明夷。君子以莅众,用晦而明。
  │  离下
  │
  ├─初九────┬─明夷于飞,垂其翼。
  │          ├─君子于行,三日不食,有攸往,主
  │          │  人有言。
  │          └─君子于行,义不食也。
  │
  ├─六二────明夷于左股,用拯马壮,吉────六二之吉,顺
  │                                          以则也。
  │
  ├─九三────明夷于南狩,得其大首,不可疾贞────南狩
  │                                          之志,乃大得也。
  │
  ├─六四────┬─入于左腹,获明夷之心────入于左腹,
  │          │                            获心意也。
  │          └─于出门庭。
  │
  ├─六五────箕子之明夷,利贞────箕子之贞,明不可息也。
  │
  └─上六────不明晦──┬─初登于天────初登于天,照四国也。
                      └─后入于地────后入于地,失则也。
```

明夷卦表解

卦象:离下、坤上。离为日、为明,坤为土、为地。

离明入坤地中,其光不见。夷为伤,明夷者,明伤也。"利艰贞"指九三,《象》分别以文王,箕子当之。文王当九三,二体离内文明,坤外柔顺,以蒙大难,九三卦主不能变,也不可变。箕子当九三,则由三而至五,正六五成九五,是内难而正其志。大难、内难均指九三坎体,坎难也,但九三为正晦之本,去其难是息其明,故"利艰贞"。由艰而化其难,利贞成既济,则大明终始,六位时成,云行雨施,天下平也。

《大象》：晋与明夷循环消息。文王之蒙难，箕子之内难，均为用晦之例，用晦而明，出而莅众矣。

初九，明夷时代与晋之飞跃发展完全不同，初垂翼为知止，三日不食为知退，有食有不食，有往有不往，以义辩之，用晦而明也。

六二，处明夷而有伤，不良于行，用马壮可拯，故吉。卦象九五正位，乾为马，用拯马壮，利用外物，即《象》之"顺以则"，发展自然科学也。于《易》则指天则，谓既济。

九三，离南，南狩所以正五，得大首是诛首恶，即《杂卦》"明夷诛也"。大首，乃明夷时代的病根，然时当晦明，有大难、内难在，不可疾贞。因疾贞则或正六四成九四，或九三自变成六三，皆误。故当"不可疾贞"而"利艰贞"，乃得大首而正成九五。

六四，三、四为晦明之际，是黑夜至天亮的转变，故于三、四之间当知晋、明夷之变，是即明夷之心，犹否泰反类"天地际也"。左腹者，震左坤腹。获心意犹识文王、箕子晦明之心，三缓四急，本此心意而于出门庭，则五正成既济。

六五，箕子史实当殷周之际，明夷之晦晦于五，当纣王，明夷之明明于五，当武王。于明夷的晦明之际，箕子担当传道的责任，是谓箕子之明夷。利贞而正五，卦成既济，明不可息，犹乾之不息，有传道之象，箕子之学也。

上六，上当坤晦之极，故不明而晦，登天入地，谓晋与明夷之消息循环，失则而入地，得则而登天照四国，卦成既济。

表四十七　家人卦

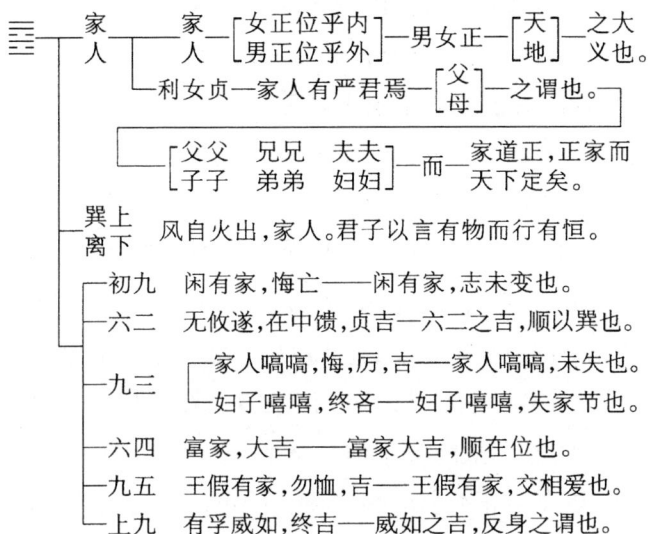

家人——家人——[女正位乎内 / 男正位乎外]——男女正——[天 / 地]——之大义也。
　　　├利女贞——家人有严君焉——[父 / 母]——之谓也。
　　　└[父父　兄兄　夫夫 / 子子　弟弟　妇妇]——而 家道正,正家而天下定矣。

巽上离下　风自火出,家人。君子以言有物而行有恒。
　初九　闲有家,悔亡——闲有家,志未变也。
　六二　无攸遂,在中馈,贞吉——六二之吉,顺以巽也。
　九三　┌家人嗃嗃,悔,厉,吉——家人嗃嗃,未失也。
　　　　└妇子嘻嘻,终吝——妇子嘻嘻,失家节也。
　六四　富家,大吉——富家大吉,顺在位也。
　九五　王假有家,勿恤,吉——王假有家,交相爱也。
　上九　有孚威如,终吉——威如之吉,反身之谓也。

家人卦表解

卦象:离下、巽上。离为火,巽为风。风自火出,炊烟渺渺,为家人之象。

女正位乎内指六二,男正位乎外指九五,夫妇男女之道正为天地之大义,家人之大义犹归妹之大义。"利女贞"谓六二,卦主也。严君谓九五贞乾父,六二贞坤母,犹天地也。五贞父父,二贞应五为子子,初贞震长男为兄兄,三贞艮少男为弟弟。又初贞震为夫夫,四贞巽为妇妇,由此诸爻皆贞以正上为家道正,正则反身而正家,正家而卦成既济天下定矣。

《大象》:家之发展当重实不重虚,言行之有物有恒,君子之枢机也。

初九,闲有家为重视家教,家人卦之始也。闲者,有闲习、防闲之意。初九正位,闲有家乃可悔亡,志变则家不齐而悔。

六二,六二为妇,阴从阳故无攸遂,主家食故在中馈,在中馈主家食为家之本,犹鼎之有实为鼎之本,鼎国而家人家,调和鼎鼐,有其经济之学,"四海困穷,天禄永终"是也。顺以巽故贞吉,谓妻道之正。

九三,九三之要在家节,有嗃嗃和嘻嘻两面。嗃嗃者偏于严,故未失,嘻嘻过于溺,故失之。九三正位为未失,与上敌应为悔,三多凶而有厉,严以持家,虽危犹吉,嘻嘻不谈是非,遂成六三,失齐家之道,终吝。言有物而行有恒,所以调剂嗃嗃和嘻嘻,是谓家节。

六四,巽富为富家,承九五为大吉,二四同功,阴皆从阳,故富家大吉。富家非仅谓经济,父父子子兄兄弟弟夫夫妇妇皆顺在位,此之谓富。

九五,九五王,应六二为有家,王假有家,则由国而家,为九族既睦的形象,交相爱也。由九五六二进至初九、六四、九三、上六则交相爱而卦成既济。凡有家必有忧,然九五正位,由家国而定天下,故勿恤而吉。

上九,反身之正,故终吉,因国之本在家,家之本在身,有孚威如,为身教的形象,故身正而家正,家正而为国正、天下正之本矣。

表四十八　睽　　卦

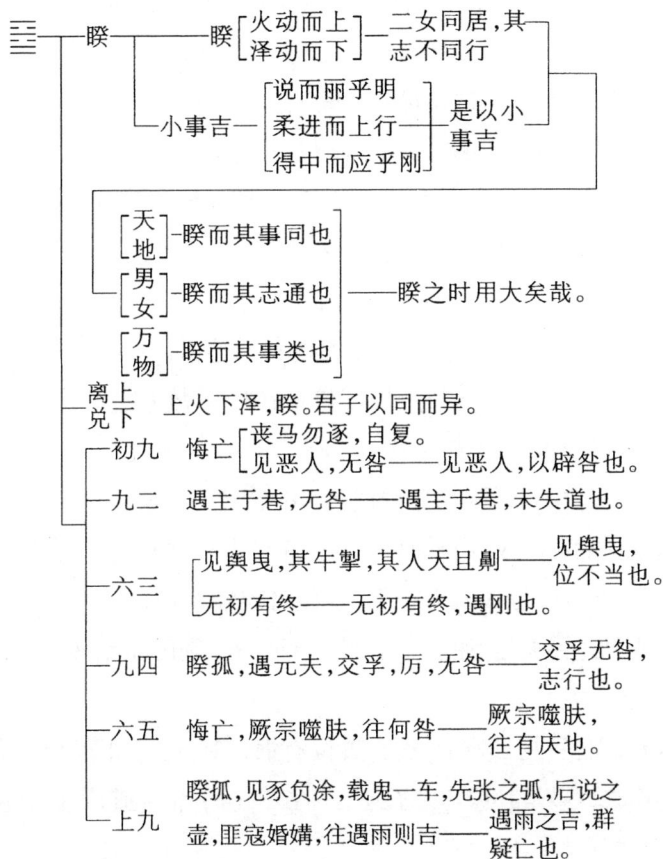

睽

睽——睽——[火动而上／泽动而下]——二女同居,其志不同行

　　——小事吉——[说而丽乎明／柔进而上行／得中而应乎刚]——是以小事吉

[天／地]-睽而其事同也
[男／女]-睽而其志通也 —— 睽之时用大矣哉。
[万／物]-睽而其事类也

离上／兑下　上火下泽,睽。君子以同而异。

——初九　悔亡[丧马勿逐,自复。／见恶人,无咎——见恶人,以辟咎也。]

——九二　遇主于巷,无咎——遇主于巷,未失道也。

——六三　[见舆曳,其牛掣,其人天且劓——见舆曳,位不当也。／无初有终——无初有终,遇刚也。]

——九四　睽孤,遇元夫,交孚,厉,无咎——交孚无咎,志行也。

——六五　悔亡,厥宗噬肤,往何咎——厥宗噬肤,往有庆也。

——上九　睽孤,见豕负涂,载鬼一车,先张之弧,后说之壶,匪寇婚媾,往遇雨则吉——遇雨之吉,群疑亡也。

睽卦表解

卦象:兑下、离上。兑为泽、为少女、为说,离为火、为中女、为明。

睽卦为矛盾的形象,二体离火动而上,兑泽动而下,上者愈上而下者愈下,上下相违,上卦离为中女,下卦兑为少女,二女同居,其志不同行,故睽。凡阳卦相违曰讼,阴卦相违曰睽也。卦变由中孚来,中孚六四柔进而上行为六五,卦成睽,下卦兑说丽乎上卦离明,六五柔得中以应九二刚,故卦辞曰"小事吉"。《彖》分三节释其吉,然柔丽柔进柔得中,故仅曰"小事吉",谓六五。然睽之相违而相成,推本天地人物而来,故时用大。凡自然科学的发展从睽而来,寻找矛盾并解决矛盾故吉。

《大象》:睽重"同而异",同人之"类族辨物"重"异而同"。异同、同异相反相成,犹消息之循环,即《彖》之"事同"、"志通"、"事类"也。

初九,诸爻皆阳居阴位,阴居阳位,为睽象,唯初九正位,故悔亡,睽初乾元之本也。四之元夫,此爻当之。睽卦时代乖违,丧马、见恶人均不得不然,能守正得本者则丧马勿逐自复,见恶人而无咎。恶人谓四,初四敌应为悔,四正则无咎而悔亡。

九二,阳为主,得道当居九五,然时代乖违,其主不能在道而在巷,故遇主于巷。然巷通于道,主虽在巷而道未失,故遇之而无咎。九五、六二,得时可变也。

六三,三位不当,故有重重抵触,舆曳,牛掣,其人天且劓,均为困苦的形象。翻然而改,由异而同,九三正位遇刚,则无初而有终矣。

九四,九四失位敌应为睽孤,睽孤者睽异之极也。然睽异之极而遇初九乾元之元夫,志通而交孚,交孚而志行,则厉而无咎。睽孤出生入死,乃遇元夫而得交孚。

六五,六五、九二为宗,二五失位有悔,噬肤指二正成噬嗑。噬嗑六二之噬肤灭鼻是其象。二五正,五往二,遇主而得道,则往有庆而无咎,故悔亡。

上九,四之睽孤在失位敌应,上之睽孤在失位反应。三失位得应,则见舆曳,牛掣,其人天且劓,上失位得应,则见豕负涂,载鬼一车。三、上阴阳乖异,皆为睽孤时的凶秽景象。张弧后说,谓疑虑。然阴气重重得根必变,往遇雨而正,大的变化一来,睽孤之势瓦解,一切矛盾解决,则吉。二至上皆失位为群疑,之正成既济则群疑亡,遇雨即《乾·彖》"云行雨施天下平也"。

表四十九　蹇　卦

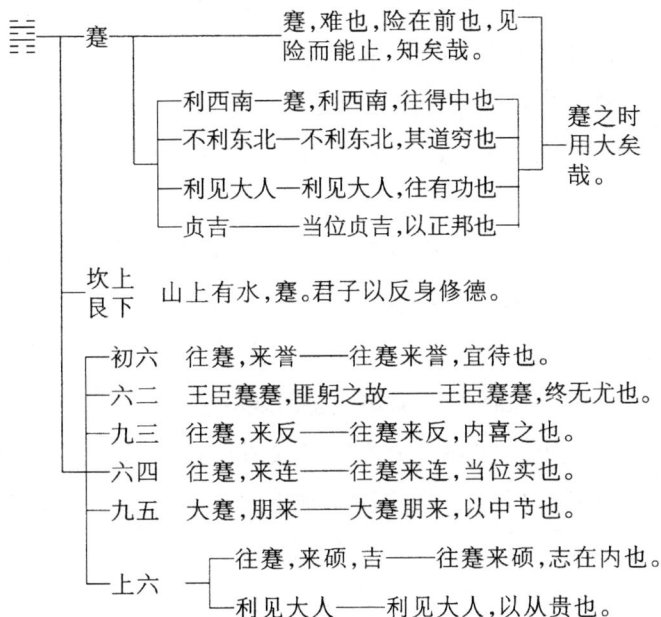

```
☵☶　蹇 ┬─── 蹇,难也,险在前也,见 ┐
          │      险而能止,知矣哉。  │
          │                          │
          ├ 利西南──蹇,利西南,往得中也 ┤ 蹇之时
          ├ 不利东北──不利东北,其道穷也 ┤ 用大矣
          │                          │ 哉。
          ├ 利见大人──利见大人,往有功也 │
          └ 贞吉────当位贞吉,以正邦也 ┘
```

```
┬ 坎上    山上有水,蹇。君子以反身修德。
└ 艮下
```

```
┬ 初六　往蹇,来誉──往蹇来誉,宜待也。
├ 六二　王臣蹇蹇,匪躬之故──王臣蹇蹇,终无尤也。
├ 九三　往蹇,来反──往蹇来反,内喜之也。
├ 六四　往蹇,来连──往蹇来连,当位实也。
├ 九五　大蹇,朋来──大蹇朋来,以中节也。
└ 上六 ┬─往蹇,来硕,吉──往蹇来硕,志在内也。
         └─利见大人──利见大人,以从贵也。
```

蹇卦表解

卦象:艮下、坎上。艮为山、为止,坎为水、为险、为难。

卦象艮止于坎险,能见险而止,为处蹇难之知。卦变由小过来。小过四挥五生蹇。上卦坤阳得中为利西南,坤西南也;下卦艮为东北,初爻未正,故不利东北。九五大人,大人当位贞吉以正邦,诸阴爻皆利见之。初正为正邦成既济,由道穷而道通,故蹇之时用大矣哉。

《大象》:蹇有难,君子见之而反身修德,所以正初。艮东北成终而成始,君子道穷则独善其身,达则兼济天下也。

初六,六爻除二五中爻外,皆曰往蹇。往蹇者,谓往则甚其蹇而止以反身修德,则各有所来,蹇难宜止以辟之也。初往四则及坎险,往蹇也,不往四而下二以待则誉来,二多誉也。初当艮为待为时,待时则自正,济蹇之誉归之。

六二,九五为王,二正应五当王臣,为君难为臣不易,君、臣济蹇,五大蹇,二蹇蹇是也。蹇蹇者,匪王臣之故,乃时代使其然,王臣匪躬而从公忘私,能济蹇难而正邦,故终无尤。

九三,往及坎险为蹇,九三君子,知险而止,来反则初正而内喜之。《大象》之反身修德,即本此爻言,九五喜,二应之为内喜,初正来誉而二内喜之也。

六四,四多惧,往蹇承初爻言,当二坎间为连,坎卦之来之坎坎也。阳为实,六四当位,由此以连及应,当初正亦有实,蹇难济矣。

九五,九五阳大为大蹇。大蹇者,大人正邦以济蹇也。五位本中节之和,乃大人修德而朋来,共济大蹇而既济也。

上六,上位极,往蹇承三爻言。来硕谓志在内,艮为硕,利见大人谓五。由三而反初得本,由五而从贵则利见大人,上当修德之终,阴德终于从阳,故吉。

表五十　解　卦

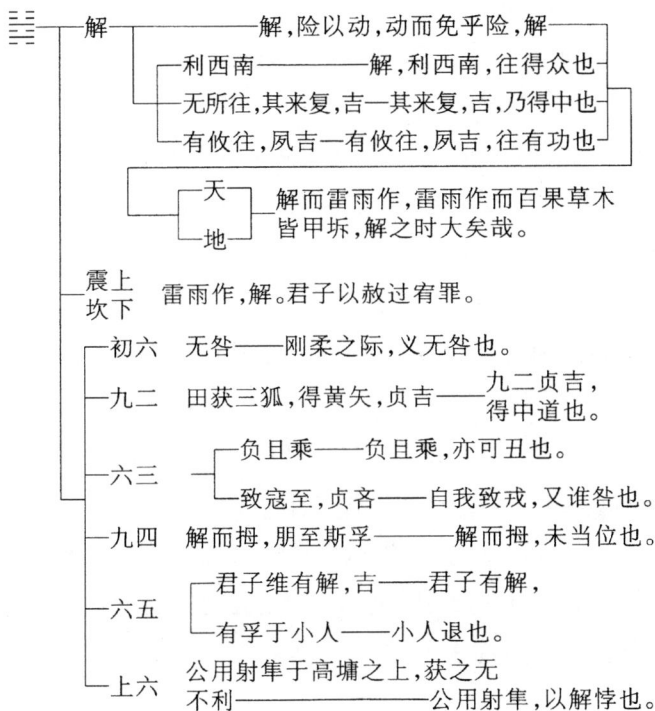

解卦表解

卦象：坎下、震上。坎为雨、为险，震为雷、为动。

解二体坎险以震动，动而免乎险，故卦名为解。解综蹇，卦变小过二至三得坤众，故利西南同，艮而综震，故不言东北。解四位不当，或宜来初，为"无所往其来复吉"，复吉乃解，九二得中当之；或宜往五，为"有攸往，夙吉"，夙谓早，往五有功。解卦为出险之象，故《象》曰"天地解而雷雨作，雷雨作而百果草木皆甲坼"，万象更新也，故解之时大矣哉。

《大象》：天地解而更新，君子解而更始，赦过宥罪，解郁塞而舒畅振奋也。

初六，初于刚柔之际得无咎，乃解。爻位三仁四义，初未正，咎也，四宜往初，故义无咎。

九二，二为田，三狐害田，黄矢为中直之道，以中直之道解三狐之疑，乃解，贞吉谓二宜往五。

六三，三不中不正而不自知，负且乘以增其丑，招盗而致其寇，故贞吝。六三小人，上视之为隼，射隼而正之，卦成恒，谓宜恒其德，贞而得阳，吝乃可免。不然盗思夺之伐之，岂吝而已。

九四，初六当拇，拇为足大指，咸初"咸其拇"同例。初四未当位，之正为解而拇。拇解而解至根本，成临下卦兑至为朋至，二升五上卦坎为斯孚，由不当位而当位矣。

六五，五正为君子，小人谓六三，君子一意于解，五孚及小人而小人退，解化成既济矣，《大象》曰"赦过宥罪"是也。

上六，三为隼，负且乘为悖，公射隼解悖，故获之无不利，悖解而通气。又此爻综为蹇初，皆待时而动。蹇初待时以反身修德者为进德，解上藏器待时者为修业。

表五十一　损　　卦

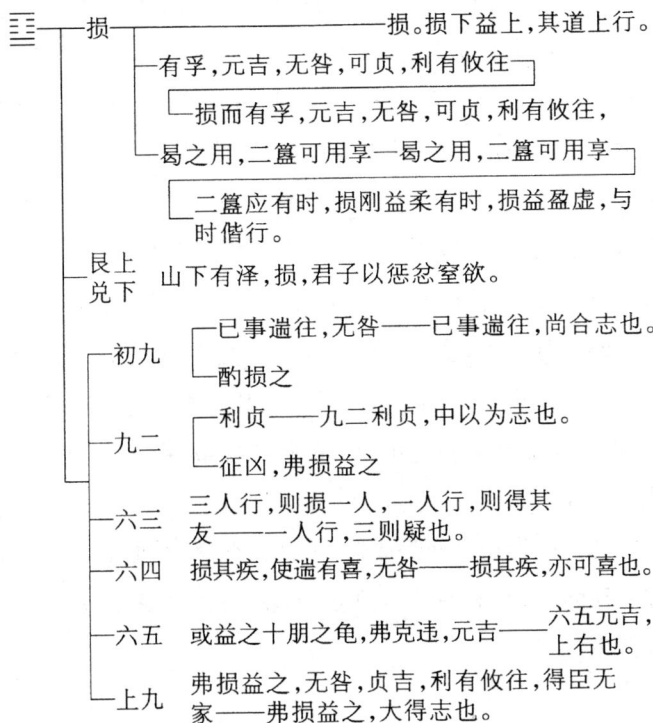

```
䷨──损──────────损。损下益上,其道上行。
        ┌有孚,元吉,无咎,可贞,利有攸往┐
        │        └损而有孚,元吉,无咎,可贞,利有攸往,
        ├曷之用,二簋可用享─曷之用,二簋可用享┘
        │        └二簋应有时,损刚益柔有时,损益盈虚,与
        │          时偕行。
   艮上
   兑下  山下有泽,损,君子以惩忿窒欲。
      ┌初九┌已事遄往,无咎──已事遄往,尚合志也。
      │   └酌损之
      ├九二┌利贞──九二利贞,中以为志也。
      │   └征凶,弗损益之
      ├六三 三人行,则损一人,一人行,则得其
      │     友──一人行,三则疑也。
      ├六四 损其疾,使遄有喜,无咎──损其疾,亦可喜也。
      ├六五 或益之十朋之龟,弗克违,元吉──六五元吉,
      │                          上右也。
      └上九 弗损益之,无咎,贞吉,利有攸往,得臣无
            家──弗损益之,大得志也。
```

损卦表解

卦象:兑下、艮上。兑为泽,艮为山。

泰,乾盈坤虚,三上挥,其道上行生损。又损下九二刚益上六五柔生益。损者,当泽损而深,山益而高,山泽之气,以有孚为本。由损而益,九五刚中则元吉而无咎,贞成既济则可贞而利有攸往。损刚益柔有时,虽二簋之约亦可用享,损可益,益可损,与时偕行。

《大象》:惩忿窒欲者,君子自损不善,《道德经》所谓"损之又损"也。

初九,初正位,守正则事已,当速往以助上成既济,初应四成既济当上卦坎志为上合志,此济损之道,故无咎。于象遄往为二往五,酌损为上之三。

九二,二失位,当利贞之五,震征失位凶,弗损而益之之五,上亦当之三而成既济,故弗损益之,上爻同。上卦成坎志为中以为志。

六三,三上兑艮当山泽通气,三则损一为二,二而一也,一则得友为二,一而二也,此损益之变谓阴阳也。泰乾三阳为三人,震为行,生损则损一人,损上九为一人行,应下卦兑为得其友。三则疑,谓六三失位,三则因损而有疑,一则无所更损,故反益而得友。咸错损,两象易亦为咸,损三之致一,犹咸四之一致,化醇化生,太和、太极也。

六四,四损其疾者,惩忿窒欲。四应初使遄,承五有喜,故无咎。

六五,损五未正,当受下益。朋谓类,凡十类之龟,其兆皆不可违,乃自然原理也。益之十朋之龟,谓掌握信息,故弗克违。二正于五而元吉,龟协人谋,乃上之右也。

上九,九二弗损益之而卦成益,上九又继之,乃损上九刚以益六三柔,正位无咎而贞吉,利有攸往而成既济,得臣无家谓家国致一平天下,志大得也。

表五十二 益 卦

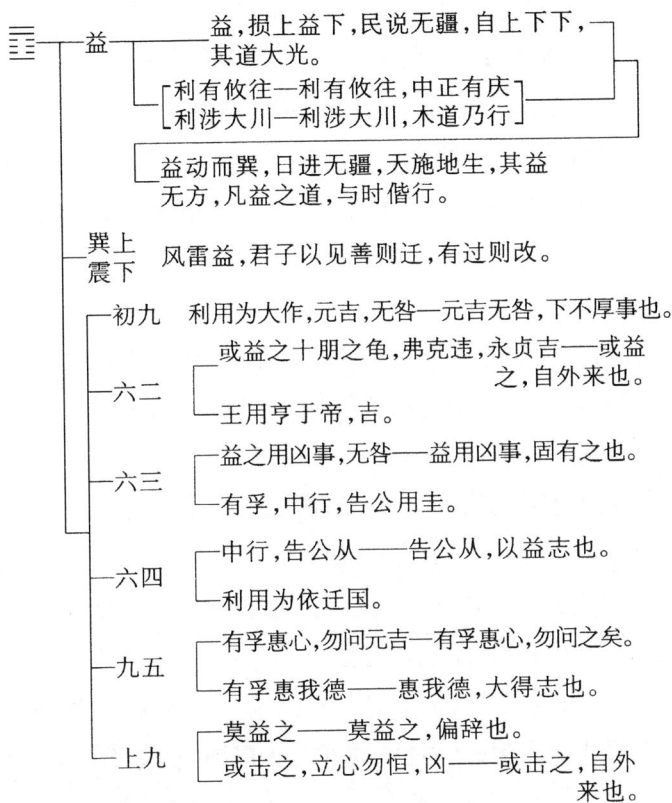

```
䷩ ─ 益 ┬─ 益,损上益下,民说无疆,自上下下,
          │   其道大光。
          ├─┌利有攸往──利有攸往,中正有庆┐
          │ └利涉大川──利涉大川,木道乃行┘
          ├─ 益动而巽,日进无疆,天施地生,其益
          │   无方,凡益之道,与时偕行。
    巽上 ─┤
    震下   │  风雷益,君子以见善则迁,有过则改。
          │
    初九 ─┤  利用为大作,元吉,无咎──元吉无咎,下不厚事也。
          │
          │ ┌或益之十朋之龟,弗克违,永贞吉──或益
    六二 ─┤ │                          之,自外来也。
          │ └王用亨于帝,吉。
          │
    六三 ─┤ ┌益之用凶事,无咎──益用凶事,固有之也。
          │ └有孚,中行,告公用圭。
          │
    六四 ─┤ ┌中行,告公从──告公从,以益志也。
          │ └利用为依迁国。
          │
    九五 ─┤ ┌有孚惠心,勿问元吉──有孚惠心,勿问之矣。
          │ └有孚惠我德──惠我德,大得志也。
          │
    上九 ─┤ ┌莫益之──莫益之,偏辞也。
          └ └或击之,立心勿恒,凶──或击之,自外
                                   来也。
```

益卦表解

卦象:震下、巽上。震为雷,巽为风。

泰损下益上而益;益又损上九以益下六三,自上下下,由益而既济,民说无疆而其道大光也。由损成益为利有攸往,九五中正有庆当之。三正坎象为利涉大川,二体震动巽木,木道乃行也。又卦象乾包坤,天施地生,其益无方,犹乾元资始,坤元资生,故民说无疆,继以日

进无疆,凡益之道,与时偕行也,与损《彖》同义。

《大象》:风雷成益,迁善属阳,改过属阴,君子迁善改过,其益无方也。

初九,震为大作,复初乾元为元吉,正位无咎,《系辞》曰:"耒耨之利以教天下,盖取诸益。"故此爻大作,在当时宜以耕播当之。下不厚事为不扰民,故为益,不违农时,故可大作。

六二,益综损,益二即损五,故"或益之十朋之龟,弗克违"同,五天而二地,五贞为永贞吉。五为王,初震为帝,二五正应而初为大作,为王用亨于帝吉,天施地生,复见天地之心也。三自上九外来,或益之而成既济。

六三,九三固有之,三正为益之用凶事,三多凶也,正位无咎。二五有孚,三四中行,三正成公用圭以朝王,虔敬同德,故虽凶事,而益则不凶矣。

六四,五王中行为志,四公正位而从之,故中行告公从,利用为依迁国,益王志所以益民,民说无疆也。

九五,上之三,五当坎,有孚惠心,故勿问元吉。五受益又益下,惠心以孚三,三亦惠我德,即五之大得志。

上九,益当损上益下,损下益上成否,故上偏辞莫益之,或当外来而击之,犹蒙上之击蒙,立心勿恒而求益无已则凶,故当击之。

表五十三　夬　　卦

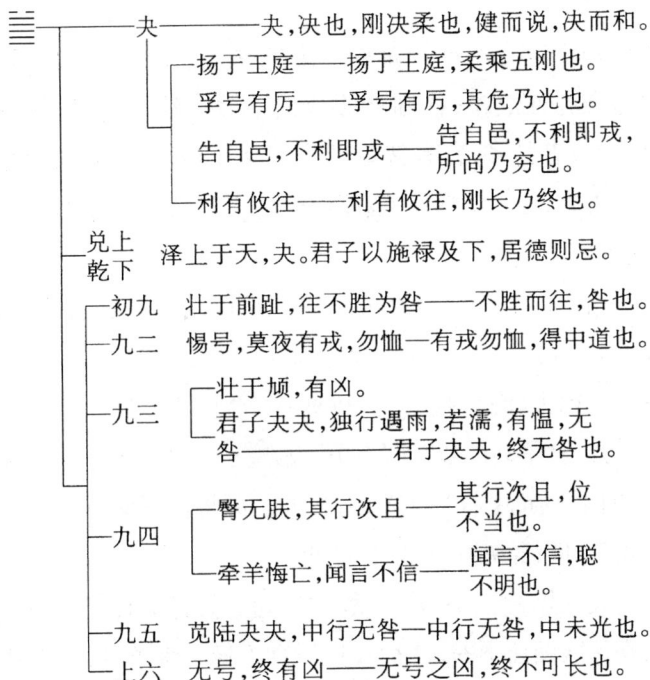

夬——夬,决也,刚决柔也,健而说,决而和。
　扬于王庭——扬于王庭,柔乘五刚也。
　孚号有厉——孚号有厉,其危乃光也。
　告自邑,不利即戎——告自邑,不利即戎,所尚乃穷也。
　利有攸往——利有攸往,刚长乃终也。

兑上
乾下　泽上于天,夬。君子以施禄及下,居德则忌。

　初九　壮于前趾,往不胜为咎——不胜而往,咎也。
　九二　惕号,莫夜有戎,勿恤——有戎勿恤,得中道也。
　九三　壮于頄,有凶。
　　　　君子夬夬,独行遇雨,若濡,有愠,无咎——君子夬夬,终无咎也。
　九四　臀无肤,其行次且——其行次且,位不当也。
　　　　牵羊悔亡,闻言不信——闻言不信,聪不明也。
　九五　苋陆夬夬,中行无咎——中行无咎,中未光也。
　上六　无号,终有凶——无号之凶,终不可长也。

夬卦表解

卦象:乾下、兑上。乾为天、为健,兑为泽、为说。

夬由大壮息,五刚决一柔,故卦名夬,夬决也。卦辞分四节:一,"扬于王庭",指上六一阴扬于五阳之上,九五为王。此为上六柔乘五刚之凶。二,"孚号有厉"谓五阳互信而孚号,孚号相对上六之无号而言。"有厉"指九三,三多凶而厉,二四正则厉、危化光而不凶。三,"告自邑,不利即戎",告自邑指夬息阳从临来,临下卦兑为告,上卦坤为自邑,告自邑由九二惕号始,至五孚号长刚以成夬,不利即戎指五阳当因其自然上息之势以决上六,即卦辞之"孚号",尚武九三自变则穷。

四,"利有攸往"指五阳合力以决阴,刚长乃终而成纯乾。健而说者,二体也,决而和者,纯乾通既济也。

《大象》:泽上于天为居德之失,当化雨而下施也。可与剥《大象》厚下安宅合观。

初九,初位为趾,壮于前趾承大壮言,大壮息成夬。五阳孚号以决阴,初当坚守乾元之本,往则与四敌而不胜为咎,即自乱阵脚之象。《周易》言无咎者甚多,言有咎者唯此一爻,因五阳决阴,胜利之势已成,然初往不胜,根本动摇,一变而为大过☲。故《易》系"咎"于此,为最重要的警戒。

九二,居中得中道,九二惕号,五阳因而孚号。莫夜有戎为居安思危,故无恤。

九三,夬由大壮息,乾为首,故称壮于頄。頄,颧骨也,有上息之势,凶也。九三"不利即戎"而"有厉",故有凶。然而君子存夬夬之志,独行守正而不为上六小人所惑,则夬上之泽将化雨而下,虽若濡而有愠,终归无咎,即《象》之"其危乃光"也。

九四,夬综姤,夬四即姤三,故"臀无肤,其行次且"同。九四失位无应,故臀无肤而居不安,其行次且而行不遂。牵羊者,防大壮之"羝羊触藩",决柔而不依礼也。四正悔亡。四正兑为言为闻言,二正坎为信,未正则闻言不信,正位则耳目聪明而信。

九五,苋陆为植物感阴气之多者,叶柔根坚,枝蔓难尽,即夬之上六。三五同功,故同曰夬夬。苋陆夬夬而无咎者,能孚号而中行,二四正互离则化光。

上六,五阳孚号,上六无号,柔乘五刚,故有凶。五阳上息,故刚长乃终,上六不息,故终不可长。《杂卦》"夬,决也,刚决柔也。君子道长,小人道忧也",乾元首出,消此上六之阴,故此爻为《杂卦》之终,亦为消息之终。

表五十四　姤　卦

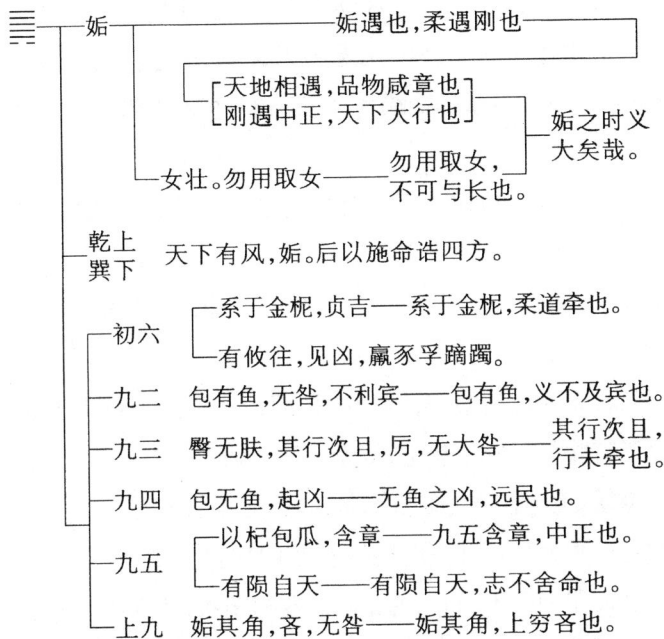

```
☰    ┌姤 ─────────── 姤遇也,柔遇刚也 ──────────┐
     │      ┌天地相遇,品物咸章也┐           │
     │      │刚遇中正,天下大行也┘ ──┐       ├姤之时义
     │      │                        │       │大矣哉。
     │      └女壮。勿用取女 ─── 勿用取女,──┘
     │                          不可与长也。
     │
   ┌乾上
   │巽下   天下有风,姤。后以施命诰四方。
   │
   │       ┌系于金柅,贞吉 ─── 系于金柅,柔道牵也。
   ├初六    │
   │       └有攸往,见凶 ─── 羸豕孚蹢躅。
   │
   ├九二    包有鱼,无咎,不利宾 ─── 包有鱼,义不及宾也。
   │
   │                                      ┌其行次且,
   ├九三    臀无肤,其行次且,厉,无大咎 ──┤行未牵也。
   │
   ├九四    包无鱼,起凶 ─── 无鱼之凶,远民也。
   │
   │       ┌以杞包瓜,含章 ─── 九五含章,中正也。
   ├九五    │
   │       └有陨自天 ─── 有陨自天,志不舍命也。
   │
   └上九    姤其角,吝,无咎 ─── 姤其角,上穷吝也。
```

姤卦表解

卦象：巽下、乾上。巽为风、为入、为长女,乾为天。

姤阴阳相遇,柔遇刚,为阴消之卦,大壮卦上卦震长男故曰"大壮",姤下卦巽长女故曰"女壮",止阴上消故曰"勿用取女"。阳上息至四方云"大壮",此一阴始生即云"女壮"者,防微杜渐,扶阳抑阴也。卦辞谓消息,《彖》则述之正之理。乾坤交,乾四来坤初生复,坤四来乾初生姤为天地相遇,六爻相感成既济为品物咸章,即《系辞》之六位成章。九五刚遇中正,巽风行于天下为天下大行,故姤之时大,谓天地自然相遇,品物亦自然相感而成章,如豫《彖》之天地以顺动,故曰时义大矣哉。

《大象》：姤错复,复震为后,于复后不省方,于姤后施命诰四方,阴阳之变也。

初六,六爻分二义,吉凶以不可与长和与长分别之。系于金梳贞吉,谓不可与长,金梳为止车之物,初六柔道牵引上消,系于金梳以牵止之,犹今之刹车,故贞吉,初六位不当,正之则吉也。有攸往,见凶,谓与长消阳,则遯子弑父、否臣弑君皆将陆续见之,初之凶见于上,坤初履霜坚冰至也。羸豕孚蹢躅为躁动不安之貌,势将消阳,故须系于金梳。

九二,姤象五阳包初阴,鱼阴象,初当之。二包初为包有鱼,牵柔道不使上消,故无咎。不包则上消及宾则不利,观四曰宾,故曰义不及宾,及宾而消,即剥五之贯鱼。九二之包,于遯二曰"执用黄牛之革",以最坚固的东西止住。

九三,臀无肤谓居不安,其行次且谓行不遂。初在下之躁动影响上来,故三有此厉。九二包之,故无大咎。姤三与夬四爻象同,夬四牵羊,此当牵豕,三与初,非应非比,故未牵,亦不安不遂。

九四,初阴为鱼,二比初、四应初皆曰包鱼。二包之而有鱼,四不能包而无鱼,即初之不利宾,初见凶而四起凶者,变刚不已,阴盛可惧,远民有凶,得民可化其凶。

九五,阴阳相包为以杞包瓜。九五中正而含章,即《象》之"刚遇中正""品物咸章",卦正成既济也。凡坤成既济曰含章,姤即坤初,为含章之时发。有陨自天谓志不舍命,积诚感阴,是以阴含章不消,阴而成阳,知天命而识时义也。

上九,上爻有剥象,上穷吝当角,姤其角,入而不出也。夬位亢,故上穷吝,之正则吝而无咎。应三则无大咎,正初则吉。

表五十五　萃　　卦

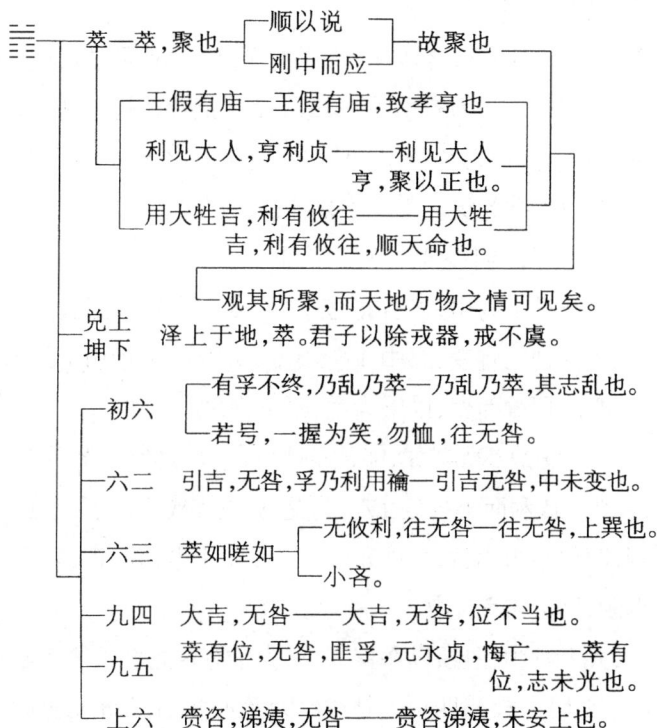

萃—萃,聚也——顺以说
　　　　　　　　刚中而应——故聚也

王假有庙—王假有庙,致孝亨也

利见大人,亨利贞———利见大人
　　　　　　　　　　亨,聚以正也。

用大牲吉,利有攸往———用大牲
　　　　　　　　　　吉,利有攸往,顺天命也。

└—观其所聚,而天地万物之情可见矣。

泽上于地,萃。君子以除戎器,戒不虞。

兑上
坤下

初六　有孚不终,乃乱乃萃—乃乱乃萃,其志乱也。
　　　若号,一握为笑,勿恤,往无咎。

六二　引吉,无咎,孚乃利用禴—引吉无咎,中未变也。

六三　萃如嗟如———无攸利,往无咎—往无咎,上巽也。
　　　　　　　　└—小吝。

九四　大吉,无咎——大吉,无咎,位不当也。

九五　萃有位,无咎,匪孚,元永贞,悔亡——萃有
　　　　　　　　　　　　　　　　　　位,志未光也。

上六　赍咨,涕洟,无咎——赍咨涕洟,未安上也。

萃卦表解

卦象:坤下、兑上。卦为地、为顺,兑为泽、为说。

兑泽聚于地上,二体顺以说,九五刚中而应,故聚而成萃。卦由小过三五挥而来,九五王假有庙,九四从之为致孝亨。二五应为利见大人,三正咸,亨成既济为亨利贞,聚以正也。萃聚天下之时,用大牲而吉,与损之二簋可用亨各当其时。王假有庙而天下利见大人,故利有攸往,顺天命而吉。萃聚之天命指致孝亨,萃下伍观,故曰观其所聚。坤为地为万物,三正乾为天。萃而咸,谓由观聚而观感,故见万物之情

127

与咸《象》同。《孝经》曰"昔者周公郊祀后稷以配天,宗祀文王于明堂以配上帝,是以四海之内,各以其职来祭"是其义。

《大象》:国之大事,在祀与戎,卦象谓祀,此谓戎。祀戎合以当阴阳,为萃聚之大义,除,修治也。

初六,初四应,四正,卦成比,坎为有孚,比初有孚盈缶,终来有它吉谓初正,此初四未正为有孚不终,故乃乱乃萃,萃初志乱,故有此不安定之象。五当巽号为若号,至诚呼号,犹夬五之孚号。四当艮为握,之初为一握,故一握为笑。萃而不复乱也,故勿恤。初往四承五,正位无咎,此谓聚之正,转手之间化乱为治也。

六二,巽绳艮手为引,二五正应,中未变而引吉,无咎。禴祭为薄祭,下卦三阴爻初三宜变,二中正宜不变,二五以孚相引,虽当萃聚用大牲之时,亦能用禴而聚,以孚为主,不待物之成。

六三,三不正故萃如嗟如,能往承四五,上参巽为上巽,上巽则往无咎成咸,否则无攸利而小吝,三应上为兑,兑或嗟或笑,三应之正不正耳。

九四,四位不当为咎,然能从五正三,又能之初而正,九五阳大正位以聚群阴,则大吉而无咎。

九五,九五刚中正位,以萃聚天下,为萃有位无咎王假有庙也。四未正,无坎孚为匪孚,当四正上卦成比为元永贞,比之元永贞同。当初三未正,孚尚未及天下为悔,九五乾元正位,王假有庙,而诸爻利见乃用六永贞正成既济为孚,即五之有位志光也。

上六,兑口巽号为赍咨涕洟,六三聚于小人,故上未安而赍咨涕洟,三能上巽而正,则上无咎。当萃聚之终,有聚散之悲,故曰赍咨涕洟也。

表五十六　升　卦

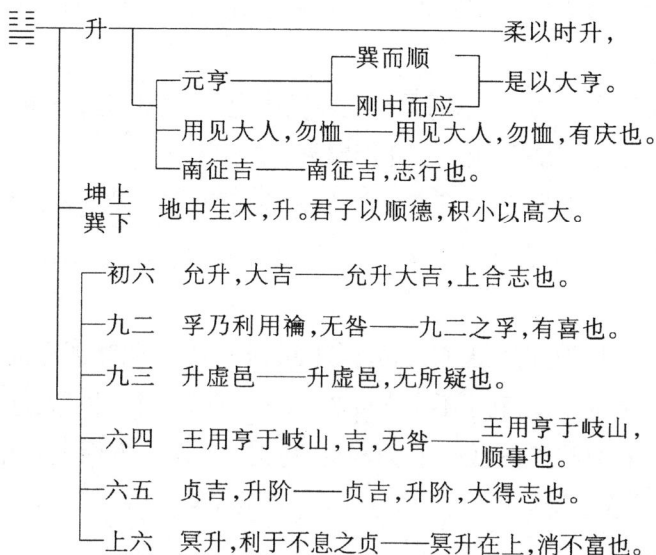

```
䷭——升———————————————柔以时升,
        ┌元亨————┌巽而顺———┐
        │         └刚中而应——┘是以大亨。
        ├用见大人,勿恤——用见大人,勿恤,有庆也。
        └南征吉——南征吉,志行也。
  坤上
  巽下   地中生木,升。君子以顺德,积小以高大。

    ┌初六　允升,大吉——允升大吉,上合志也。
    ├九二　孚乃利用禴,无咎——九二之孚,有喜也。
    ├九三　升虚邑——升虚邑,无所疑也。
    ├六四　王用亨于岐山,吉,无咎——王用亨于岐山,
    │                              顺事也。
    ├六五　贞吉,升阶——贞吉,升阶,大得志也。
    └上六　冥升,利于不息之贞——冥升在上,消不富也。
```

升卦表解

卦象:巽下、坤上。巽为风、为木,坤为地、为顺。

小过下卦艮时,六二坤元柔,以时而升之四,二体巽而顺,九二刚中,应于六五,应而之正成蹇,是以大亨。用见九五之大人,即蹇卦之利见大人,五正有庆故勿恤,征成离南,故志行而南征吉。

《大象》:木由地中而上升,故名升。九三君子,上互复为积小,坤为顺德,君子柔以时升而积德,故有高大之成。

初六,初应四当坤允为允升,初正阳大为大吉,二升于五,上卦成坎志为上合志。允,信也,初允信于上志,故二升五降,初伏阳发而成既济也。

九二,升综萃,二爻皆曰"孚乃利用禴"。升二至五成蹇,与萃四正

于三成蹇同,皆需孚也,九五有喜,二正无咎,二五刚中而应,故相孚有喜而无咎。犹损之二簋可用亨,因时而升,有孚而薄祭可也。

九三,坤为虚邑,二五失位为疑。二升五为升虚邑,正位故无所疑,虚邑谓国空虚,五失位无君,三当其际,故升二之五,即卦辞之"南征吉"也。

六四,九五为王,六四柔升以升刚中之王,为王用亨于岐山之顺事,犹随上王用亨于西山,五正而四承之为吉无咎。

六五,坤土为阶,二升五贞吉,巽木巽而顺,有升阶之象,成九五阳大得坎志为大得志,谓积小以成高大,由阶而升,得升之正,故至五而大得志。

上六,坤为冥,又上六为冥,冥升者,升不以阶,暗昧孤升也。初巽失位,消阳为不富,利于不息之贞谓三,由三而息,卦为恒、大过、姤,初阴凝下,虽息犹消,故必不息而利贞,初正二升阶于五而上冥升自消,归既济定矣。

表五十七 困 卦

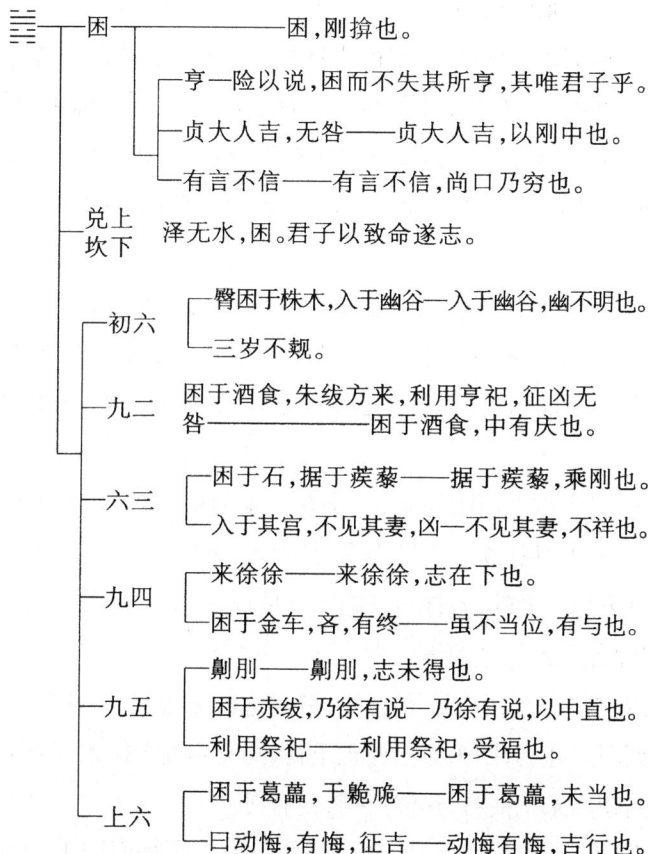

困 —— 困,刚揜也。

亨 —— 险以说,困而不失其所亨,其唯君子乎。

贞大人吉,无咎 —— 贞大人吉,以刚中也。

有言不信 —— 有言不信,尚口乃穷也。

兑上
坎下 泽无水,困。君子以致命遂志。

初六 臀困于株木,入于幽谷 —— 入于幽谷,幽不明也。
三岁不觌。

九二 困于酒食,朱绂方来,利用亨祀,征凶无咎 —— 困于酒食,中有庆也。

六三 困于石,据于蒺藜 —— 据于蒺藜,乘刚也。
入于其宫,不见其妻,凶 —— 不见其妻,不祥也。

九四 来徐徐 —— 来徐徐,志在下也。
困于金车,吝,有终 —— 虽不当位,有与也。

九五 劓刖 —— 劓刖,志未得也。
困于赤绂,乃徐有说 —— 乃徐有说,以中直也。
利用祭祀 —— 利用祭祀,受福也。

上六 困于葛藟,于臲卼 —— 困于葛藟,未当也。
曰动悔,有悔,征吉 —— 动悔有悔,吉行也。

困卦表解

卦象:坎下、兑上。坎流水,兑止水,止水蓄流水为节,止水为流水所泄为困,因将成枯泽也。

否二上挥生困,二五刚揜于三上柔,下卦坎刚掩于上卦兑柔,刚掩也。二体坎险以兑说,君子无入而不自得,故困而不失其所亨。九二

131

九五刚中,九五正位为贞大人吉,二正应之为无咎。困上卦兑言,下卦坎失位为不信,困之时尚行不尚言,故尚口乃穷也。

《大象》:坎水下流,兑泽无水而枯,困象也。君子致命遂志,身可危而志不可夺,则困穷而通,犹不失其所亨,遂进也,成也。

初六,初阴柔而困在下,臀困于株木,谓高不成,避困下乔木,又入于幽谷,谓低不就,故三岁不觌也。若君子处此,乃困于株木而不入幽谷,则困极而亨,初四正成节,不出户庭知通塞,困犹不困。若小人则未能受株木之困,故避困入于幽谷而三岁不觌,此幽不明而穷斯滥,凶咎自取也。

九二,困于酒食谓泽未能远施,二正应五庆为中有庆。朱绂,天子祭服,五来二为朱绂方来,二正以应五为利用亨祀。征凶谓敌五,无咎谓应五,困于酒食而征则凶,应朱绂方来而亨祀,方可无咎而有庆。

六三,三上据九四刚为石,下乘九二刚为坎为蒺藜,谓失位当困,未能自拔,困尤甚初爻。否艮为宫,巽为入,上卦兑为妻,三上敌应,故入于其宫不见其妻凶,不祥也。能二三推正,三上应则入宫见妻,乾为祥,则可免此爻困据之凶焉。

九四,否乾金,四未正不当位,诸侯之泽未能施下,为困于金车。志在下谓四志在初,四来徐徐而正于初,则初不困于株木,四亦不困于金车。当初四未正而吝,然能有与,则有终。

九五,五君二臣,二五敌应。五劓刖,故志未得而困于赤绂,尚刑也。乃中直而徐有说,而利用祭祀,尚德也。五祭祀而二亨祀,贞大人吉而无咎矣。

上六,上应三,三位未当为葛藟,故上困于葛藟,于臲卼,不安也,谓三之不祥及于上,故上不安如此。动悔有悔,谓动有悔,不动亦有悔,宜吉行静待方可免悔,四正则上葛藟臲卼之困亦解,故征吉。

表五十八 井 卦

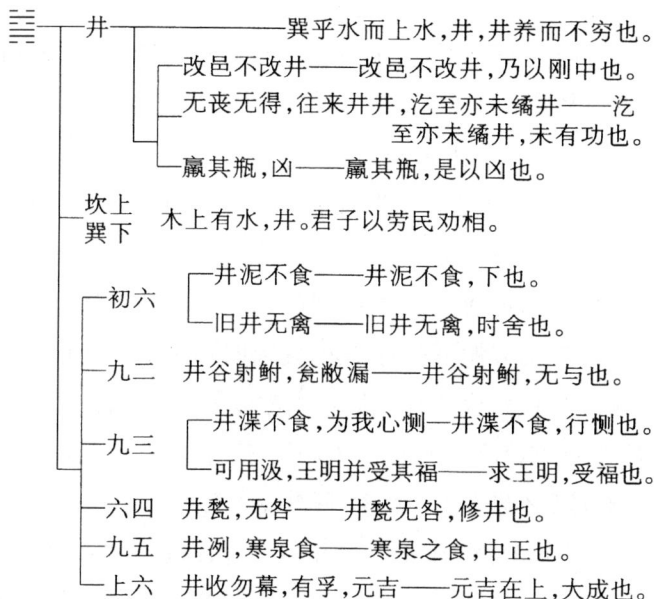

```
䷯  ┌井────────────巽乎水而上水,井,井养而不穷也。
   │  ┌改邑不改井────改邑不改井,乃以刚中也。
   │  ┤无丧无得,往来井井,汔至亦未繘井──汔
   │  │                       至亦未繘井,未有功也。
   │  └羸其瓶,凶────羸其瓶,是以凶也。
   │
   ┤坎上  木上有水,井。君子以劳民劝相。
   │巽下
   │
   │┌初六  ┌井泥不食────井泥不食,下也。
   ││      └旧井无禽────旧井无禽,时舍也。
   ├┤
   │├九二  井谷射鲋,瓮敝漏──井谷射鲋,无与也。
   ││      ┌井渫不食,为我心恻─井渫不食,行恻也。
   │├九三 ┤
   ││      └可用汲,王明并受其福──求王明,受福也。
   │├六四  井甃,无咎────井甃无咎,修井也。
   │├九五  井冽,寒泉食────寒泉之食,中正也。
   └┴上六  井收勿幕,有孚,元吉──元吉在上,大成也。
```

井卦表解

卦象:巽下、坎上。巽为木,坎为水。

巽木入于坎水之下,坎水由巽木而上,转坎水之流下而上以养人,井象,井养而不穷也。九五以刚中,故改邑而不改井。凡三代损益,改邑也,百世可知,不改井也。无丧无得,往来井井,谓井道有其本,得其本则永不枯竭。汔至亦未繘井,谓汲水之道有其事,或将成而未必成。汔,几也,繘,绠也。前句谓自然,后句谓人事。若妄作,则有羸瓶之凶。凡人能弘道,非道弘人,井道本吉,亦当注意凶象。

《大象》:劝相本泰之辅相,泰初五挥生井,九五为卦主,辅相为人助天地,劝相为人彼此自助,君子法井道之养人也。

初六，初位井下故曰井泥，井泥污下而不可食用，旧井不修而禽鸟亦不至，为时舍之井，亟宜甃之，甃之则仍可用，凡初二地道未正曰"时舍"，井初乾二是也。

九二，井之泉水通于谷，井谷射鲋谓井有泉，已非初之泥而不食，然二敌应无与于五而下据初，犹谷水之唯能下注射鲋而未成井道以上汲，盖汲者未得其法而瓮敝漏所致，故成井道当甃井，又当补瓮也，二正于五乃有与，当君子反身修德也。

九三，井三爻以上皆正位为渫，渫为去泥而清洁之象。初二未正，故三虽渫而井犹未成其用。五王明，三能正初二以汲，则井受其福，五王不明，则虽渫不食，故我心恻而行恻矣，三之怀才不遇也。

六四，四应初，井泥不食而甃之，甃则旧井成新井，初二推正成既济，故无咎。甃井者，成井道上汲之功，故改邑不改井，往来井井。

九五，井底寒泉清冽无比，九五中正，修井上汲，而泉食于人，井道成矣。瓮不漏瓶不羸而上出以食，井养而不穷也。

上六，坎为辘轳，巽为绳，上六正位在上，以辘轳收缩为井收。勿幕去盖，坎泉上出，成既济为大成。无私而勿幕，井大成之功，故能遍养于人而有孚元吉。

表五十九　革　卦

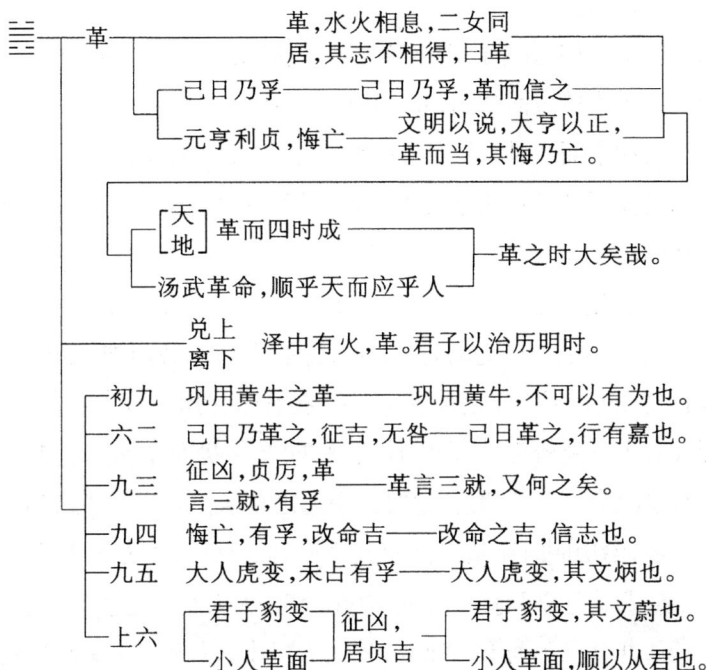

革 ——— 革，水火相息，二女同居，其志不相得，曰革

　　己日乃孚 ——— 己日乃孚，革而信之

　　元亨利贞，悔亡 ——— 文明以说，大亨以正，革而当，其悔乃亡。

　　[天地] 革而四时成 ——— 革之时大矣哉。

　　汤武革命，顺乎天而应乎人

兑上离下　泽中有火，革。君子以治历明时。

初九　巩用黄牛之革 ——— 巩用黄牛，不可以有为也。

六二　己日乃革之，征吉，无咎 ——— 己日革之，行有嘉也。

九三　征凶，贞厉，革言三就，有孚 ——— 革言三就，又何之矣。

九四　悔亡，有孚，改命吉 ——— 改命之吉，信志也。

九五　大人虎变，未占有孚 ——— 大人虎变，其文炳也。

上六　君子豹变／小人革面　征凶，居贞吉 ——— 君子豹变，其文蔚也。／小人革面，顺以从君也。

革卦表解

卦象：离下、兑上。离为火，兑为泽。

兑泽止水，必趋下以灭火，离火炎上，必燃烧以枯泽。二体水火相息，矛盾不能解决，而离中女兑少女，二女同居其志不相得，故革。"己日乃孚"谓革之时，己日古文作"巳"，此"巳"不封闭，可作天干第六位"己"，此"巳"封闭又可作地支第六位"巳"，故"巳日"于天干五五分为过中，地支六六分为不及中，己日乃孚谓孚于此过中或不及中之时，乃成熟革之时机，孚谓诚信。元亨利贞为革之德，悔亡谓四，革四未正当屯三未正，屯春仁，革秋义，故皆为元亨利贞，四未正为悔，正则悔亡，即四爻之改命吉。文明以说大亨以正,乃有天地革而汤武革,故革之时大矣哉。

《大象》:《象》天地人皆革,"革而当""当"在天人之际,故《大象》以治历明时应之。

初九,革之初,其基础需极其强固,故巩用黄牛之革以坚固之。初九乾元,确乎不可拔而勿用,故不可以有为也。

六二,初空而二时,己日谓时机成熟,故征吉而无咎,行有嘉指阴阳合,因具体行动必然或过或不及,然过当注意不及,不及当注意过,如相合此间之阴阳,乃征吉而行有嘉。

九三,革者圣人不得已而为之,初二时空已至,具体行动仍需郑重,故戒之征凶,贞厉,征凶为动而凶,贞厉为不动而厉,故两难,必革言三就以成熟人之条件,乃有孚而革成,凶厉免矣,何之谓辩证革之方向。

九四,下三爻皆正,一切条件成熟,四乃乘势而革本爻之未正,故"悔亡有孚改命吉"。"信志"之"信"指悔亡有孚,"信志"之"志"谓改命吉,有孚者,治历明时所致。三四五爻皆言有孚,三爻君子有孚,五爻大人有孚,四爻之孚为转变关键,故改命吉,大人君子通也。

九五,九五已革而顺天应人,故大人虎变,以顺应并掌握时代,故"未占有孚"。能明确时代故可未占,即《论语》之"不占而已矣"。

上六,九四改命,九五顺应,上六亦从之。大人虎变而文炳,焕发于外,君子豹变而文蔚,蕴藉于内。大人君子孚而革,质而文,美在其中而畅显于外,小人不孚,亦革面以顺从时代,乃革成。革上已成鼎象,当以安定为主,故居贞吉而戒征凶。

表六十　鼎　　卦

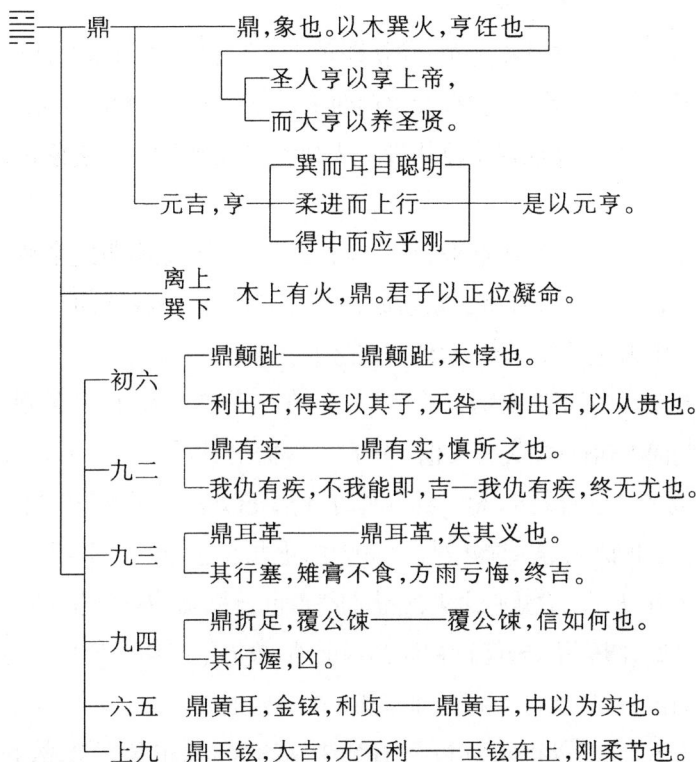

鼎

鼎——鼎,象也。以木巽火,亨饪也

圣人亨以享上帝,
而大亨以养圣贤。

元吉,亨——巽而耳目聪明
柔进而上行——是以元亨。
得中而应乎刚

离上
巽下　　木上有火,鼎。君子以正位凝命。

初六——鼎颠趾——鼎颠趾,未悖也。
利出否,得妾以其子,无咎——利出否,以从贵也。

九二——鼎有实——鼎有实,慎所之也。
我仇有疾,不我能即,吉——我仇有疾,终无尤也。

九三——鼎耳革——鼎耳革,失其义也。
其行塞,雉膏不食,方雨亏悔,终吉。

九四——鼎折足,覆公餗——覆公餗,信如何也。
其行渥,凶。

六五——鼎黄耳,金铉,利贞——鼎黄耳,中以为实也。

上九——鼎玉铉,大吉,无不利——玉铉在上,刚柔节也。

鼎卦表解

卦象:巽下、离上。巽为木,离为火。

鼎之象,初阴象鼎足,二三四阳象鼎腹,五阴象鼎耳,上阳象鼎铉。二体巽木入离火下,木以生火,火化以熟物,故为烹饪。家人风自火出,所治为家,鼎以木巽火,所治为国。治国理家犹烹饪,四海困穷,天禄永终,故圣人亨以享上帝,大亨以养圣贤,上帝,圣贤,天人也。元吉谓九三正位凝命,鼎卦唯九三为正位爻,九三正位不变,故诸爻巽而耳目聪明，柔进而上行，得中而应乎刚，是以元吉亨。元亨谓遘二柔进，上行于五生鼎，二五乾坤二元，故元亨也。

《大象》：鼎稳定以取新，故君子正位凝命。革治历明时，知变也，鼎正位凝命，知不变也。

初六，鼎之颠其象为革，鼎初即革上，革去故，故利出否，鼎取新，故得妾以其子。由革而鼎，妾由偏而正，则有子也，故初六而无咎。妻未生育故出否，妾能得子故从贵。从贵者，重见欣欣向荣之象也，故颠趾未悖。

九二，鼎出否得子而取新，则鼎有实。然其时尚有革之余波，故须慎所之，大势渐定，凝命之象渐成，故我仇有疾而不我能即，故吉而终无尤。慎所之而终无尤，此处鼎实之道。

九三，鼎三正位凝命，以稳定为主，革者革其鼎耳，鼎耳革则行塞，知定鼎而不知行鼎，失其义也。雉膏不食犹化国为家，方雨亏悔犹化家为国，故终吉。鼎耳革，鼎三犹革四，于革未正改命吉，于鼎正位故凝命元吉，象不同则时异，故或改或凝。鼎错屯，屯九五屯其膏，当鼎四变之屯三则成坎雨，天下皆食雉膏之美，亏悔而终吉也，尧舜博施济众当其义。

九四，四失位，未能正初而初阴上消，故力不胜任而折足覆𫗧。初颠趾而出否，故无咎，四折足而履𫗧，故行渥而凶。

六五，五爻以定鼎为主，黄耳金铉，富贵威严，定鼎之象，故利贞以取鼎中之实。又铉贯耳而行鼎，五黄耳中虚，受金铉而其行不塞，定鼎而识行鼎也，犹人君耳目聪明，能以鼎实亨上帝养圣贤，即九二之"鼎有实"，是为中以为实。

上九，乾为玉，玉之贵，尤胜于金，刚柔得节，以象定鼎而行鼎之得宜，故大吉无不利，烹饪取新，其功万古而不已者也。

表六十一　震　　卦

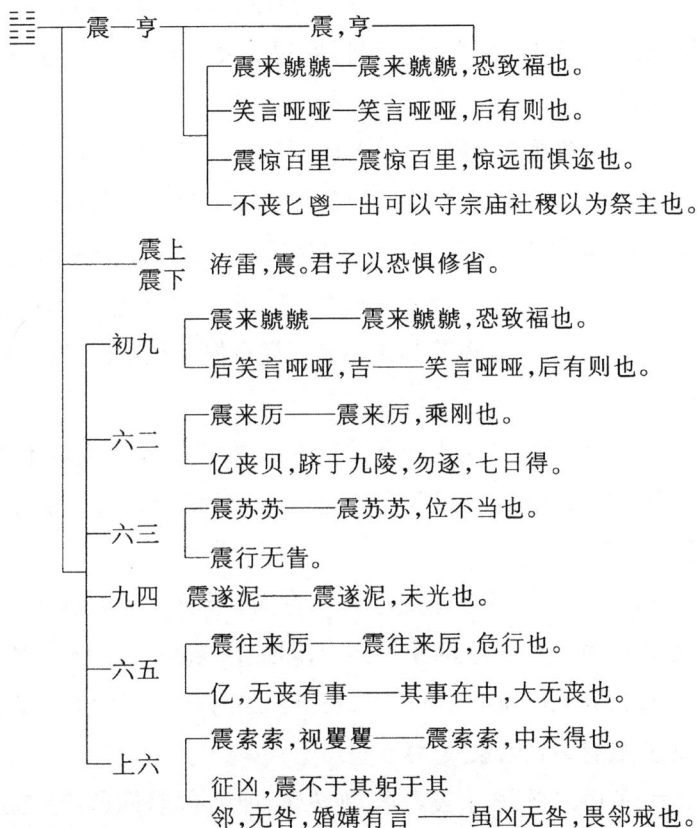

震—亨————————震,亨————
　　　　　　├─震来虩虩—震来虩虩,恐致福也。
　　　　　　├─笑言哑哑—笑言哑哑,后有则也。
　　　　　　├─震惊百里—震惊百里,惊远而惧迩也。
　　　　　　└─不丧匕鬯—出可以守宗庙社稷以为祭主也。

震上
震下　　　　洊雷,震。君子以恐惧修省。

初九　　　├─震来虩虩——震来虩虩,恐致福也。
　　　　　└─后笑言哑哑,吉——笑言哑哑,后有则也。

六二　　　├─震来厉——震来厉,乘刚也。
　　　　　└─亿丧贝,跻于九陵,勿逐,七日得。

六三　　　├─震苏苏——震苏苏,位不当也。
　　　　　└─震行无眚。

九四　　　震遂泥——震遂泥,未光也。

六五　　　├─震往来厉——震往来厉,危行也。
　　　　　└─亿,无丧有事——其事在中,大无丧也。

上六　　　├─震索索,视矍矍——震索索,中未得也。
　　　　　└─征凶,震不于其躬于其
　　　　　　邻,无咎,婚媾有言——虽凶无咎,畏邻戒也。

震卦表解

卦象：震下、震上。震为雷,洊雷,故震。

临二四挥生震为"震亨"。初四敌应,四失位多惧为虩虩,初得位已正为哑哑。上卦震为惊,又震出当百里为震惊百里,下卦震长子主器,守宗庙社稷为祭主为不丧匕鬯。四正于九五为福,乾为福也,三正成既济为则,即"乾元用九,乃见天则"。惊远惧迩,而为祭主,则致福而得则也。

《大象》：凡震动之时，当得其定。动定之间，"恐惧修省"为转折关键，故"恐致福"而"后有则"，"震来虩虩"而"后笑言哑哑"也。

初九，当震卦贞爻为卦主，故卦辞爻辞同，《象》《小象》同。初九乾元不拔，故恐惧修省，虩虩而后哑哑，致福见天则而吉，吉谓能守宗庙社稷以为祭主。

六二，六二来乘初九刚为厉，初刚震动，二乘而不能守，丧其重宝为亿丧贝。震惊，故跻于九陵，不丧，故勿逐七日得。七日谓来复之时，此唯六二得中道者能之，既济二同例，睽初九正位，故亦勿逐。

六三，三位不当，为下卦之失位爻。震苏苏，不安也，《易》例匪正有眚，故宜震行之正，以免苏苏之不安。震行振奋怠惰，生气复见，则无眚矣。

九四，泥为滞溺，震雷出地奋，然至四而未至五，故遂泥而不能行，阳本光明，陷阴，故未光，四至五成屯，三正离光，即屯五《象》之"施未光"。

六五，二五应爻，五在外卦为往，二在内卦曰来，二、五皆有乘刚之危，震往来厉也。无丧有事，事谓祭祀，即卦辞"震惊百里，不丧匕鬯"。五居中危行，大无丧而正之为阳，二丧贝勿逐而五无丧有事，二正故勿逐，五未正故有事，《大象》之修省也。

上六，五中未得，故上震索索，视矍矍，神色不定，四震征失位为征凶。上六正位，震东兑西为邻，故不于其躬于其邻，畏邻而戒，故虽凶无咎。婚媾有言，恐致福也。

表六十二　艮　　卦

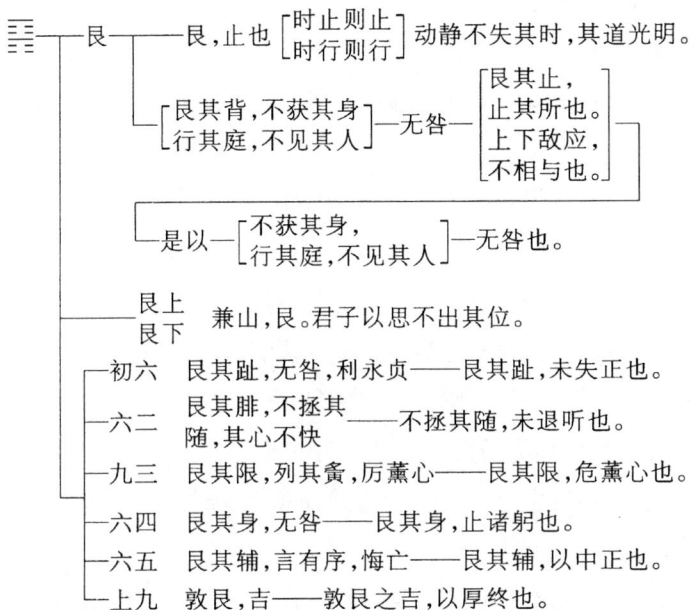

```
☶┬艮──┬艮,止也┌时止则止┐动静不失其时,其道光明。
 │     │      └时行则行┘
 │     │┌艮其背,不获其身,┐   ┌艮其止,
 │     └│行其庭,不见其人 │无咎│止其所也。
 │      └               ┘   │上下敌应,
 │                           └不相与也。
 │     ┌     ┌不获其身,    ┐
 │     └是以─│行其庭,不见其人│无咎也。
 │           └             ┘
 ├─艮上  兼山,艮。君子以思不出其位。
 │ 艮下
 ├─初六  艮其趾,无咎,利永贞──艮其趾,未失正也。
 │
 ├─六二  艮其腓,不拯其──不拯其随,未退听也。
 │       随,其心不快
 │
 ├─九三  艮其限,列其夤,厉薰心──艮其限,危薰心也。
 │
 ├─六四  艮其身,无咎──艮其身,止诸躬也。
 │
 ├─六五  艮其辅,言有序,悔亡──艮其辅,以中正也。
 │
 └─上九  敦艮,吉──敦艮之吉,以厚终也。
```

艮卦表解

卦象:艮下、艮上。艮为山,兼山,故艮。

艮,东北之卦,成终而成始,所以艮为止,又为时。艮之止相关时,含动静二义:时止则止是艮止,时行则行也是艮止,行止动静不失其时而化为道,道者一阴一阳,象成既济,光明也。卦辞分动静二义而言,"艮其背,不获其身"是无我,"行其庭不见其人"是无人,无我无人,动静皆得其止,故无咎。《彖》相错为文,以"止其所也","敌应不相与"兼释动静,而归结无咎。

《大象》:兼山为两山对峙,不相往来之象。"思不出其位"《论语》记为曾子语,《大象》采之,谓身心之止也。

初六,初艮其止,当脚趾,为艮之始基,能止则阴变而为阳,故无咎而利永贞,未失正也。坤用六"利永贞",比九五"元永贞"均指阴变阳正位而言,此以"利永贞"系于初,止于初而得乾元也。

六二,二艮其腓为小腿。腓者,动止随心,退听而心快。然九三坎心震动,艮腓自止,动止不一,是以其心不快。艮错兑,五来兑二成随,如以随拯之,则动止由心焉。凡身心有别动静不一者,未知艮也。

九三,三艮其限当腰,一阳居四阴之中,一阳为限,四阴为夤,夤者脊肉也。艮其限列其夤,则上下气隔而不通。三于四五当震动,于初二当艮止,动止不一,故厉熏心,《象》"动静不失其时,其道光明",正初五则身心一致,乃去熏心之烟雾,而象成既济。

六四,艮其身得身之整体,止诸躬当反身之义。正位而无咎。《老子》云:"修之身,其德乃真",此爻之义也。

六五,艮其辅指口,与咸上"咸其辅颊舌"意同,艮其辅而中正,故言有序而悔亡。

上九,两山重叠,厚实,故称"敦艮,吉"。凡临上曰敦临,复五称敦复,爻义皆善,称"吉"者,即《大象》之"不出其位",亦为《剥·大象》"上以厚下安宅"所成,由观而止也。艮六爻取象人身,与咸同。但咸六爻皆应,重其感动,艮六爻敌应,重其安止,动静之别也。凡敦艮吉者,《礼》所谓"止于至善"之义。

表六十三　渐　卦

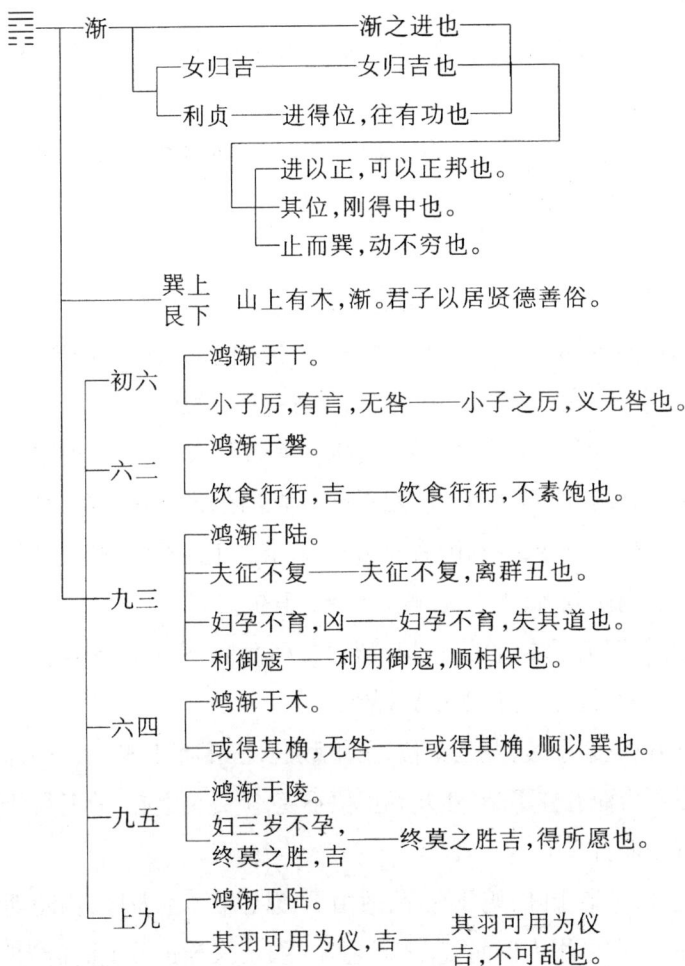

渐 ── 渐之进也
　女归吉 ── 女归吉也
　利贞 ── 进得位，往有功也

　　进以正，可以正邦也。
　　其位，刚得中也。
　　止而巽，动不穷也。

巽上
艮下　山上有木，渐。君子以居贤德善俗。

初六 ── 鸿渐于干。
　　小子厉，有言，无咎 ── 小子之厉，义无咎也。

六二 ── 鸿渐于磐。
　　饮食衎衎，吉 ── 饮食衎衎，不素饱也。

九三 ── 鸿渐于陆。
　　夫征不复 ── 夫征不复，离群丑也。
　　妇孕不育，凶 ── 妇孕不育，失其道也。
　　利御寇 ── 利用御寇，顺相保也。

六四 ── 鸿渐于木。
　　或得其桷，无咎 ── 或得其桷，顺以巽也。

九五 ── 鸿渐于陵。
　　妇三岁不孕，
　　终莫之胜，吉 ── 终莫之胜吉，得所愿也。

上九 ── 鸿渐于陆。
　　其羽可用为仪，吉 ── 其羽可用为仪吉，不可乱也。

渐卦表解

卦象：艮下、巽上。艮为山、为止，巽为木、为风。

否三进四，生渐为渐之进，三为女，进四得位为女归吉。渐综归

143

妹,归妹失时故征凶,渐进得时故吉。凡婚礼有纳彩、问名、纳吉、纳征、请期、亲迎等六礼,是为女归之渐。四正承五为有功,上初正成既济为正邦,是即利贞。九五刚得中,否塞为穷,四之三,二体艮止而巽动为不穷。

《大象》:居贤德善俗者,有移风易俗之意,其功非一日可致,故宜积之以渐也。

初六,鸿为水鸟,即大雁。初渐于干,干者水涯,鸿始飞也。小子始进,失位而无所守,故厉而有言,然能进以正,得位而言自息,故无咎。

六二,二渐于磐,磐有山石之安。六二中正有德,又渐于磐石,故饮食衎衎而吉,谓富饶安乐也。《象》之不素饱,犹《诗·魏风·伐檀》"彼君子兮,不素餐兮"。不素饱者,见龙在田,德施普也。

九三,三渐于陆,离水至陆,已渐失其实。夫征不复,妇孕不育为阴阳失正,渐三即归妹四,夫、妇不复不孕之凶,即归妹卦辞之"征凶"。然九三正位不可变,当利御寇而顺相保,上九正而初正,则夫征复而妇孕育矣。利御寇者,正上九,顺相保者,正初。

六四,四渐于木,桷为平柯,鸿得平柯而栖,亦安而无咎。因鸿飞渐高,三四有咎,能正位顺以巽,故无咎。

九五,五渐于陵,九五正位,三上敌应,三正而上未正,三五同功,三不复不育而五亦不孕,然九五正位不变,上终莫之胜,故五得所愿而三育五孕而吉。

上九,上渐于陆,鸿飞有序,故由干、磐、陆、木而及陵,由陵而再上渐飞,故其羽可用为仪而吉,鸿渐之道成矣。又渐进及上而仍为陆者,化进为止,化小为大,免乾上之亢也。仪犹阴阳,上九亢则三必有夫征不复、妇孕不育之凶,上鸿渐于陆,则其进以正则夫征而复、妇孕而育,阴阳和合矣,故其羽可用为仪,吉也。

表六十四　归妹卦

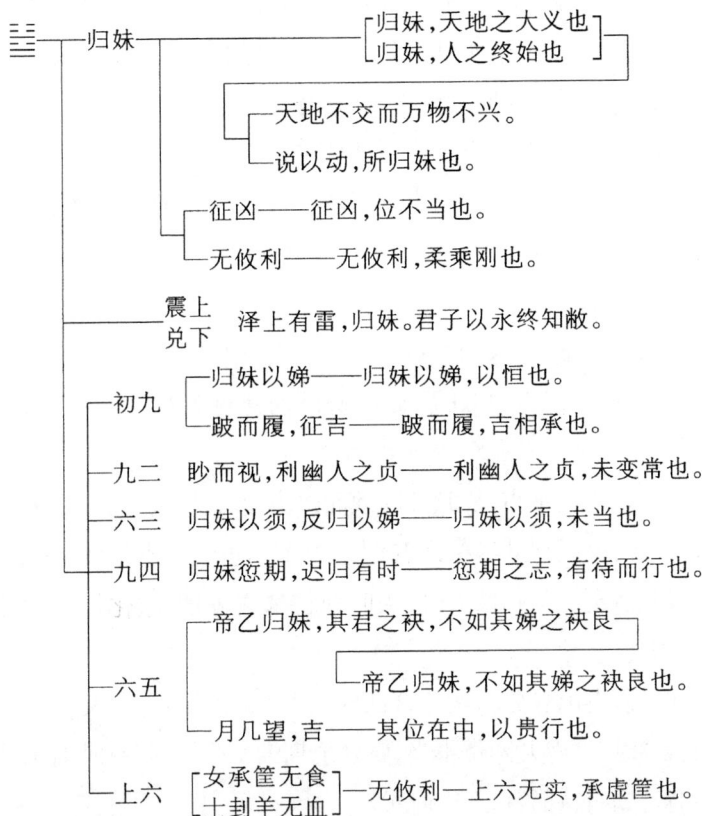

```
䷵──归妹──┬──────┌归妹,天地之大义也┐
         │      └归妹,人之终始也 ┘
         │      ┌天地不交而万物不兴。
         │      └说以动,所归妹也。
         │      ┌征凶──征凶,位不当也。
         │      └无攸利──无攸利,柔乘刚也。
         │
         ├──震上
         │  兑下  泽上有雷,归妹。君子以永终知敝。
         │
         ├初九──┬归妹以娣──归妹以娣,以恒也。
         │      └跛而履,征吉──跛而履,吉相承也。
         ├九二──眇而视,利幽人之贞──利幽人之贞,未变常也。
         ├六三──归妹以须,反归以娣──归妹以须,未当也。
         ├九四──归妹愆期,迟归有时──愆期之志,有待而行也。
         │      ┌帝乙归妹,其君之袂,不如其娣之袂良┐
         ├六五──┤                          │
         │      ├帝乙归妹,不如其娣之袂良也  ┘
         │      └月几望,吉──其位在中,以贵行也。
         └上六──┌女承筐无实┐──无攸利──上六无实,承虚筐也。
                └士刲羊无血┘
```

归妹卦表解

卦象：兑下、震上。兑为说、为妹,震为动、为兄。

泰,乾天坤地,三四挥生归妹。泰象之二体天地已交,而未挥以六爻言犹为不交,三四挥天地交则万物兴,三四当人道,三艮终挥四生震始,故为人之终始。归妹卦象,上震兄下兑妹,长子主器,代父嫁妹,说以动,故卦称归妹。九四位不当,故征凶。六三柔乘刚,故无攸利。归妹为时卦,六爻四参震春离夏兑秋坎冬,![卦象]六十四卦中唯此一卦,且六十四卦卦爻辞中唯一的"时"字,即系于此卦四爻,故天地之大义,人之终始,即指"时"言。

《大象》:"永终知蔽",永终犹既济,知蔽犹未济,永终犹"说以动,所归妹",知蔽犹"征凶,无攸利"。凡能永终知蔽者,则能不断补过不断进化,亦为天地人合时之大义,终则有始,天行也。

初九,初正位,归妹以娣是姐妹共夫婚姻,以恒得夫妇之道。归妹要在及时,长兄代父嫁妹,则失时而能补救,故虽跛而仍能履,为征吉。归妹由泰来,泰初征吉同。吉相承指应九四,初九正位征吉,化九四之征凶,故吉相承。

九二,履兑下乾上,归妹兑下震上,二卦九二皆言幽人。履五正,故履道坦坦幽人贞吉,归妹五未正,故眇而视利幽人之贞,幽人谓未变常而中不自乱。

六三,六三位不当,故归妹以须而未当,须,待也。四三正为反归,六四正以应初为反归以娣,即初四之吉相承也。由未当而当,则二升五降,成既济矣。凡归妹失时,失时而待娣之佐理,故化征凶为征吉,无攸利为利。

九四,震春离夏兑秋坎冬合四时,四时者,天地之大义,故二篇独于此爻言"时"。然九四位不当,归妹愆期谓知蔽,迟归有时谓永终,能永终知蔽,则有待而行,而得时矣。

六五,六五应九二,卦变归妹由泰来,故泰五归妹五"帝乙归妹"象同,其君之袂不如其娣之袂良,尚德不尚色也。月几望为合时,因月相既望则渐亏,几望则将满,故最善。五位在中,贵行于二,厚德下嫁则故月几望而吉也。

上六,上六处归妹之终,失时无应,故未成夫妇而无攸利,此即归妹之蔽。爻辞称女而不称妇,称士而不称夫,明未成夫妇之象,故女不得实士不得血而无攸利。

表六十五　丰　　卦

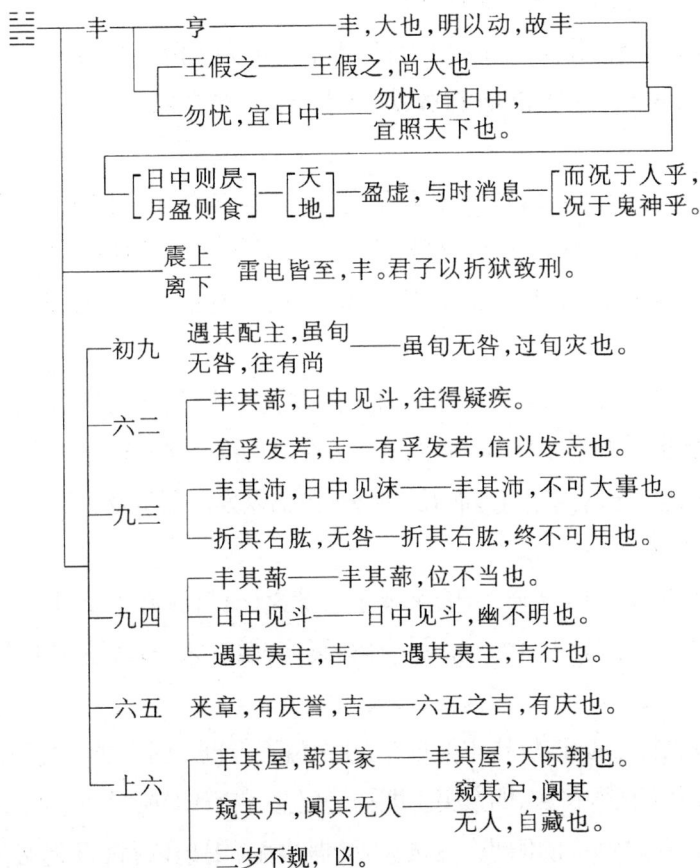

丰　—　亨　————　丰,大也,明以动,故丰
　　　—　王假之　——　王假之,尚大也
　　　—　勿忧,宜日中　——　勿忧,宜日中,宜照天下也。

[日中则昃
月盈则食]　[天
地]　—盈虚,与时消息—[而况于人乎,
况于鬼神乎。]

震上
离下　—　雷电皆至,丰。君子以折狱致刑。

初九　遇其配主,虽旬
　　　无咎,往有尚　——　虽旬无咎,过旬灾也。

六二　—丰其蔀,日中见斗,往得疑疾。
　　　—有孚发若,吉—有孚发若,信以发志也。

九三　—丰其沛,日中见沫——丰其沛,不可大事也。
　　　—折其右肱,无咎—折其右肱,终不可用也。

九四　—丰其蔀——丰其蔀,位不当也。
　　　—日中见斗——日中见斗,幽不明也。
　　　—遇其夷主,吉——遇其夷主,吉行也。

六五　来章,有庆誉,吉——六五之吉,有庆也。

上六　—丰其屋,蔀其家——丰其屋,天际翔也。
　　　—窥其户,阒其无人　[窥其户,阒其
无人,自藏也。]
　　　—三岁不觌,凶。

丰卦表解

卦象:离下、震上。离为日、为电、为明,震为雷、为动。

泰二、四挥生丰,二体离明以震动,为丰亨。物丰大而亨,四正于五,九五王为大,故王假之尚大,五坎正为勿忧,应二离日之中为宜日中。五正乾天而照天下,王者能自强不息以应于日中,方可勿忧而丰

147

大可长保也。夫日中则昃,月盈则食,此自然之理,天地盈虚之消息也。《彖》于剥及此卦,凡二言消息,剥谓天地消息,即十二辟卦消息,此谓日月消息,即既济未济消息。凡消息者时,否泰反类,离上坎下,盈虚之流行,天地人与鬼神,概莫能外。

《大象》:雷电为阳威之大者,皆至则丰大。两象易为电雷噬嗑,噬嗑利用狱,先王以明罚敕法,丰则君子本之以折狱致刑,明以动也。

初九,阴阳相耦曰配,遇其配主谓四,丰盛之时,阴阳相得,故能遇其配主。旬为十日,数之极,犹日中昃月盈食,是谓虽旬无咎过旬灾。往有尚者,谓四当正于五,王假尚大而宜照天下,乃能遇主而无灾。

六二,二日中,丰蔀则障蔽渐大而天道昏暗,故时当日中而见斗,犹日食也。天象怪奇,人事亦非正,故往得疑疾。丰蔀而见斗得疾,四五未正也。当有孚于五,而五伏阳发,则信以发志而孚及天下,二五交如,云散复明也。

九三,三沛之大暗不明,又盛于二蔀之蔽日,沫者小星,日食盛则斗外更能见沫。折其右肱,盛于往得疑疾,四五未正,故不可大事,九三正位,故不可用,不用而俟之,故无咎。

九四,二四同功,皆丰蔀见斗,九四位不当也。四正成明夷为遇其夷主,之五成既济吉,四之夷主即初之配主,吉行即初之往有尚。配主守正,夷主当变,阴阳也。初配四而遇夷主,竭忠以行,日光必复明而吉。

六五,四往五,五来四成既济为章,五正有庆,应二多誉,故有庆誉而吉。蔀之沛之者皆散,王假尚大,日中以照天下也。

上六,丰上日昃月盈,丰屋蔀家,窥户无人,则障蔽重重,空虚无主。丰于天际翔者过高,丰于自藏者过深,故三岁不觌而凶。

表六十六　　旅　　卦

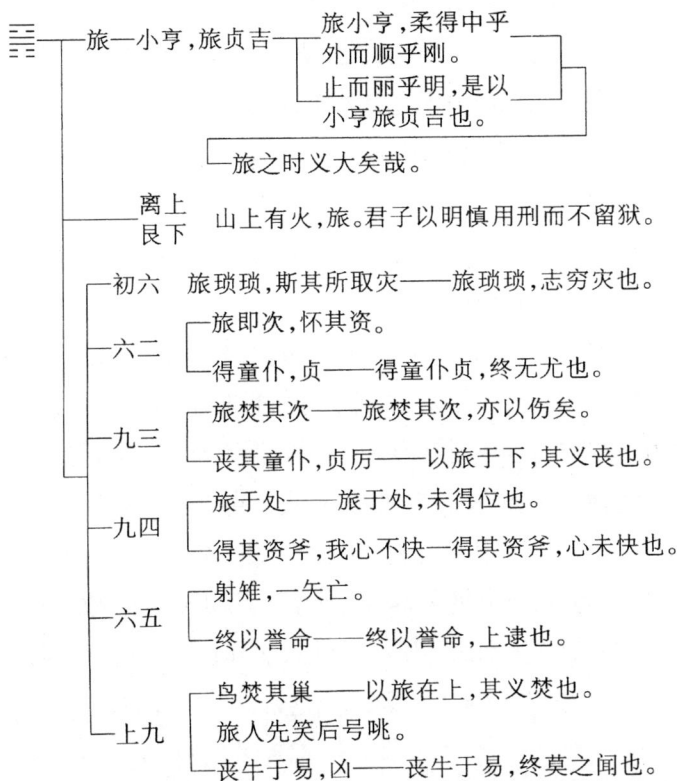

旅——小亨,旅贞吉————旅小亨,柔得中乎
　　　　　　　　　　　 外而顺乎刚。
　　　　　　　　　　　 止而丽乎明,是以
　　　　　　　　　　　 小亨旅贞吉也。
　　　　　　└──旅之时义大矣哉。

离上
艮下　　山上有火,旅。君子以明慎用刑而不留狱。

初六　旅琐琐,斯其所取灾——旅琐琐,志穷灾也。

六二　┌旅即次,怀其资。
　　　└得童仆,贞——得童仆贞,终无尤也。

九三　┌旅焚其次——旅焚其次,亦以伤矣。
　　　└丧其童仆,贞厉——以旅于下,其义丧也。

九四　┌旅于处——旅于处,未得位也。
　　　└得其资斧,我心不快——得其资斧,心未快也。

六五　┌射雉,一矢亡。
　　　└终以誉命——终以誉命,上逮也。

上九　┌鸟焚其巢——以旅在上,其义焚也。
　　　│旅人先笑后号咷。
　　　└丧牛于易,凶——丧牛于易,终莫之闻也。

旅卦表解

卦象:艮下、离上。艮为山,离为火。

否三、五挥生旅,六五阴小为小亨,五正为旅贞吉。旅者失其居而行于外,其所亨者必小,故为小亨。然能亨通而贞,旅即非旅,旅贞吉乃嘉遁贞吉也。再言旅者,小亨谓不得已而旅,贞吉谓得其时义,故《彖》赞其时义大矣哉。

《大象》:山上有火,未可为久,故为旅。君子法火焚山杀草而用刑,又取诸火之明、山之慎、与火行之不留,所以情察小大之狱,及时决之,以重民命,所以济旅也。

初六,初位贱未正为旅琐琐,琐琐谓未识整体,故失正附势以消阳,乃志穷而不得不旅,斯其所取灾也。

六二,艮止为次,六二中正,乃旅即次而安,次者客舍。怀其资谓二,得童仆谓初,六二得中正之道处旅,已贞而贞五,乃能即次而免飘泊之灾,怀资而免冻馁之厄,得童仆而免风尘之苦,虽旅而终无尤,旅道之最善者也。

九三,三艮次,比上卦离火为旅焚其次,九三旅人流离失所,上下无依,故丧童仆而虽贞犹厉。

九四,四阴位当安处,九四阳未得位,于处未及即次之安,巽为资斧,二居下怀之而贞,故无尤,四居上得之而未贞,故心未快也。

六五,离为雉,五正则射雉,一矢亡。得雉而亡一矢,得多失少,得者得于失也,四之得资斧心未快,失者失于得也。二多誉,巽为命,五得雉而亡一矢,二上及五为上逮,则反消为息,故终以誉命也。

上九,上为巢,离火焚之为鸟焚其巢。凡同人相亲,故先号咷而后笑,旅人亲寡,故先笑而后号咷。羊性狠戾,故大壮五丧之而无悔,牛性柔顺,故此爻丧之而凶。牛顺物,得之以处旅,谦以有位,巢次不焚,凶免矣。

表六十七　巽　　卦

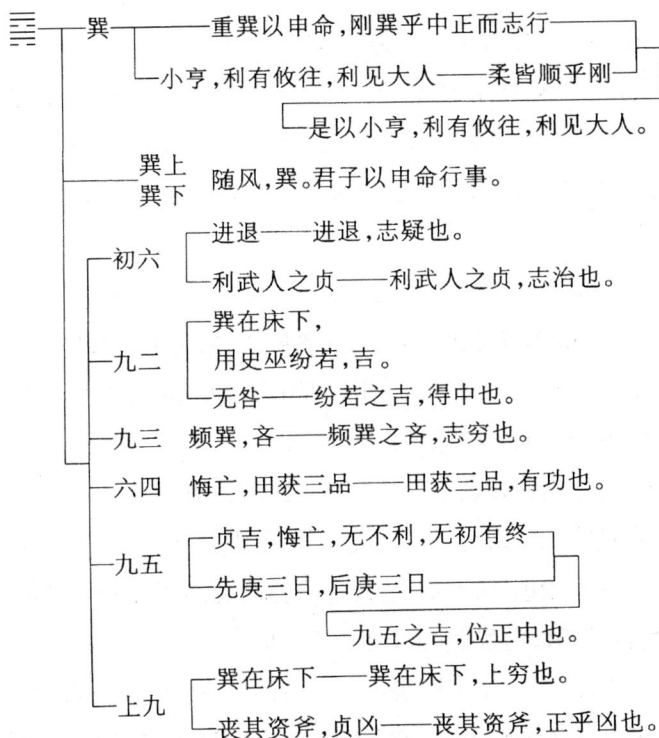

```
☴──巽──────重巽以申命,刚巽乎中正而志行──────┐
        └─小亨,利有攸往,利见大人──柔皆顺乎刚──┘
                    └─是以小亨,利有攸往,利见大人。
      巽上
      巽下──随风,巽。君子以申命行事。
          ┌─进退──进退,志疑也。
     初六─┤
          └─利武人之贞──利武人之贞,志治也。
          ┌─巽在床下,
     九二─┤  用史巫纷若,吉。
          └─无咎──纷若之吉,得中也。
     九三─频巽,吝──频巽之吝,志穷也。
     六四─悔亡,田获三品──田获三品,有功也。
          ┌─贞吉,悔亡,无不利,无初有终──┐
     九五─┤                              │
          └─先庚三日,后庚三日────────┘
                    └─九五之吉,位正中也。
          ┌─巽在床下──巽在床下,上穷也。
     上九─┤
          └─丧其资斧,贞凶──丧其资斧,正乎凶也。
```

巽卦表解

卦象：巽下、巽上。巽为风、为木。

上下卦皆巽为重巽,巽为命,故重巽以申命。九五刚巽乎中正,六四承之而志行,与小畜刚中志行同例。巽初四柔,下于二五刚,柔皆顺乎刚,是以小亨。巽为顺为入,阳入阴而阴顺之,乃乾元入坤而坤凝之,故巽为命。六四贞巽而申命,知命而顺刚,是以小亨,利有攸往,利见大人而得正命也。利有攸往谓初之二,六二应九五大人,离为见,故利见大人。

《大象》：重巽者随风，凡《易》九三为君子，于巽则六四贞爻当之，君子之德风，故能申命行事焉。

初六，巽为进退，乾为武人，贞初为利武人之贞。进退者疑，贞之者治，乃武人反消为息，刚断不疑以治天下，初伏阳发，复其见天地之心也。凡武人以贞阴，履三同例。《系辞》所谓"神武而不杀者夫"。

九二，巽为床，床下谓初。床者安身，巽阴入阳，惧阴上消剥床，故巽入床下，避以化之。用史巫纷若者，用史藏往，用巫知来，得中为得现在，斋戒而神明其德，所以化正初阴。往来纷若，故能巽入震出而吉无咎，济巽而治成矣。

九三，三处上下两巽之间为频巽，频巽与复三频复对言。复者震出，乾元正位，故虽频复仍能无咎，巽者阴入，故失位而吝也。

六四，初四敌应为悔，初正四应之悔亡，初利武人之贞。四田猎而获三品则用武有功，为民除害也。

九五，五正贞吉，敌应二为悔，二正应五为悔亡无不利。初未正为无初，九三艮终正位为有终。先庚三日，后庚三日，继蛊之先甲三日后甲三日言，甲者始也，庚者更也，凡七日，犹七日来复，庚甲相继自强不息，巽《象》曰"申命"，蛊《象》曰"天行"是也。

上九，上九亢而穷，床下谓四，二上皆曰"巽在床下"而吉凶异者，二得中，上穷也。资斧者权势，上穷而得之，故必丧之，贞于不正，凶也。

表六十八 兑 卦

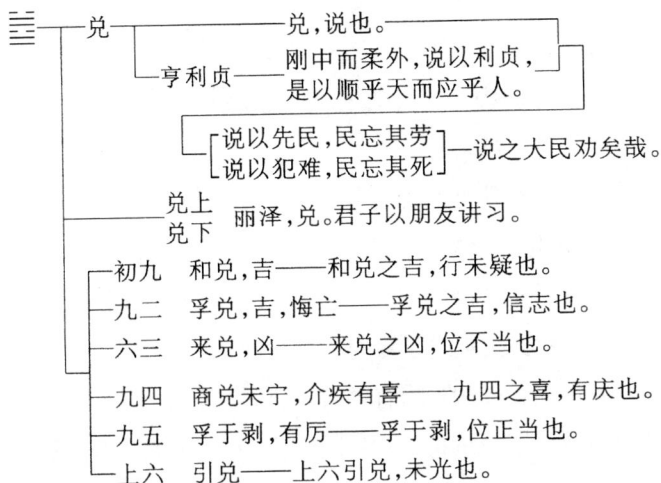

```
☱ ─兑─────────兑,说也。
       ┌亨利贞───────刚中而柔外,说以利贞,
       └                是以顺乎天而应乎人。

          ┌说以先民,民忘其劳┐─说之大民劝矣哉。
          └说以犯难,民忘其死┘

       兑上
       兑下─────丽泽,兑。君子以朋友讲习。
    ┌初九  和兑,吉────和兑之吉,行未疑也。
    ├九二  孚兑,吉,悔亡──孚兑之吉,信志也。
    ├六三  来兑,凶────来兑之凶,位不当也。
    ├九四  商兑未宁,介疾有喜──九四之喜,有庆也。
    ├九五  孚于剥,有厉──孚于剥,位正当也。
    └上六  引兑────上六引兑,未光也。
```

兑卦表解

卦象:兑下、兑上。兑为泽、为说。

兑说者快活也,凡兑而亨者,皆应利贞。中孚四上挥生兑,二五刚中而三上柔外为兑亨,二正应五为顺乎天,三正而应上为应乎人,卦成革,革《彖》"顺乎天而应乎人"同,由革而贞成既济为利贞。兑道顺天应人,故先民犯难,而民忘劳忘死也,故说之大民劝矣哉。

《大象》:两泽相丽,互相滋益,兑为友为口,故君子以朋友讲习也,即《彖》之说以利贞,兑道之正也。

初九,和兑,发而皆中节谓之和,于象正应当之。初正位发而得正应为和兑,兑四失位为疑,初正位得正应,故行不疑而吉,如颜回不改其乐,可当和兑之象。

九二,孚兑,二三推正而顺天应人为孚兑,天人交孚而二之志信及天下,故吉而悔亡。革四悔亡信志同例。

六三,来兑,六三位不当,由外而内为来兑,兑为毁折,故凶。《易》有来复,来兑。来复者位正而见天地之心,故元吉。来兑者,位不当而蔽于外物,物交物引之而已矣,故凶。

九四,商兑,四位不当有疑惑之象,故商兑而未宁也。介者疾之根,商兑辨介,以去未宁之疾,则之正疾愈乃喜而有庆。介者,兑说有邪正也,故需商兑以辨之。

九五,兑道必有其不说者,五不言兑,九五位当,先天下之忧而忧,后天下之乐而乐也。孚剥有厉者,知夬之决阴,又知剥之消阳也。三未正为有厉,正则成夬错剥为孚于剥。因信知柔爻变刚之不当,故民皆忘劳忘死以相劝,犹夬之孚号有厉以决小人也。

上六,引兑,不言吉凶,因有善有不善,不善三上二阴相引,则三有来兑之凶。善为三正而阴阳相引,以吉化凶,而未光化光,顺天应人而推广其兑,则兑道大民劝矣哉。

表六十九 涣 卦

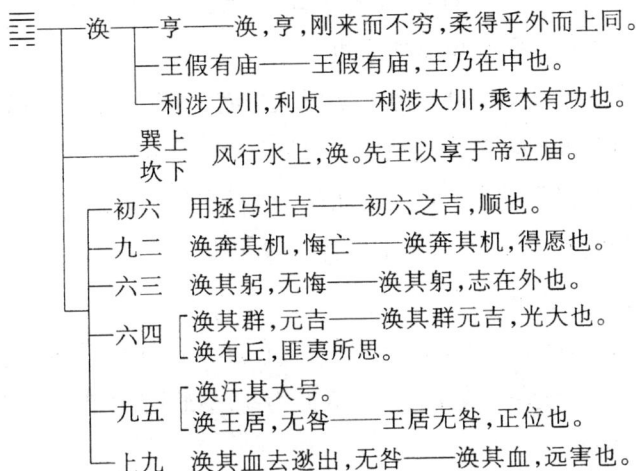

涣——亨——涣,亨,刚来而不穷,柔得乎外而上同。
　　王假有庙——王假有庙,王乃在中也。
　　利涉大川,利贞——利涉大川,乘木有功也。

巽上
坎下　风行水上,涣。先王以享于帝立庙。

初六　用拯马壮吉——初六之吉,顺也。
九二　涣奔其机,悔亡——涣奔其机,得愿也。
六三　涣其躬,无悔——涣其躬,志在外也。
六四　涣其群,元吉——涣其群元吉,光大也。
　　　涣有丘,匪夷所思。
九五　涣汗其大号。
　　　涣王居,无咎——王居无咎,正位也。
上九　涣其血去逖出,无咎——涣其血,远害也。

涣卦表解

卦象:坎下、巽上。坎为水,巽为风。

否二、四挥生涣为涣亨,否四来二为刚来而不穷,四来外卦得位而上同九五,为柔得位乎外而上同。王假有庙谓九五,利涉大川谓九二,巽木行坎水上也。初正成中孚,又二正成益,"利涉大川"同例。利贞成既济为利贞,"王假有庙"同萃,萃所以聚阳,涣所以散阴也。

《大象》:风行水上,涣。立庙者散其不当聚,聚其不当散,一归于天命之正,致孝享以上及天帝也。

初六,乾为马,阴有顺德,初阴柔失位,涣散之始,用马壮拯之,则阴散而阳聚,故吉也。

九二,二失位有悔,阳为机,涣之时,入庙奔其机,凭机而精神重聚,故愿得而悔亡。

六三,三时当涣散,宜忘身以应上,故涣其躬而志在外,而无悔。

蹇二匪躬之故,终无尤同义。无悔无尤,我身何患焉。

六四,三涣躬而四涣群,涣群者,散其朋党也。否坤为群,二四挥生涣为涣其群,所以反否为泰,涣群者四承五,阴从阳,而得坤元之正,故为元吉,光大也。丘者聚,涣有丘者,四当艮山之中为丘,散其当散,不当散者自然相聚,此匪夷所思也。

九五,五当王假有庙之象。涣汗大号者,九五王发大号以宣人之壅滞,犹汗出肤腠以愈人之疾也。艮肤坎水,水由肤出为汗。九五阳大当巽号,故涣汗其大号也。又九五王当艮居为王居,涣王居者,王自涣以涣民也,凡涣汗大号,涣王居者,九五正位之责,上下内外之否塞,皆由大号以通之,故无咎。

上九,上九阳亢,下卦坎血失位,将有害于上,上涣其血去逖出,正阳而阴,乃全身远害,故无咎。坎为血为逖,逖通惕,忧也。血去逖出,小畜四同例。

表七十　节　　卦

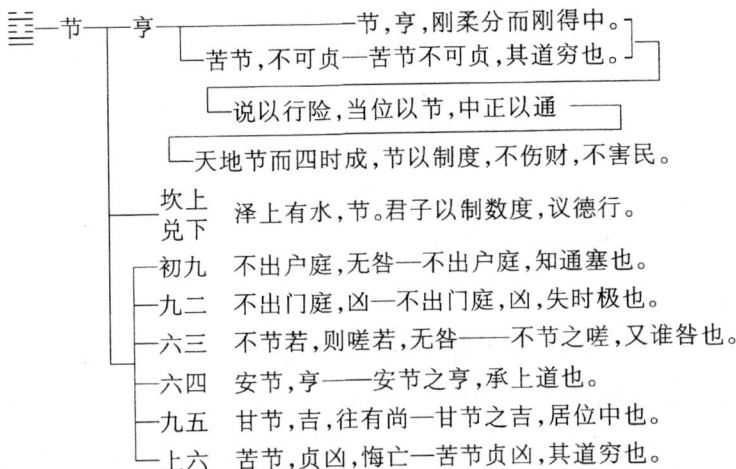

```
䷻—节—亨————————节,亨,刚柔分而刚得中。
        └苦节,不可贞—苦节不可贞,其道穷也。
              └说以行险,当位以节,中正以通
              └天地节而四时成,节以制度,不伤财,不害民。
    坎上
    兑下    泽上有水,节。君子以制数度,议德行。
    初九   不出户庭,无咎—不出户庭,知通塞也。
    九二   不出门庭,凶—不出门庭,凶,失时极也。
    六三   不节若,则嗟若,无咎——不节之嗟,又谁咎也。
    六四   安节,亨——安节之亨,承上道也。
    九五   甘节,吉,往有尚—甘节之吉,居位中也。
    上六   苦节,贞凶,悔亡—苦节贞凶,其道穷也。
```

节卦表解

卦象:兑下、坎上。兑为泽,坎为水。

卦辞有二节,基本分"节亨"和"苦节不可贞"二义。泰三至五生节为"节亨",于爻为九五,甘节刚得中当之。"苦节不可贞",于爻指上六,过中道穷,苦节贞凶当之。二爻相合谓节不可不节,而甘节可,苦节则不必也,以九五"甘"化上六之苦。说以行险,当位以节,中正以通,谓律,天地四时谓历,制度谓度量衡,天地人皆节而不伤财,不害民,节之大义也。

《大象》:以兑泽止坎水之流,为水库之象,是谓节。君子制数度,议德行,数度者律历度量衡,德行者礼乐,皆有其节也。

初九,初正位而节,不出户庭本有咎,所以无咎者,知通塞也。《老子》"不出户,知天下,不窥牖,见天道",当此爻之义。

九二,艮门庭,震行艮止为不出,初九当塞,守正有应,故不出户庭无咎,九二当通,既不正位又无应,故失时而凶。初于二阳奇为户,单扉也,二于三阴耦为门,双扉也。

六三,失位为不节若,当兑口为则嗟若。知不节而嗟,因嗟而改,则无咎。已能无咎,谁又能咎之也。

六四,四正位安节,故亨,四承九五"甘节"而初九"不出户庭"应之,故安也。安节者承上道而行,乃坤元"乃顺承天"之象,非勉强以为节者也。

九五,五甘节,甘为味之和,甘节者得节道之中和,故吉,知律历度量衡礼乐者,其味甘也。又坤土为甘,五位居中,故甘节,二往三成既济为往有尚。

上六,三上无应,过中道穷为苦节,贞凶即卦辞之不可贞,虽贞犹凶也。节者得中为甘,过中则苦,凡矫世励俗及蹈仁而死皆为苦节贞凶之义。此爻苦节贞凶和大过上过涉灭顶凶略似。过涉之义,在动以卫道,于史犹比干,苦节之义,在静以守道,如伯夷叔齐,此皆凶而有悔,去过化苦则免凶而悔亡。

表七十一 中 孚 卦

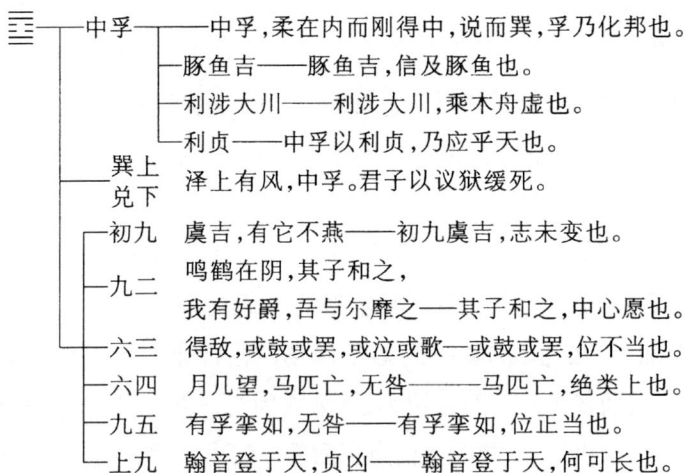

```
☴  ┌中孚────中孚,柔在内而刚得中,说而巽,孚乃化邦也。
       ├豚鱼吉────豚鱼吉,信及豚鱼也。
       ├利涉大川──利涉大川,乘木舟虚也。
       └利贞────中孚以利贞,乃应乎天也。
    ┌巽上
    │兑下   泽上有风,中孚。君子以议狱缓死。
    ├初九   虞吉,有它不燕────初九虞吉,志未变也。
    │       鸣鹤在阴,其子和之,
    ├九二   我有好爵,吾与尔靡之──其子和之,中心愿也。
    ├六三   得敌,或鼓或罢,或泣或歌一或鼓或罢,位不当也。
    ├六四   月几望,马匹亡,无咎────马匹亡,绝类上也。
    ├九五   有孚挛如,无咎────有孚挛如,位正当也。
    └上九   翰音登于天,贞凶────翰音登于天,何可长也。
```

中孚卦表解

卦象:兑下、巽上。兑为泽、为说,巽为风、为巽。

卦气起中孚,中孚信也。三四柔在内而二五刚得中,二体说而巽,诚中形外,故孚乃化邦。中孚诚信,由人及于一切生物为信及豚鱼而吉。豚鱼,有信之生物,形外故利涉大川,诚中故利贞也。凡利涉大川者,乘木舟虚也,虚乃可诚信,而利贞者应天,应天乃化邦也。卦象应乎天指由二五应始,而正成既济。

《大象》:议狱缓死者指宽赦,中孚信及豚鱼而孚乃化邦,乃转死为生也。生生之谓易,易道之卦气所以起中孚。

初九,虞谓向导,初九正位,故虞而吉,有它志变,则不安。燕,安也,又虞为思虑,防患于未然也。屯三无虞,则吝。

九二,二五感通,二地而五天,鹤在地而鸣天,即《象》之乃应乎天也。二正在阴,二五正应为和,应天为中心愿。同类感通,千里而应者也。

六三,三四阴爻相比为敌,三多凶,位不当而未孚,故敌也。得敌,胜者或鼓或罢,败者或泣或歌,然虽哀乐不同,仍当孚之,故得敌,《大象》以"议狱缓死"当之。

六四,四阴正位,月几望者将成,马匹亡指一意承五,绝类上谓马四至五已化为龙,有天马行空之象,上出也。月几望谓孚之善,马匹亡谓孚之诚,绝类上谓孚之专也。月几望,望而食为有咎,然知盈虚朔望之几,则几望而无咎。

九五,五位正当,孚之主也,感通于二,挛如者紧密而丝丝相应,所谓千里之外应之也,故无咎。五之挛如,孚乃化邦也。

上九,上九亢,未能中孚,虚华外扬,"翰音登于天"者,无实而有声,故贞凶而何可长。翰音谓鸡,上卦巽为鸡,《曲礼》"鸡为翰音",鸡在下之物,未可登天,故登天而有声而凶。何可长谓情失其正,屯上过哀,豫上过乐,否上过怒,此爻过喜是也。

表七十二　小 过 卦

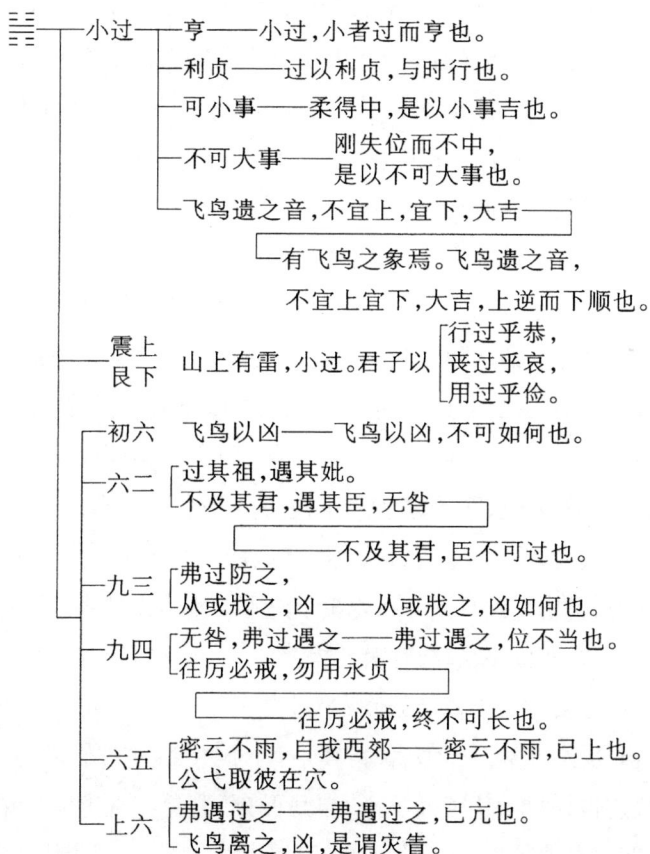

小过 —┬— 亨——小过,小者过而亨也。
　　　├— 利贞——过以利贞,与时行也。
　　　├— 可小事——柔得中,是以小事吉也。
　　　├— 不可大事——刚失位而不中,
　　　│　　　　　　　是以不可大事也。
　　　├— 飞鸟遗之音,不宜上,宜下,大吉—┐
　　　│　　└—有飞鸟之象焉。飞鸟遗之音,
　　　│　　　　　不宜上宜下,大吉,上逆而下顺也。
震上 ├—
艮下 │　山上有雷,小过。君子以┤行过乎恭,
　　　│　　　　　　　　　　　　　├丧过乎哀,
　　　│　　　　　　　　　　　　　└用过乎俭。
　　　├— 初六— 飞鸟以凶——飞鸟以凶,不可如何也。
　　　├— 六二┬过其祖,遇其妣。
　　　│　　　└不及其君,遇其臣,无咎—┐
　　　│　　　　　　　└—不及其君,臣不可过也。
　　　├— 九三┬弗过防之,
　　　│　　　└从或戕之,凶——从或戕之,凶如何也。
　　　├— 九四┬无咎,弗过遇之——弗过遇之,位不当也。
　　　│　　　└往厉必戒,勿用永贞—┐
　　　│　　　　　　└—往厉必戒,终不可长也。
　　　├— 六五┬密云不雨,自我西郊——密云不雨,已上也。
　　　│　　　└公弋取彼在穴。
　　　└— 上六┬弗遇过之——弗遇过之,已亢也。
　　　　　　　└飞鸟离之,凶,是谓灾眚。

小过卦表解

卦象:艮下、震上。艮为山、为止,震为雷、为行。

小过和大过相对,二五阴,故为小过,阳大而阴小也。亨谓四亨五,下卦艮时行,正初成既济为利贞。二五柔得中为可小事,三四刚失位而不中为不可大事。卦象内二阳当鸟身,上下四阴当两翼舒展,故

161

为飞鸟之象。飞鸟遗之音，不宜上宜下，谓正初，不宜上犹上逆之好高骛远，宜下犹下顺之卑约而切近事情，知过而改，故大吉。

《大象》：小过之行过乎恭，丧过乎哀，用过乎俭，皆所谓君子之过，故谓小过。然小过不可大事，观过知仁，矫而改之，过而非过，故可大吉。

初六，小过有飞鸟之象，初未正则知飞而不知止，过由小而大，故凶而不可如何也。又初四正成明夷，乃正位而垂其翼，知宜下大吉而不飞也。

六二，时当小过而六二得中，过与不及，皆能有遇而无咎。过祖遇妣谓六五，不及其君遇其臣谓五未正。祖妣家而君臣国，于家国皆能有遇，乃可无咎。过犹不及，遇者阴阳相遇也。

九三，小过之过始于三四，故皆云"弗过"，弗过防之，谓守正防二消阳。从或戕之，谓从四以戕上。九四失位为或，三之从或而戕于上，不啻自伐，变而失位，凶如何也。三知应上以息阳，不知防二之消阳，过也。若吴之不知防越而争霸中原，乃有灭国之凶，即此爻之例。

九四，三四弗过，三防之，防二阴之消，四遇之，遇五之息。往厉必戒，勿用永贞者，谓自然上息，以免三从或戕之之凶也。此兼顾消息和之正，往厉、勿用谓消息，必戒、永贞谓之正。先言无咎者，防过与不及之偏失也。九四位不当，故宜有此警。

六五，五爻辞与小畜卦辞同，小过九三正位，一爻不变而五爻变，即为小畜，反之亦然。小畜者，畜其小者，小过者，过其小者，知畜而不知施，犹过也，故均有"密云不雨，自我西郊"之象。五上阴象浓重，公弋取彼在穴已得其根，五伏阳发而正位，四之初以应二则阴阳感通，密云而雨矣。

上六，小过不宜上，上六已亢而凶，故弗遇过之，而得灾眚。小过有飞鸟之象，初上飞鸟皆谓凶。初之凶在阴之始消，上之凶在阴之已亢，五阴盛为密云为已上，上阴更盛，故为已亢，故于小过未可高飞也。

表七十三　既　济　卦

既济─┬─亨小──既济,亨,小者亨也。
　　　├─利贞──利贞,刚柔正而位当也。
　　　├─初吉──初吉,柔得中也。
　　　└─终乱──终止则乱,其道穷也。

坎上
离下　　水在火上,既济。君子以思患而豫防之。

─初九　曳其轮,濡其尾,无咎──曳其轮,义无咎也。

─六二　妇丧其茀,勿逐,七日得──七日得,以中道也。

─九三　高宗伐鬼方,三年克之,小人勿用──三年克之,惫也。

─六四　繻有衣袽,终日戒──终日戒,有所疑也。

─九五┌─东邻杀牛,不如西郊之禴祭──东邻杀牛,不如西邻之时也。
　　　└─实受其福──实受其福,吉大来也。

─上六　濡其首,厉──濡其首厉,何可久也。

既济卦表解

卦象:离下、坎上。离为火,坎为水,水火交,既济也。

既济之"亨小"指六二,卦变从泰来,泰二五挥生既济为"亨小",即"小者亨也"。"利贞"指六爻初九、六二、九三、六四、九五、上六皆正位,"刚柔正而位当也",即乾《彖》之"保合太和乃利贞"。"初吉"谓初济则吉,六二柔得中也,凡物初济之时莫不吉。而"终乱"谓终止于济,则济犹不济,乃既济消成未济,则道穷而乱,即《诗》之"靡不有初,鲜克有终"。因当未济则敬胜怠而济,吉也,当既济乃止而怠胜敬,故穷乱及之。

《大象》:既济之时,思患而豫防之,所以保初吉而防终乱,犹乾之自强不息也。

初九,初位当曳轮濡尾为止。曳轮谓已既济而防过,濡尾谓犹未济而防不及,能知过犹不及之义,故无咎。

六二,位当,亦重止,故妇丧其茀,勿逐,七日得。此爻与睽初相成,睽初阳守正,勿逐马而自复,此爻阴守正,勿逐茀而七日得。因初九、六二当阴阳之正,善守之,外物虽丧而将自复而得,如不善以守,则虽或逐得,仍将丧失也。

九三,三为下卦之终,既济将变,犹泰三之天地际也。九三位当,然伐鬼方而有三年克之之惫,已见将变之兆,然勿用小人,仍可守正,若用小人而乱邦,则象变而既济毁。

六四,四既济过中将衰,繻有衣袽,终日戒,所以思患预防之。繻为彩衣,袽为败衣,有彩衣而衣败衣,终日戒之象。四上下未定,有所疑也,终日戒者,仍得初吉。

九五,东邻杀牛用大牲谓厚祭,西邻禴祭谓薄祭。杀牛在物之厚,过中而将衰,禴祭而心在诚,未及中而将兴。西邻得时而处于发展之势,故吉大来而实受其福。

上六,既济上而濡首,则又未济,故厉而何可久,终乱之象也。既济上和未济上皆曰濡其首,既济上濡首谓濡首于既济,则既济变成未济,未济上濡首谓濡首于未济,尚自以为既济,则濡首永不得出。《易》者保合太和而其辞危,故以为诫也。

164

表七十四 未 济 卦

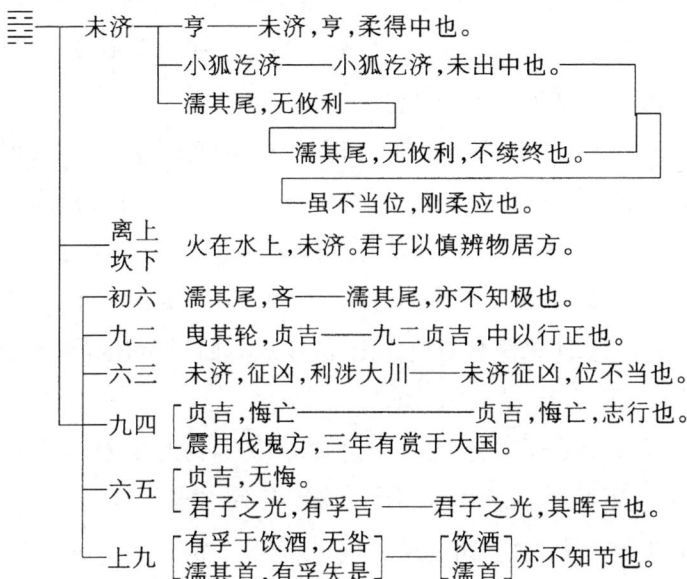

```
䷿──未济──亨────未济,亨,柔得中也。
         ├─小狐汔济────小狐汔济,未出中也。
         └濡其尾,无攸利─
                  └濡其尾,无攸利,不续终也。
                       └虽不当位,刚柔应也。
      ┌离上
      └坎下  火在水上,未济。君子以慎辨物居方。
      ─初六  濡其尾,吝──濡其尾,亦不知极也。
      ─九二  曳其轮,贞吉──九二贞吉,中以行正也。
      ─六三  未济,征凶,利涉大川──未济征凶,位不当也。
      ─九四 ┌贞吉,悔亡──────────贞吉,悔亡,志行也。
           └震用伐鬼方,三年有赏于大国。
      ─六五 ┌贞吉,无悔。
           └君子之光,有孚吉──君子之光,其晖吉也。
      ─上九 ┌有孚于饮酒,无咎┐  ┌饮酒┐亦不知节也。
           └濡其首,有孚失是┘  └濡首┘
```

未济卦表解

卦象：坎下、离上。坎为水,离为火,水火不交,未济也。

否二五挥生未济为未济亨,未济之象,位未正则几济而犹未济也。小狐汔济而尾濡于水,是终未能济,故无攸利而为未济。柔得中谓六五,未出中谓九二,不续终故未能济也。"虽不当位,刚柔应也",谓未济有可济之道,刚柔皆应而正位,成终而成始,则续终而济矣。

《大象》：未济水火不交,"慎辨物居方"为处未济之道。方以类聚,物以群分,慎加分合而正人正物,使未济而济,济则"首出庶物,万国咸宁"。终未济而始乾,《序卦》之大义也。

初六,《易》有三极之道,极者既济之标准也。初濡尾而不知极故

165

未济,失位吝。初濡尾,卦辞谓小狐,小谓力弱,狐为多疑,初六位不当,阴柔力弱,不知而疑,故吝也。

九二,曳轮者谨慎而不轻进,庶几中以行正既济而贞吉。又曳轮、濡尾者既济初爻之义,当既济初已兼及曳轮濡尾于一爻而得其义,故既济。未济初曳轮、濡尾未合,故分于初、二,初阴柔不及,二阳刚则过,故当慎辨物居方以合济之也。

六三,三失位处二坎水之间,济渡最难,故特曰未济征凶,识济渡之法而济之,故曰利涉大川。《象》于此爻系"位不当",相称于既济《彖》之"刚柔正而位当",既济从卦言,未济从爻言,卦爻互通也。

九四,四综既济三,故伐鬼方同。于既济当安定而守正,故伐鬼方三年克之而惫,于未济当变更之正,故伐鬼方而三年有赏于大国。失位为悔,之正贞吉。志行者,由未济而济也。

六五,五谓君子之光,当未济之时,仍能照物无私,天下莫不被其德,其晖上下孚之,未济由是而济。未正有悔,成既济贞吉无悔。

上九,未济将终,既济之象已现,故有孚于饮酒而无咎,然仍属未济而以为既济,则其首仍濡而有孚失是,永不能由未济而既济。《象》之"不知节"犹初之"不知极",极者、节者,时位之标准也。知极、知节所以免濡首濡尾之失,由未济而济,"首出庶物,万国咸宁",自强不息,永远相应自然界的生气。

卷　四

《系辞》表解说明

　　《系辞》表解,首先遇到的是分章问题。《系辞》的分章,唐以后诸家易注有多种分法,解释都不相同。比较而言,《系》上姚配中《周易姚氏学》分章较善,共十章;《系》下朱熹《周易本义》分章较善,共十二章。《系辞》表解以此取《系》上十章《系》下十二章,共二十二表。每章总结概括的纲领,仍尊重《系辞》本义,和姚朱二氏的见地并不完全相同,此需说明。

　　一九七二年湖南长沙马王堆出土的帛书《周易》,于今本《周易·系辞》上的内容基本已完备,唯《系辞》下的内容较多空缺。可知《系辞》上在先秦基本已完成,《系辞》下较多为两汉时增入。以《系辞》上下的内容比较论,《系辞》上较重视基本大纲,《系辞》下内容相对短小琐屑。朱熹《周易本义》于《系辞》下的内容详加分辨,所以在诸家易注中分章较善。然而《系》上《系》下在东汉完成后已形成整体,在二千年经学的发展中对读易起着关键性的指导作用。二千年流传的数千种易著,每种著作的中心思想往往可以归结到《系辞》中某一章或某一句之旨,也就是体味到《系辞》中某章某句之旨即可形成一种易著。故此数千种易著,可认为全部从《系辞》化出。清姚配中有言:"不知《系辞》之旨者,不足以言《易》。"此言极是。现代易学的发展已处于打破经学的阶段,故于《系辞》的理解已可不受经学的束缚,提高一层予以认识。今将《系辞》上、下每章的大纲列表于下,以见《系辞》整体之大义,并略作解说。

《系辞》上十章　大义表

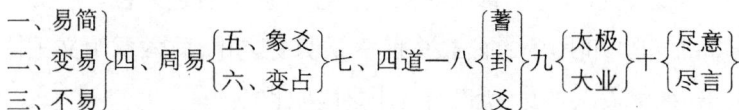

一、易简
二、变易
三、不易 } 四、周易 { 五、象爻
六、变占 } 七、四道一八 { 蓍
卦
爻 } 九 { 太极
大业 } 十 { 尽意
尽言 }

《系辞》下十二章　大义表

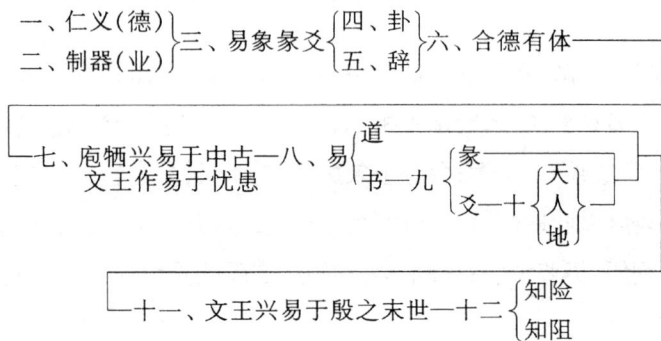

一、仁义(德)
二、制器(业)　三、易象彖爻　四、卦　五、辞　六、合德有体

七、庖牺兴易于中古—八、易　道　书—九　彖　爻—十　天　人　地
文王作易于忧患

十一、文王兴易于殷之末世—十二　知险　知阻

　　《系辞》上凡十章。一、二、三章明易之易简、变易、不易三义。四章总言之谓周易。一阴一阳之谓道,指不易;继之者善,指易简;成之者性,指变易。五章言象爻,即观象玩辞。六章言变占,即观变玩占。七章言易有圣人之道四,所以总合五六两章之义。八章言蓍、卦、爻,为易之根本。九章承八章,言太极至大业。太极即蓍,所以生卦,卦而爻,由得失吉凶而生大业。十章言尽意尽言,乃极赞立象设卦系辞增爻者之功,所以总结之以为《系辞》上之终。合而言之,首四章明易之理,中三章明易之道,末三章明易之德。

　　《系辞》下凡十二章。一章言由阴阳刚柔而归于仁义,意在进德;二章言伏羲、神农、黄帝、尧、舜制器利天下之功,意在修业。三章明易象彖爻之本义。四章明卦,五章明辞,乃阐明卦有小大辞有险易之义。六章明合德有体,因贰济民,即辞指所之而六十四卦同归一致于既济也。七章明伏羲兴易于中古,文王作易于忧患,乃三陈九卦之德。八章明易之为道易之为书。九章明易书之分彖爻。十章明易书六爻即天地人三才之道。十一章明文王继伏羲兴易于殷之末世。十二章明由易简而知险知阻。合而言之,前六章明易之用,后六章明文王忧患作易书,继伏羲以兴易,所以济天下之险阻也。

表七十五　系辞上第一章

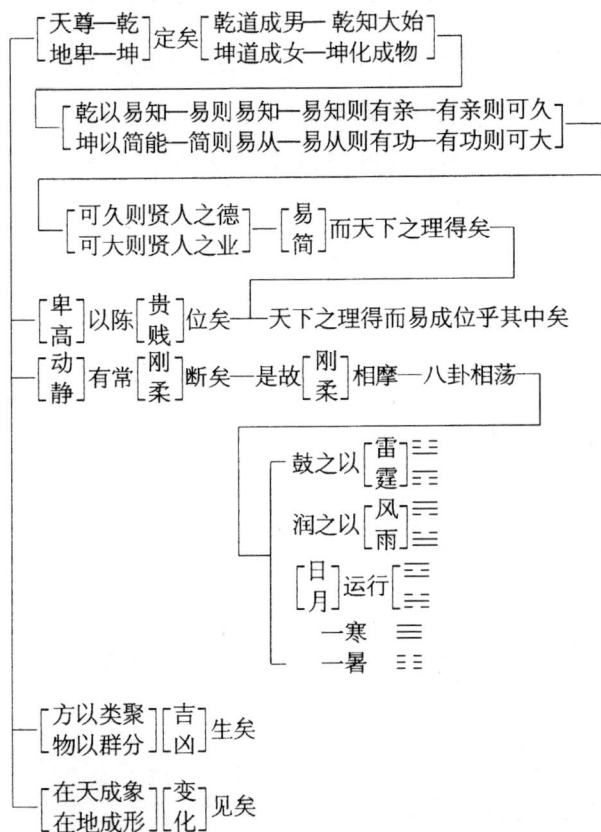

```
┌天尊—乾┐       ┌乾道成男—乾知大始┐
│地卑—坤┘ 定矣  └坤道成女—坤化成物┘
│
│  ┌乾以易知—易则易知—易知则有亲—有亲则可久┐
│  └坤以简能—简则易从—易从则有功—有功则可大┘
│
│     ┌可久则贤人之德┐┌易┐
│     └可大则贤人之业┘└简┘而天下之理得矣
│
├卑┐     ┌贵┐
│高┘以陈 └贱┘位矣——天下之理得而易成位乎其中矣
├动┐     ┌刚┐          ┌刚┐
│静┘有常 └柔┘断矣—是故 └柔┘相摩—八卦相荡
│                        ┌鼓之以┌雷
│                        │      └霆
│                        │润之以┌风
│                        │      └雨
│                        │┌日┐运行
│                        ││月┘
│                        │ 一寒
│                        └ 一暑
│
├┌方以类聚┐┌吉┐
││物以群分┘│凶┘生矣
│
└┌在天成象┐┌变┐
 │在地成形┘│化┘见矣
```

系辞上第一章表解

《系辞》上首三章明易简、变易、不易三义,四章总之而言周易。首章述天地自然之易,人参之以得易简之理,而易成位乎其中矣。凡分三节。

自"天尊"至"见矣"为第一节,言乾坤、贵贱、刚柔、吉凶、变化五者本于天地、卑高、动静、聚分、象形的自然之易。作卦所以定之、位之、断之、生之、见之。而"天尊地卑,乾坤定矣",开宗标明了《周易》首乾的大义。由"是故"至"一暑"为第二节,乃继"刚柔"言,即相摩生八卦而相荡生六十四卦,雷霆风雨日月寒暑当震艮巽兑离坎乾坤八卦之象。自"乾道"至"中矣"为第三节,又分三段。自"乾道"至"成物"为第一段,言立人道以参天地。自"乾以"至"之业"为第二段,言乾坤易简之德业。自"易简"至"中矣"为第三段,言理得而成位。理得即定矣,成位即位矣。此第三段皆继乾坤贵贱言。《杂卦》曰:"既济定也",以摩荡所生之六十四卦定位于既济,易简而天下之理得矣。易简者,易三义之一,若变易不易之义,详见后述。

表七十六　系辞上第二章

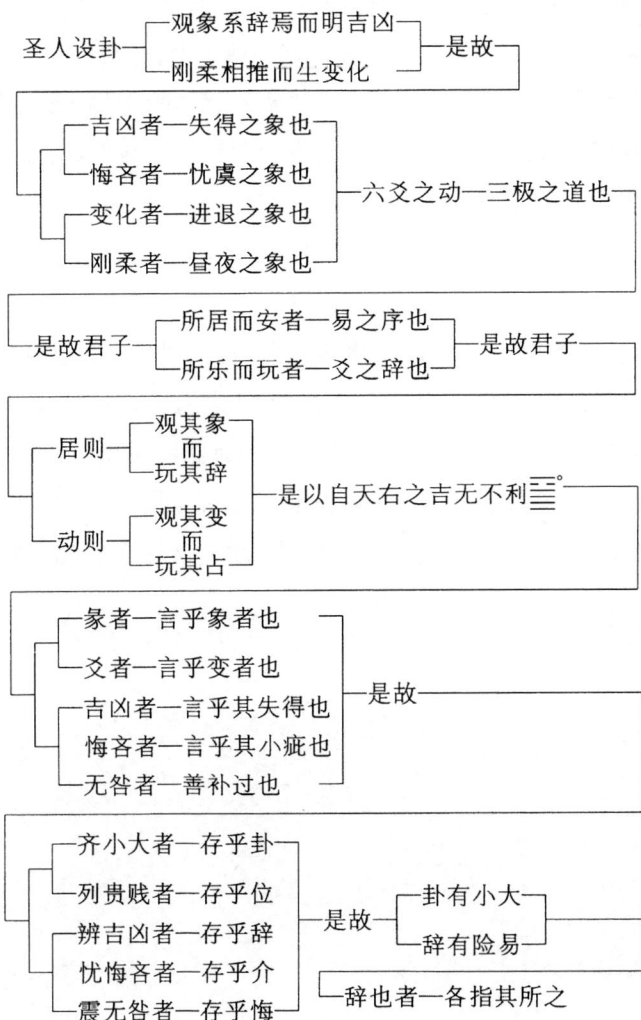

圣人设卦——观象系辞焉而明吉凶／刚柔相推而生变化——是故

吉凶者—失得之象也
悔吝者—忧虞之象也
变化者—进退之象也
刚柔者—昼夜之象也

六爻之动—三极之道也

是故君子——所居而安者—易之序也／所乐而玩者—爻之辞也——是故君子

居则——观其象／而／玩其辞
动则——观其变／而／玩其占

是以自天右之吉无不利

象者—言乎象者也
爻者—言乎变者也
吉凶者—言乎其失得也
悔吝者—言乎其小疵也
无咎者—善补过也

是故

齐小大者—存乎卦
列贵贱者—存乎位
辨吉凶者—存乎辞
忧悔吝者—存乎介
震无咎者—存乎悔

是故——卦有小大／辞有险易

辞也者—各指其所之

系辞上第二章表解

此章述圣人作易以明吉凶变化,君子居动以之列位齐卦辨辞忧介

173

震悔而得三极之道。分三节。

　　自"圣人"至"道也"为第一节,言圣人设卦,因卦系辞以明吉凶悔吝,因卦增爻而明刚柔变化,六爻动成既济三极之道,即上章易简之理。自"是故君子"至"吉无不利"为第二节,谓君子学易本居变二者,居安以明吉凶悔吝之象,变动以化既济三极之道,是以自天右之,吉无不利。象辞变占,即圣人之道四。自"彖者"至"所之"为第三节,言观象玩辞观变玩占之大义。分彖、爻、吉凶、悔吝、无咎五者,彖言卦象,爻言位变,此二者君子所观者也,吉凶言辞之失得,悔吝言辞之小疵,无咎言占以补过,此三者君子所玩者也。齐小大句承彖言,故表中写于彖者下,列贵贱句承爻言,故表中写于爻者下。齐小大者,天尊地卑乾坤定矣,列贵贱者,卑高以陈贵贱位矣,君子观其象变,所以定位于既济也。辨吉凶之辞,忧悔吝之介,震无咎之悔,乃使聚分合时,则生吉而无凶,君子玩其辞占,所以明失得小疵而善补过也。卦有小大,言彖而兼及爻,辞有险易,言吉凶而兼及悔吝无咎,则君子观象玩辞观变玩占,而易辞亦各指其所之。此章总论变易,承上章易简,亦易三义之一。

表七十七　系辞上第三章

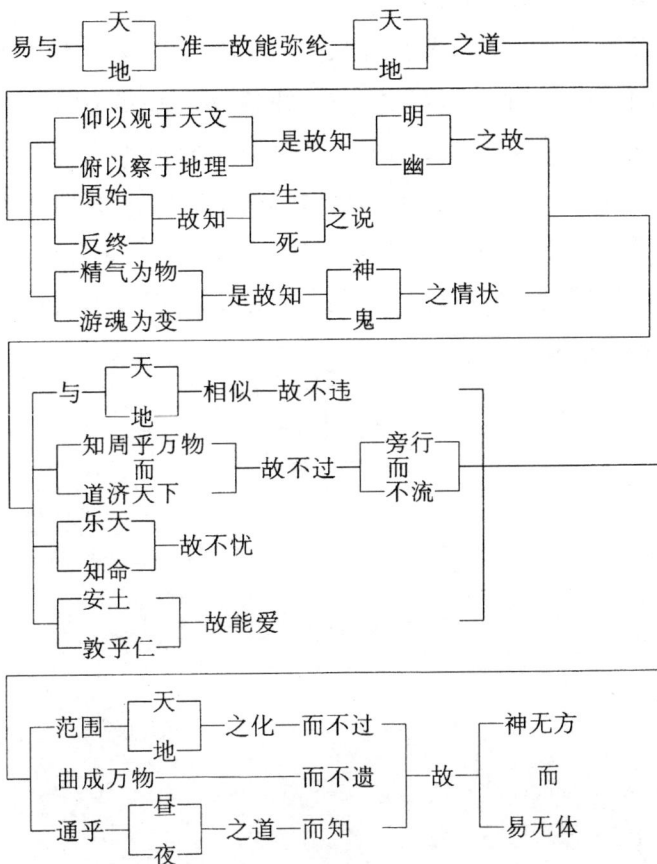

易与┌天┐准—故能弥纶┌天┐之道————
　　└地┘　　　　　　└地┘

┌仰以观于天文┐是故知┌明┐之故—
│俯以察于地理┘　　　└幽┘
│原始┐故知┌生┐之说
│反终┘　　└死┘
└精气为物┐是故知┌神┐之情状
　游魂为变┘　　　└鬼┘

┌与┌天┐相似—故不违
│　└地┘
│知周乎万物┐　　　┌旁行┐
│而　　　　├故不过┤而　│
│道济天下┘　　　　└不流┘
│乐天┐故不忧
│知命┘
└安土┐故能爱
　敦乎仁┘

┌范围┌天┐之化—而不过　　┌神无方
│　　└地┘　　　　　　　│而
│曲成万物———而不遗├故┤
└通乎┌昼┐之道—而知　　└易无体
　　　└夜┘

系辞上第三章表解

此章述易准天地而弥纶之,由观察而相似,由相似而范围,故得无方无体不易之道。首二句"易与天地准,故能弥纶天地之道"为总纲,末句"故神无方而易无体"为总结。中分三节。

自"仰以"至"情状"为第一节,谓"知幽明""知死生""知鬼神",此三知所以穷理。自"与天地"至"故能爱"为第二节,谓"故不违""故不过""故不忧""故能爱",此四故所以尽性。"旁行而不流"句,阐明济天下之法。自"范围"至"而知"为第三节,此三而所以至命。《说卦》曰:"穷理尽性以至于命。"其详于此章中见之。

又此章之起迄,始自朱子《本义》,乃理学之精粹处。本以"精气为物"为章首,实未能得《系辞》之真义。惠栋、姚配中虽治汉易,于此亦取宋易之长,今亦从之。又"鬼神之情状"下必断句,其理见表自明,虞翻连成一句,今不取。乃易准天地而弥纶之,观察以穷其理,相似以尽其性,范围以至其命,此五天地段落自明,未可混焉。又无方以弥纶天地,无体以准天地,故易道神焉。此章承前二章易简变易而明不易,此三章即易之三义。

表七十八　系辞上第四章

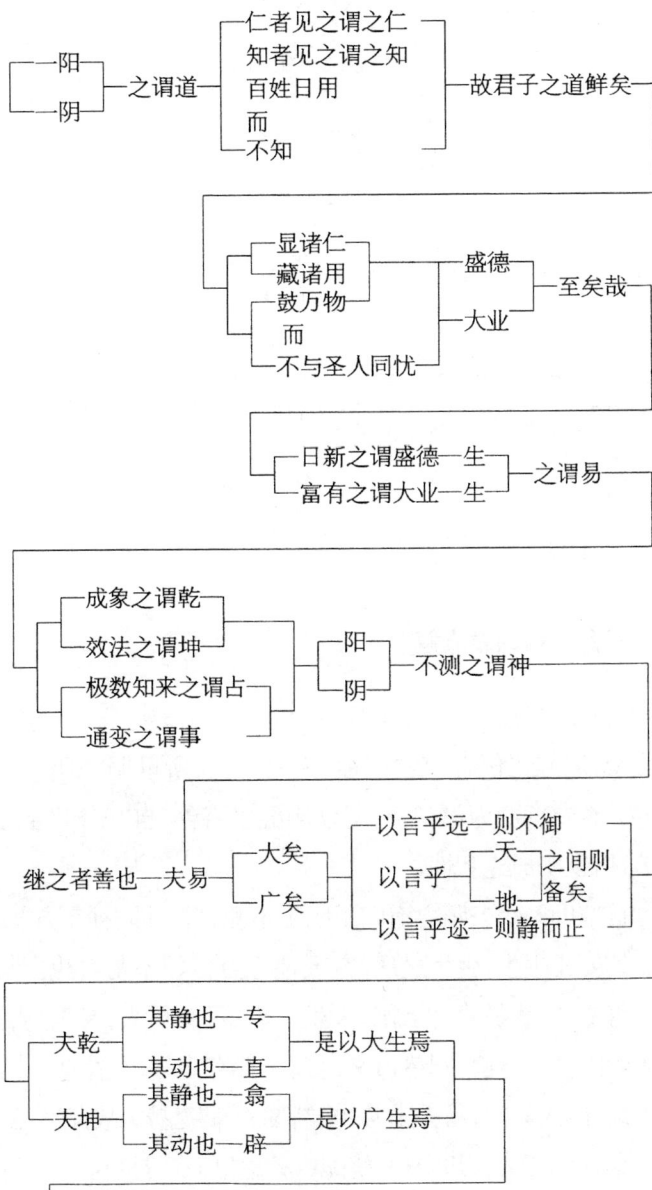

阳
阴
─之谓道
仁者见之谓之仁
知者见之谓之知
百姓日用
而
不知
─故君子之道鲜矣

显诸仁
藏诸用
鼓万物
而
不与圣人同忧
─盛德
大业
─至矣哉

日新之谓盛德─生
富有之谓大业─生
─之谓易

成象之谓乾
效法之谓坤
极数知来之谓占
通变之谓事
─阳
阴
─不测之谓神

继之者善也─夫易
大矣
广矣
以言乎远─则不御
以言乎
天
地
之间则备矣
以言乎迩─则静而正

夫乾
其静也─专
其动也─直
─是以大生焉
夫坤
其静也─翕
其动也─辟
─是以广生焉

177

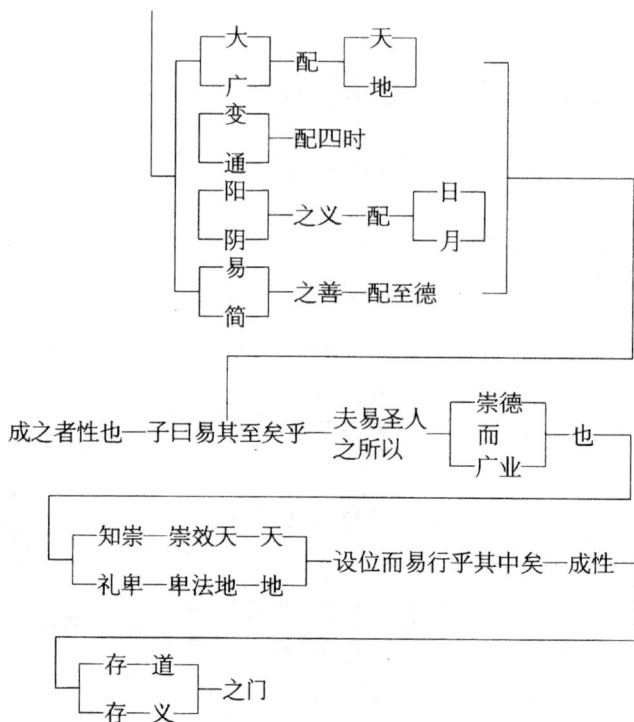

系辞上第四章表解

此章叙易道周普,继善成性而生生存存,易三义一也。以首三句总摄全章。自"仁者"至"谓神"为第一节,所以明一阴一阳之道。自"夫易"至"至德"为第二节,所以明继之者善,自"子曰"至"之门"为第三节,所以明成之者性。

首节以一阴一阳之道归于阴阳不测之神,即"神无方""易无体"之义。其要在生生,生生之理,穷天地亘万世而不易者也。次节以继阴阳之善道,归诸易简之至德,大生广生,可久可大,易简之善也。末节以成阴阳善道之性,归诸道义之门。存存者,存生生也,生而存之,存而生之,出入其门,易行乎其中矣,易行即变易。故此章三节,乃总论前三章易之三义以归于一,姚配中称之"周易"是也。

表七十九　系辞上第五章

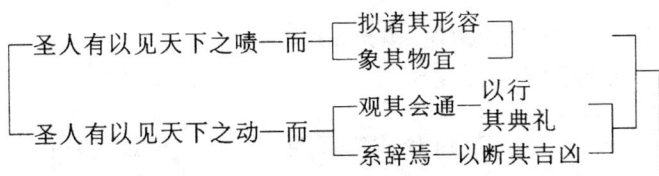

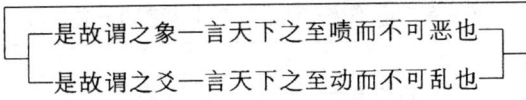

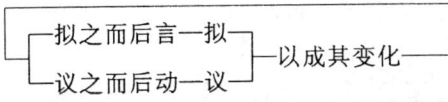

圣人有以见天下之赜—而—拟诸其形容 / 象其物宜

圣人有以见天下之动—而—观其会通—以行 / 其典礼 ； 系辞焉—以断其吉凶

是故谓之象—言天下之至赜而不可恶也

是故谓之爻—言天下之至动而不可乱也

拟之而后言—拟 / 议之而后动—议—以成其变化

鸣鹤在阴其子和之我有好爵吾与尔靡之。

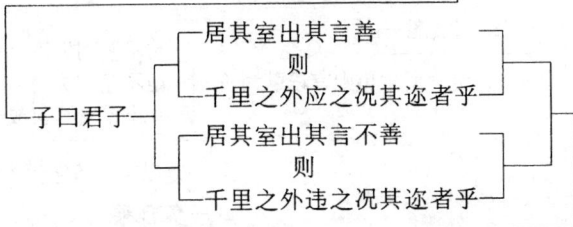

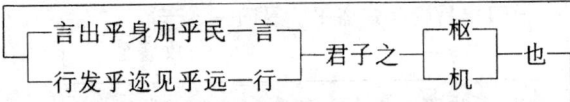

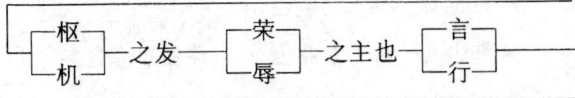

子曰君子—居其室出其言善 / 则 / 千里之外应之况其迩者乎 ； 居其室出其言不善 / 则 / 千里之外违之况其迩者乎

言出乎身加乎民—言 / 行发乎迩见乎远—行—君子之—枢 / 机—也

枢 / 机—之发—荣 / 辱—之主也—言 / 行

君子之所以动—天 / 地—也—可不慎乎

同人先号咷而后笑。

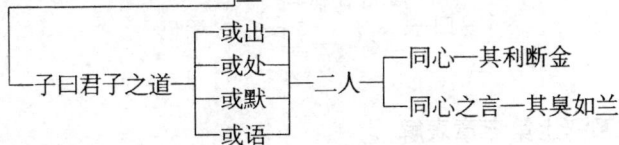

子曰君子之道—或出 / 或处 / 或默 / 或语—二人—同心—其利断金 / 同心之言—其臭如兰

初六藉用白茅无咎。

子曰苟错诸地而可矣—藉之用茅
├─ 何咎之有
└─ 慎之至也

夫茅之为物—薄而可用重也
慎斯术也以往—其无所失矣

劳谦君子有终吉 ䷎。

子曰
├─ 劳而不伐—厚之至也———德言盛
└─ 有功而不德—语以其功下人者也—礼言恭

谦也者
├─ 致恭
└─ 以存其位 ——— 者也

亢龙有悔 ䷀。

子曰
├─ 贵而无位
├─ 高而无民 ——— 是以动而有悔也
└─ 贤人在下位而无辅

不出户庭无咎 ䷻。

子曰乱之所生也则言语以为阶
├─ 君不密则失臣
├─ 臣不密则失身
├─ 几事不密则害成
└─ 是以君子慎密而不出也

子曰作易者其知盗乎—易曰
├─ 负且乘
├─ ䷧
└─ 致寇至

负也者—小人之事也
乘也者—君子之器也 ——— 小人而乘君子之器盗思夺之矣
上慢
下暴 ——— 盗思伐之矣
├─ 慢藏诲盗
└─ 冶容诲淫

易曰
├─ 负且乘
└─ 致寇至 ——— 盗之招也

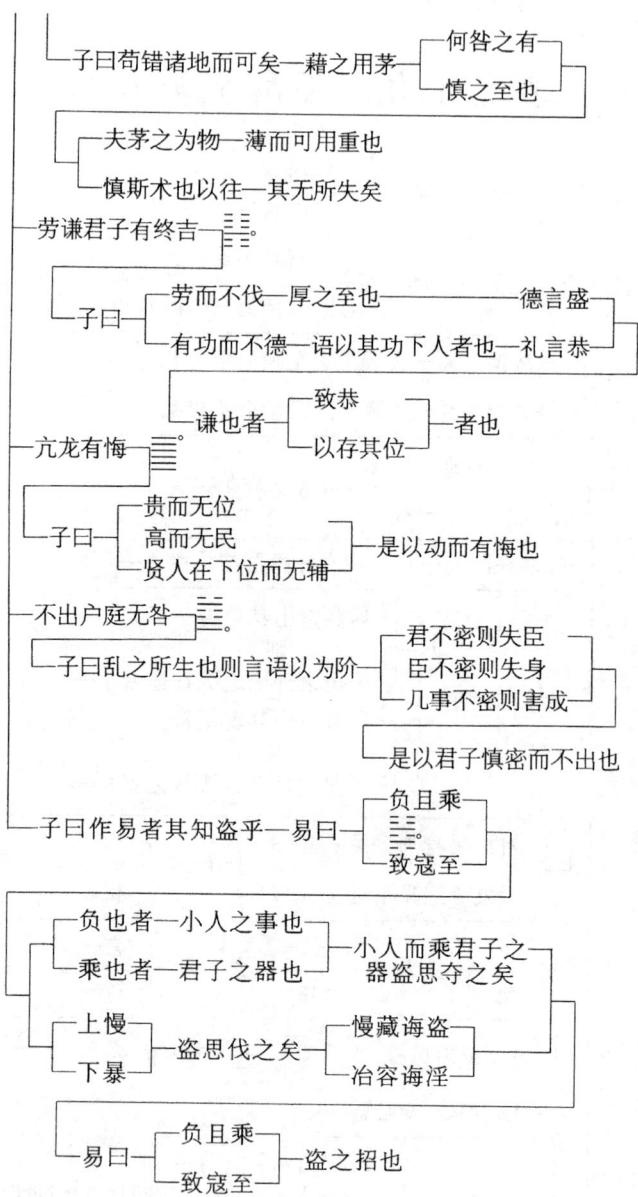

系辞上第五章表解

此章述象爻之本义,又引七卦中之七爻为例,乃承第二章言,以明观象玩辞之要。此段内容诸家分章不同,今从《本义》合七爻为一章,庶几义可贯穿。

　　此七爻之义,以"慎"字为主,中孚、大过节皆明言之,"同心""有终",慎之效也。"亢"及"招盗",不慎之失也,故君子宜慎密也。又首引中孚,卦气所由起。卦气者,子和于父,生生之本也。其气善,故能断金而其臭如兰,出处默语而莫不同心。心同则二簋可用亨,禴祭可胜杀牛,物薄而用可重也。若既可错诸地而必藉以茅,非劳乎,唯君子劳而不伐,有功而不德,慎斯术以往,故能存位有终无所失。或不慎而亢,则无位无辅而有悔也。以乾上继谦三者,明乾上当正于坤三而坤生谦,谦《象》曰"天道下济而光明"是也。又亢上而反初为几密,故及节初慎密不出,以免亢龙之乱,不然慢藏冶容以招盗,又谁咎也。

表八十　系辞上第六章

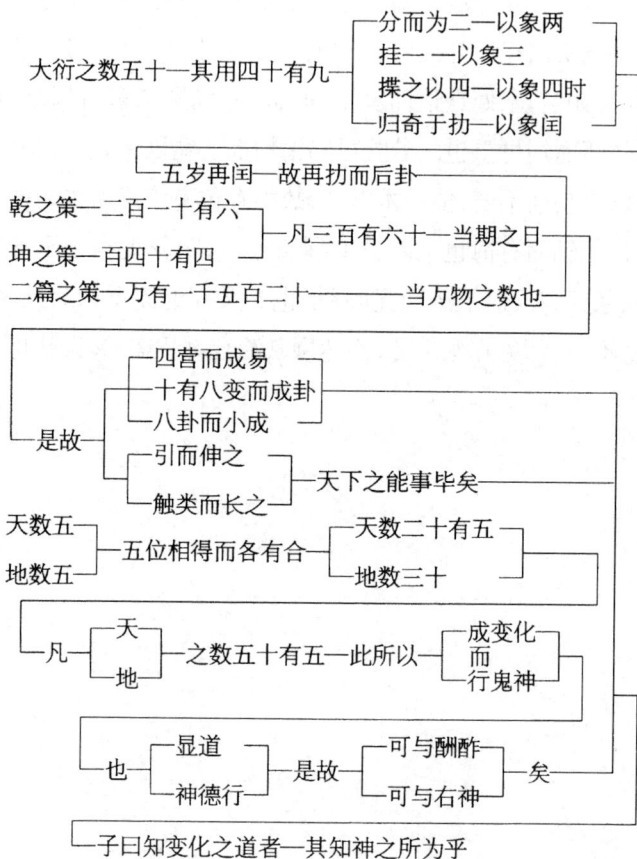

```
                              ┌─分而为二─以象两
大衍之数五十─其用四十有九─┤ 挂一 ─以象三
                              │ 揲之以四─以象四时
                              └─归奇于扐─以象闰

          ┌─五岁再闰─故再扐而后卦
乾之策─二百一十有六
坤之策─百四十有四　　─凡三百有六十─当期之日
二篇之策─万有一千五百二十────当万物之数也

          ┌─四营而成易
          │ 十有八变而成卦
  是故─┤ 八卦而小成
          │ 引而伸之　　─天下之能事毕矣
          └─触类而长之

天数五
地数五　─五位相得而各有合─┌─天数二十有五
                              └─地数三十

      ┌─凡┌─天──之数五十有五─此所以─┌─成变化
                └─地                              │ 而
                                                  └─行鬼神

      ┌─也┌─显道──是故─┌─可与酬酢──矣
              └─神德行        └─可与右神

      └─子曰知变化之道者─其知神之所为乎
```

系辞上第六章表解

　　此章述易数之变化,以明观变玩占之要,亦承第二章言。荀氏、马氏等皆以"子曰"为下章之首,虞氏不取,今从虞氏。此句总结数之变化。凡分二节。

　　自"大衍"至"数也"为第一节,分三段以明大衍天地蓍策之数,自

"是故四营"至"右神矣"为第二节,亦分三段以分承第一节之三段,所以明易数之功用,最后"子曰"句总论易数,其变化所以通神。夫易数本大衍之数,故首言之,又大衍之数来自天地之数,故究其源而次及之。若用大衍之数以成卦,揲四之策数生焉,故继及乾坤二篇之策数。第二节中"四营"至"小成"三句承大衍之数言,谓由七七蓍数而变成八八卦数也,以"引而"至"毕矣"三句承策数言,谓引申而当期之日,触类而长之而当万物之数,故天下之能事毕矣。以"显道"至"右神矣"三句承天地之数言,酬酢所以成变化,右神所以行鬼神也。表中依第二节之次序,故第一节之策数,反在天地之数前。

表八十一　系辞上第七章

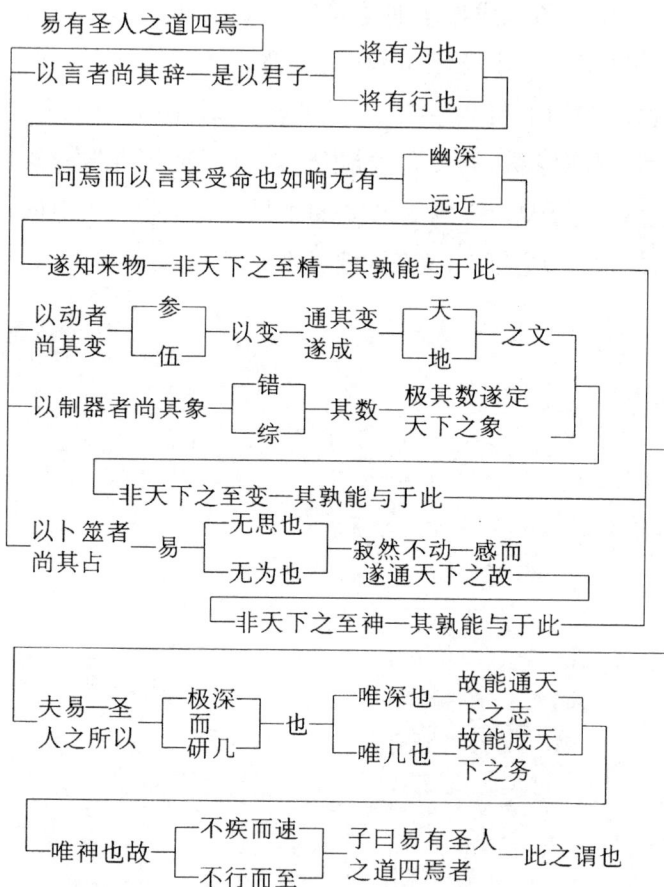

易有圣人之道四焉

以言者尚其辞——是以君子——将有为也／将有行也

问焉而以言其受命也如响无有——幽深／远近

遂知来物——非天下之至精——其孰能与于此

以动者尚其变——参／伍——以变——通其变／遂成——天／地——之文

以制器者尚其象——错／综——其数——极其数遂定天下之象

非天下之至变——其孰能与于此

以卜筮者尚其占——易——无思也／无为也——寂然不动—感而遂通天下之故

非天下之至神——其孰能与于此

夫易—圣人之所以——极深而研几——也——唯深也—故能通天下之志／唯几也—故能成天下之务

唯神也故——不疾而速／不行而至——子曰易有圣人之道四焉者——此之谓也

系辞上第七章表解

此章述易道四,乃足成第二章君子学易之事,亦以合第五章之象辞,第六章之变占。凡分五节。

自"易有"至"其占"为第一节,并言辞变象占四道。言尚辞,元也;动尚变,亨也;制器尚象,利也;卜筮尚占,贞也。自"是以君子"至"至

精其孰能与于此"为第二节,乃阐明尚辞之知来物,本诸至精也。自
"参伍"至"至变其孰能与于此"为第三节,兼明尚变尚象,通变以成文,
极数以定象,本于至变者也。自"易无思"至"至神其孰能与于此"为第
四节,乃阐明尚占,由不动而感通,本于至神也。自"夫易"至"谓也"为
第五节,极深继至精言,精气为物也;研几继至变也,游魂为变也。合
于不疾而速、不行而至之神,继不动而感通言,知鬼神之情状也。不疾
不行,神无方也;无思无为,易无体也。其唯无方无体能通志成务,而
四道一矣。最后"子曰"句呼应于首句而为此章之结语。

表八十二　系辞上第八章

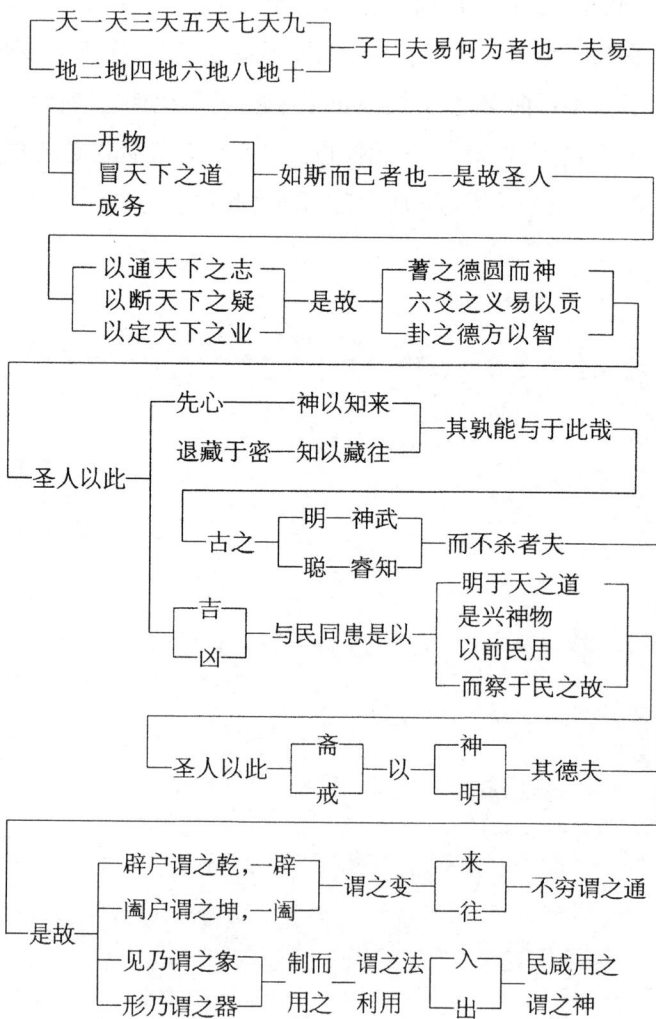

```
┌天一天三天五天七天九─┐
│                      ├─子曰夫易何为者也─夫易─┐
└地二地四地六地八地十─┘                          │
                                                  │
  ┌开物────┐                                     │
  │冒天下之道├─如斯而已者也─是故圣人──────────┐│
  └成务────┘                                   ││
                                                 ││
  ┌以通天下之志┐      ┌蓍之德圆而神┐           ││
  │以断天下之疑├─是故─┤六爻之义易以贡├──────┐ ││
  └以定天下之业┘      └卦之德方以智┘          │ ││
                                                │ ││
        ┌先心────神以知来──┐                  │ ││
  ┌圣人以此│                 ├─其孰能与于此哉  │ ││
  │      └退藏于密─知以藏往┘                  │ ││
  │                                             │ ││
  │          ┌明─神武┐                        │ ││
  │      ┌古之│       ├─而不杀者夫───────┐  │ ││
  │      │    └聪─睿知┘                    │  │ ││
  │      │              ┌明于天之道┐        │  │ ││
  │      │ ┌吉          │是兴神物  │        │  │ ││
  │      └─┤  ─与民同患是以┤以前民用  ├────┘  │ ││
  │        └凶          └而察于民之故┘           │ ││
  │                                               │ ││
  │      ┌圣人以此─┐斋┐   ┌神┐                │ ││
  └──────┘         ├戒├─以┤明├─其德夫         │ ││
                     └  ┘   └  ┘                 │ ││
```

成务,爻以冒道。圣人以此三者,尽性以济民也。凡分三节。

　　自"天一"至"以贡"为第一节,言由数而成蓍卦爻。天一而七,阳奇开物,七七四十九以生蓍也;地二而八,阴耦成务,八八六十四以生卦也。七而九阳气究而变,八而六阴气入而变,九六者,六爻之变也。圆神以通志,方知以定业,易贡以断疑,易之大义在焉。

　　自"圣人"至"德夫"为第二节,言圣人以此蓍卦爻尽性以成其神知,是兴神物以前民用也。乃以蓍先心,知来也;以卦退密,藏往也;以贡断疑,前民用也。斋以先心,不杀而神其德也,戒以退藏,防患而明其德也。

　　自"是故"至"之神"为第三节,乃归圣功于变通法神四者。夫阖辟以变形象,往来以通出入,圣人神其法而民咸用之,所以济民也。辟户犹开物,天数也,阖户犹成务,地数也;变通犹冒天下之道,合天地之数也。

表八十三　　系辞上第九章

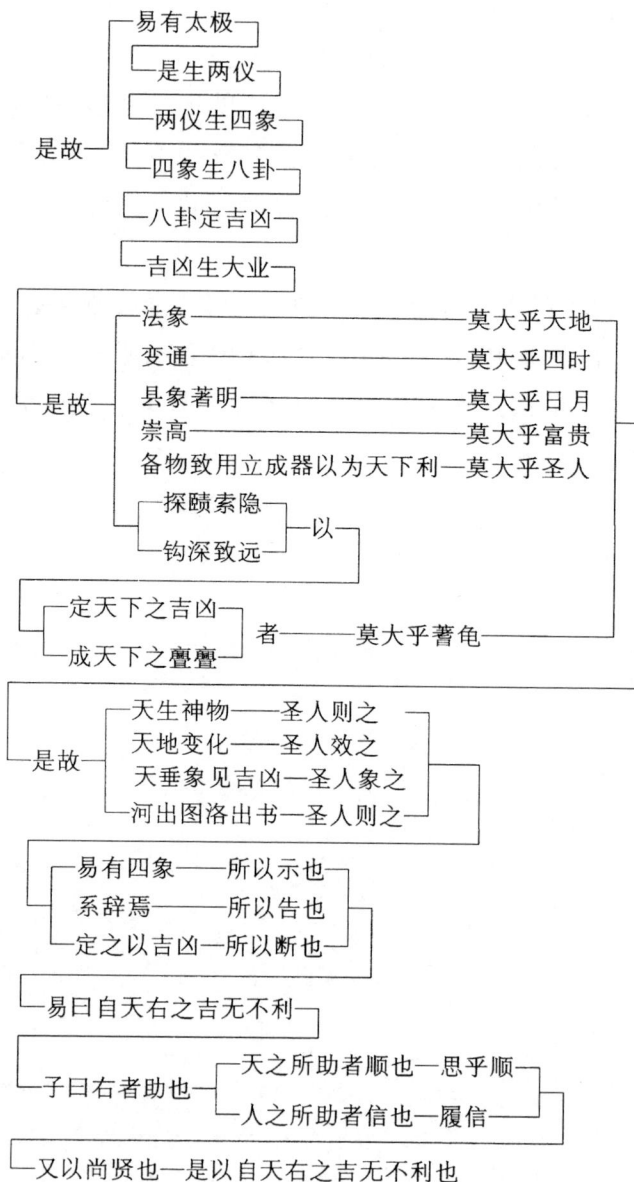

是故　　易有太极
是生两仪
两仪生四象
四象生八卦
八卦定吉凶
吉凶生大业

是故　　法象————————莫大乎天地
变通————————莫大乎四时
县象著明——————莫大乎日月
崇高————————莫大乎富贵
备物致用立成器以为天下利—莫大乎圣人
探赜索隐
钩深致远——以
定天下之吉凶
成天下之亹亹——者——莫大乎蓍龟

是故　　天生神物——圣人则之
天地变化——圣人效之
天垂象见吉凶—圣人象之
河出图洛出书—圣人则之

易有四象——所以示也
系辞焉———所以告也
定之以吉凶—所以断也

易曰自天右之吉无不利

子曰右者助也——天之所助者顺也—思乎顺
人之所助者信也—履信

又以尚贤也—是以自天右之吉无不利也

系辞上第九章表解

此章述易有太极生生之理，圣人以蓍效法之，生利天下之大业，故自天右之。凡分四节，上三节皆以"是故"为首，承上章之"圣人以此"言，盖"太极"一节与"天一地二"一节相应，故宜为章首。

自"易有"至"大业"为第一节。太极天一也，两仪天一地二也，四象天七地八天九地六也。八卦乾一兑二离三震四巽五坎六艮七坤八也。又九、十者，即下之"河出图、洛出书"是也。由太极而至生大业，明易道生生之次。

第二节自"法象"至"蓍龟"，所以足成上节。天地即两仪，四时即四象，日月悬象四时之位不同，即八卦。富贵者，定吉凶之准则，犹《洪范》之"五福六极"，圣人者，生大业之准则，最后以蓍龟成亹亹，本诸太极也。

第三节自"天生"至"断也"，明圣人效法天地之象，则而成易。"神物"，蓍龟也，河图洛书亦神物，故皆曰"则之"。示以四象，蓍德也，告以辞，卦德也，断以吉凶，爻义也，是三者，即圣人以此兴神物以前民用者也。

自"易曰"至末为第四节，释"大有"上九，以明天人合一之理，履信思顺而尚贤，宜得天右。言于此者，明圣人之备物致用，立成器以利天下，其大业必得天右也。故《系》下第二章言伏羲、神农、黄帝、尧、舜诸圣制器尚象亦引此爻爻辞，而《系》上第二章亦引此明君子之二观二玩，能法圣人利天下之心，庶几亦得天右。此爻在《系辞》中凡三引，皆可通，此处为主，故此节非错简也。

表八十四　系辞上第十章

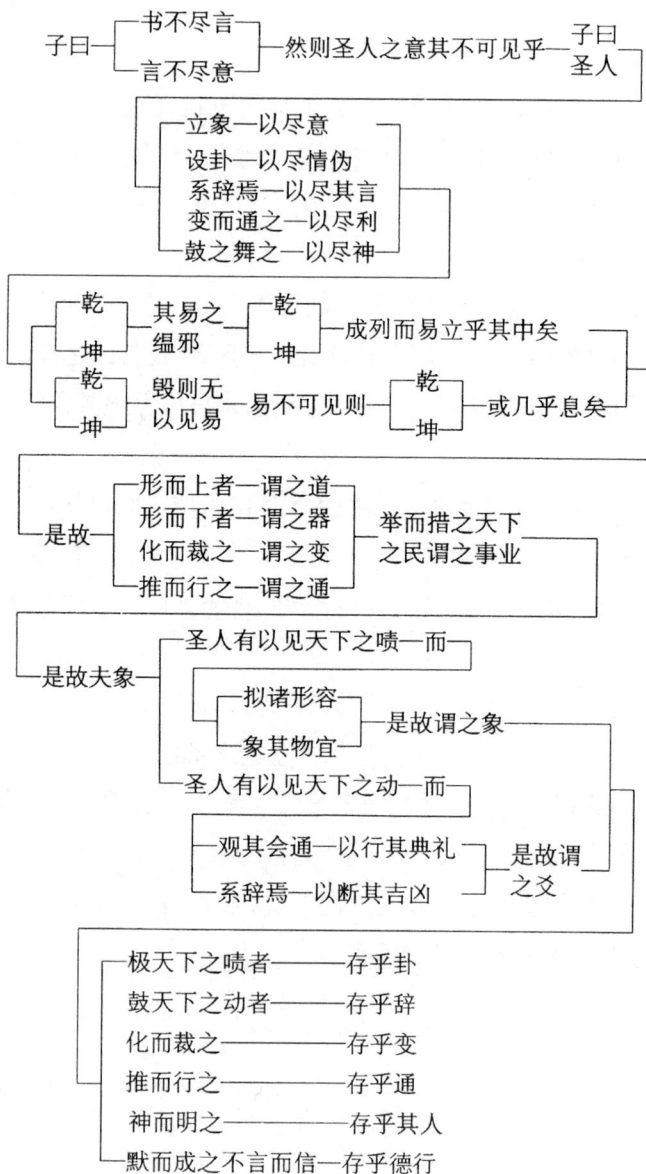

子曰┬书不尽言┐
　　└言不尽意┘──然则圣人之意其不可见乎──子曰┬圣人

　　　　┌立象──以尽意┐
　　　　│设卦──以尽情伪│
　　　　│系辞焉──以尽其言│
　　　　│变而通之──以尽利│
　　　　└鼓之舞之──以尽神┘

乾┬　　其易之┬乾┬
坤┤　　缊邪　坤┤──成列而易立乎其中矣
乾┤　　毁则无│乾┤
坤┘　　以见易──易不可见则──坤┘──或几乎息矣

　　　┌形而上者──谓之道┐
是故┤形而下者──谓之器│──举而措之天下
　　　│化而裁之──谓之变│　之民谓之事业
　　　└推而行之──谓之通┘

是故夫象┬圣人有以见天下之赜──而┐
　　　　　│　　┌拟诸形容┐
　　　　　│　　└象其物宜┘──是故谓之象
　　　　　└圣人有以见天下之动──而
　　　　　　　┌观其会通──以行其典礼┐──是故谓
　　　　　　　└系辞焉──以断其吉凶┘　之爻

　　　┌极天下之赜者───────存乎卦
　　　│鼓天下之动者───────存乎辞
　　　│化而裁之─────────存乎变
　　　│推而行之─────────存乎通
　　　│神而明之─────────存乎其人
　　　└默而成之不言而信──存乎德行

系辞上第十章表解

此章述圣人之神明其德,乃能尽意尽言,由此结束《系》上。凡分四节。

自"子曰"至"尽神"为第一节,由二不尽之设问以明五尽。谓圣人见啧立象以尽意,设卦以尽情伪,系辞因象见情以尽言,六爻变通之正以尽利,亹亹鼓舞以尽神也。

自"乾坤"至"息矣"为第二节,明乾坤与易之互存。乾坤者,象也,易者,意也,乾坤成列者,设卦起消息而情伪见焉,易立中者,圣人之德行也。乾坤之或毁或息者,情伪不分,易不可见而圣意隐矣,而上有"五尽"下有"六存",成乾坤而立易也。

自"是故"至"事业"为第三节,谓道器变通以济民,所以尽利尽神也,形上形下即上节之乾坤。自"是故"至"德行"为第四节,重引象爻之本义以起下文六存,六存即五尽,乃分变通为二。啧存乎卦,所以尽情伪,凡息卦正位爻以尽情,消卦失位爻以尽伪;动存乎辞,所以尽其言,六爻之动,三极之道也。若用九六以鼓舞之,化裁推行以变通之,乃存乎其人之神明,则使六十四卦皆归既济而尽利尽神。再者其人神明而更具不言默成之德行,庶可尽圣人之意夫。

表八十五　系辞下第一章

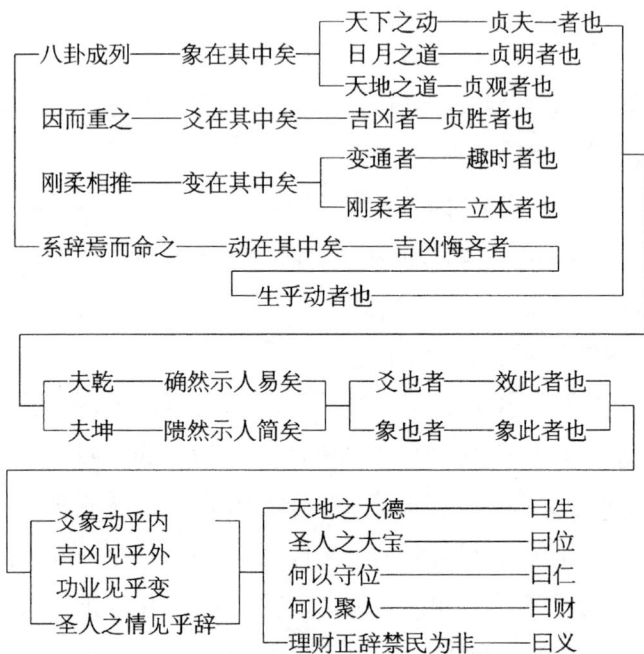

```
┌八卦成列──象在其中矣─┬天下之动──贞夫一者也
│                       ├日月之道──贞明者也
│                       └天地之道──贞观者也
│因而重之──爻在其中矣──吉凶者──贞胜者也
│刚柔相推──变在其中矣─┬变通者──趣时者也
│                       └刚柔者──立本者也
└系辞焉而命之──动在其中矣──吉凶悔吝者
              └生乎动者也

┌夫乾──确然示人易矣─┬爻也者──效此者也
└夫坤──隤然示人简矣──象也者──象此者也

┌爻象动乎内 ┬天地之大德────曰生
│吉凶见乎外 ├圣人之大宝────曰位
│功业见乎变 ├何以守位────曰仁
└圣人之情见乎辞 ├何以聚人────曰财
              └理财正辞禁民为非──曰义
```

系辞下第一章表解

此章叙象爻变动四者,以贞一于易简,而归于仁义,义兼《系》上一二章而为《系》下之首。凡分四节。

自"八卦"至"动在其中矣"为第一节,并言象爻变动四者之依次相生,乃有卦象之因重而有爻,有画爻之相推而有变,有圣人系辞之命而有三极之动也。

自"吉凶悔吝"至"贞夫一者也"为第二节,并承象爻变动四者而足成其义。乃有动斯有吉凶悔吝,能立本以趣时则变爻成三极而贞胜,又法天地日月之象以贞观贞明,故动贞夫一者而定矣。一者始于太极乾元而终于太和既济也。

自"夫乾"至"见乎辞"为第三节,言贞一于易简而爻象变动以成其功业。

自"天地"至"曰义"为第四节,言生位仁财义五者,以当圣人可久可大之德业。仁承生位言德也易也,义承财言业也简也,《说卦》"立人之道曰仁与义"即此义。又,京房以生位仁财义五者当五行生克,即生为生爻,又名天地爻,父母生我者也;位为宝爻,又名福德爻,子孙我生者也;仁为专爻又名比爻,兄弟相守比肩者也;财为财爻又名制爻,夫妇我克者也;义为系爻,官鬼克我者也。此为卜筮之一说。

表八十六　系辞下第二章

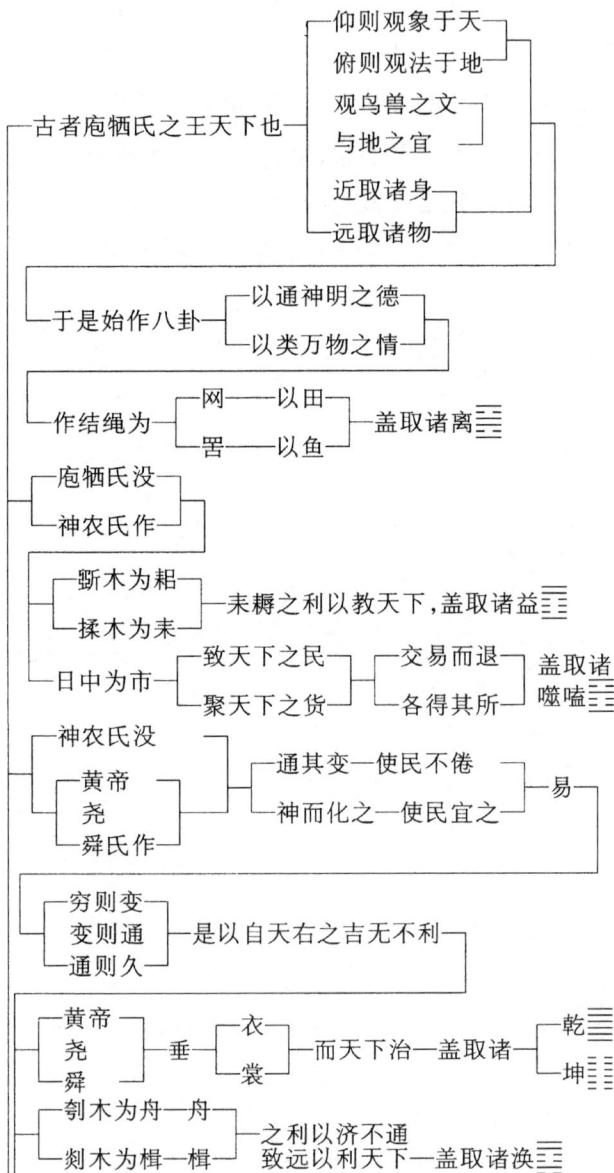

古者庖牺氏之王天下也
- 仰则观象于天
- 俯则观法于地
- 观鸟兽之文与地之宜
- 近取诸身
- 远取诸物

于是始作八卦
- 以通神明之德
- 以类万物之情

作结绳为
- 网——以田
- 罟——以鱼
——盖取诸离 ☲

庖牺氏没
神农氏作

斲木为耜
揉木为耒
——耒耨之利以教天下,盖取诸益 ䷩

日中为市
- 致天下之民
- 聚天下之货
- 交易而退
- 各得其所
——盖取诸噬嗑 ䷔

神农氏没
黄帝
尧
舜氏作
- 通其变——使民不倦
- 神而化之——使民宜之
——易

穷则变
变则通
通则久
——是以自天右之吉无不利

黄帝
尧
舜
——垂
- 衣
- 裳
——而天下治——盖取诸
- 乾 ☰
- 坤 ☷

刳木为舟——舟
剡木为楫——楫
——之利以济不通
致远以利天下——盖取诸涣 ䷺

```
┌─服牛──引重─┐
│           ├─以利天下─盖取诸随 ䷐
│─乘马──致远─┘
│
├─重门─┐
│      ├─以待暴客─盖取诸豫 ䷏
│─击柝─┘
│
├─断木为杵──杵─┐
│             ├─之利万民以济──盖取诸小过 ䷽
│─掘地为臼──臼─┘
│
├─弦木为弧──弧─┐
│             ├─之利以威天下──盖取诸睽 ䷥
│─剡木为矢──矢─┘
│               ┌穴居┐
├─上古───────────┤而  ├─后世圣人易之以宫室─┐
│               └野处┘                  │
│      ┌─上栋下宇─┐                      │
│      │         ├─盖取诸大壮 �大壮        │
│      └─以待风雨─┘
│                ┌厚衣之以薪┐
├─古之葬者────────┤葬之中野  ├─后世圣人易─盖取诸大过 ䷛
│                │不封不树  │之以棺椁
│                └丧期无数──┘
│                         ┌─百官以治─┐
└─上古结绳而治──后世圣人易──┤         ├─盖取诸夬 ䷪
                之以书契    └─万民以察─┘
```

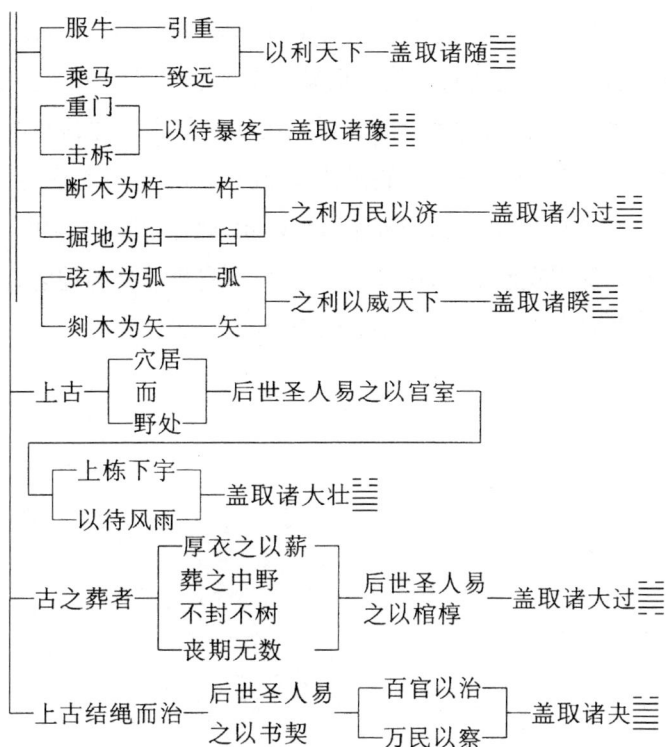

系辞下第二章表解

　　此章叙圣人制器尚象之功业。象本诸卦,始自伏羲氏之作八卦,若伏羲氏之前已有燧人氏火化等功业,然尚无整体之象,故《易》断自伏羲,犹《书》断自尧舜,《诗》始于二南也。凡分十四节。

　　自"古者"至"之情"为第一节。明伏羲氏作卦之本及八卦之功用,代表中国文化发展至战国时期对世界的整体观点。"盖取诸离"为第二节,明伏羲氏之主成器以利天下。下曰"上古结绳而治",若伏羲氏能作结绳而为网罟,盖已以八卦为治,非以结绳为治者也。故虞氏以伏羲氏为中古,伏羲氏以前为上古是也。"盖取诸益"、"盖取诸噬嗑"为第三第四节,明神农氏制器之功业。自"神农氏没"至"吉无不利"为第五节,明黄帝尧舜之变通其象,故能久而不倦。凡伏羲易首乾,神农易首艮,黄帝易首坤,即夏商周之《连山》《归藏》《周易》三易,是之谓变通。凡变通皆所以复伏羲首乾之精义。以下盖取诸乾坤涣随豫小过睽大壮大过夬十卦,皆为黄帝至尧舜间历代制器之功业,乾坤合于一为首,凡分九节。最后三节之制器,所以改善之也。故曰"后世圣人易之",宫室所以易穴居野处,棺椁所以易以薪、葬之中野,书契所以易结绳也。凡能仰则观象于天,俯则观法于地,观鸟兽之文与地之宜,近取诸身,远取诸物,则以通神明之德,以类万物之情。

表八十七　系辞下第三章

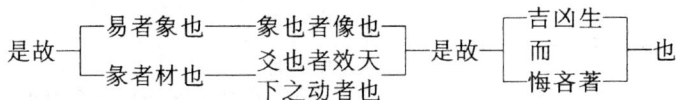

是故 ┬ 易者象也 ── 象也者像也 ── 是故 ┬ 吉凶生 ─┐
　　 └ 象者材也 ── 爻也者效天 　　　 │ 而　　 ├ 也
　　　　　　　　　 下之动者也 　　　　 └ 悔吝著 ─┘

系辞下第三章表解

此章叙述易象彖爻之大义。易象阴阳而吉凶生,乃阳吉阴凶,彖爻动静而悔吝著,而震悔巽吝。又悔吝必本于动,故以四象配之,可当七吉八凶六悔九吝,是故由易象彖爻而生吉凶著悔吝也。

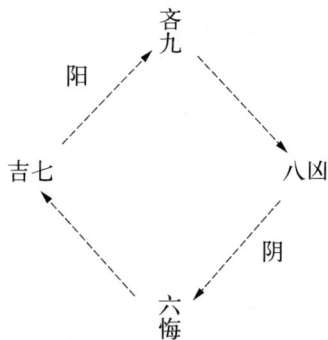

　　　　　　吝
　　　　　　九
　　阳　　 ↗　 ↘
　吉七 ←　　　　→ 八凶
　　　　 ↖　　 ↙　阴
　　　　　　六
　　　　　　悔

此章极短,历来分章或合于上,或合于下,唯朱熹《本义》使之自为一章,今从之。因此章之义不可附属于上下。若合于上,虽可当"盖取之"之十三象,但象爻之义即无著。合于下章卦之阴阳奇偶,义亦不贯,故必自为一章,所以承上启下。因象制器,爻象内动而吉凶外见,承上一二两章,彖材之阴阳奇偶,爻动之或吉或凶,启下四五二章也。

表八十八　系辞下第四章

```
阳卦多阴 ┐         ┌ 其故何也 ┬ 阳卦奇
         ├─────────┤         └ 阴卦耦
阴卦多阳 ┘         └ 其德行何也 ┬ 阳一君而二民—君子之道也
                              └ 阴二君而一民—小人之道也
```

系辞下第四章表解

　　此章言卦,承上章"象者材也"之义,主旨述阴阳卦之不同,以明卦有小大。分"其故"、"其德行"言之。"其故"者,阳主奇阴主偶是也;德行者,阳当君子阴当小人也。又阳卦、阴卦以八卦言,因重而成六十四卦,阳卦即为大卦,阴卦即为小卦。

表八十九　　系辞下第五章

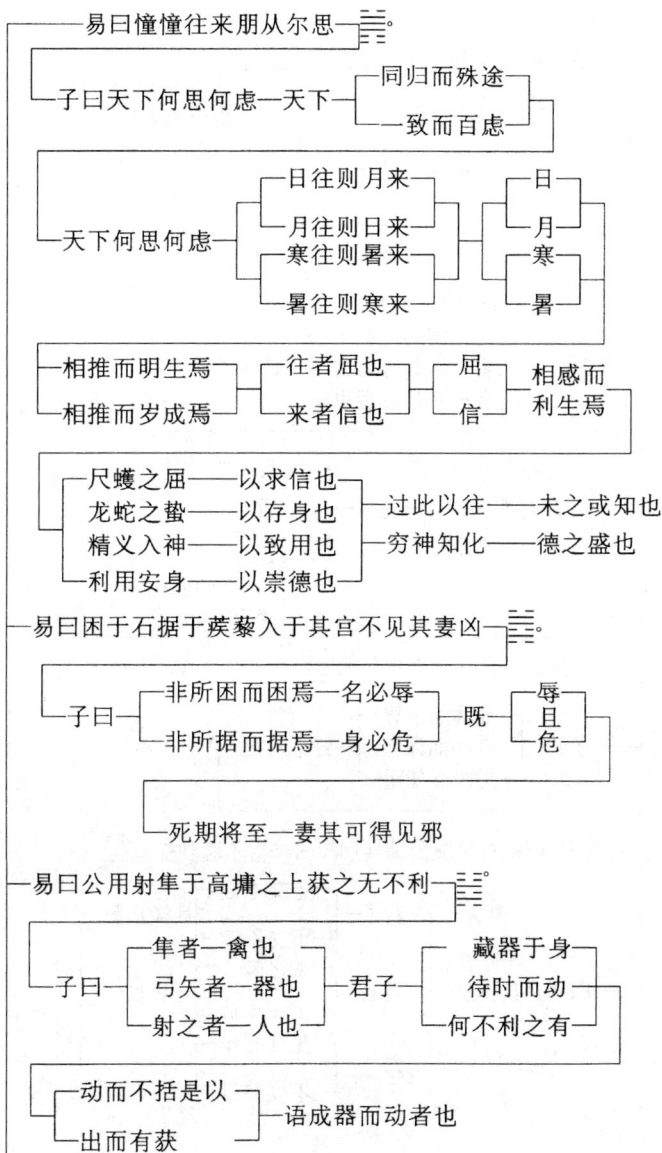

易曰憧憧往来朋从尔思

子曰天下何思何虑——天下——同归而殊途
　　　　　　　　　　　　　　——致而百虑

天下何思何虑——日往则月来——日
　　　　　　　　月往则日来——月
　　　　　　　　寒往则暑来——寒
　　　　　　　　暑往则寒来——暑

相推而明生焉——往者屈也——屈——相感而
相推而岁成焉——来者信也——信——利生焉

尺蠖之屈——以求信也
龙蛇之蛰——以存身也——过此以往——未之或知也
精义入神——以致用也——穷神知化——德之盛也
利用安身——以崇德也

易曰困于石据于蒺藜入于其宫不见其妻凶

子曰——非所困而困焉——名必辱——既——辱
　　　——非所据而据焉——身必危　　　且
　　　　　　　　　　　　　　　　　　　危

死期将至——妻其可得见邪

易曰公用射隼于高墉之上获之无不利

子曰——隼者——禽也——君子——藏器于身
　　　——弓矢者——器也　　　　——待时而动
　　　——射之者——人也　　　　——何不利之有

动而不括是以——语成器而动者也
出而有获

199

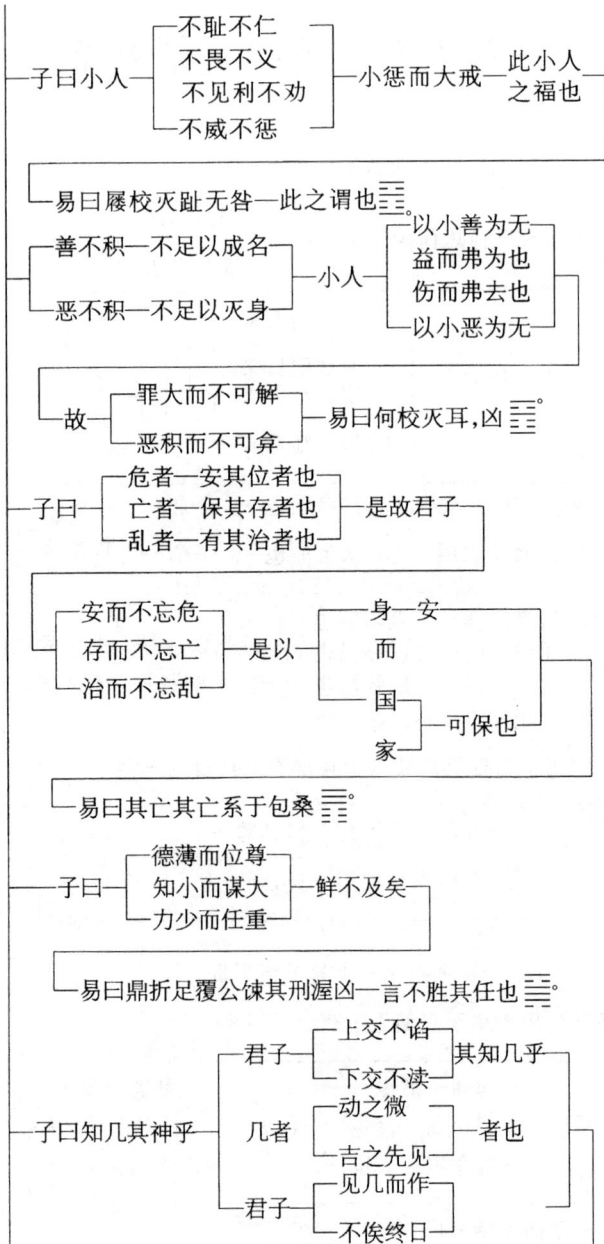

子曰小人—不耻不仁 不畏不义 不见利不劝 不威不惩—小惩而大戒—此小人之福也

易曰屦校灭趾无咎—此之谓也䷔

善不积—不足以成名
恶不积—不足以灭身—小人—以小善为无益而弗为也 伤而弗去也 以小恶为无

故—罪大而不可解 恶积而不可弇—易曰何校灭耳,凶䷔

子曰—危者—安其位者也 亡者—保其存者也 乱者—有其治者也—是故君子

安而不忘危 存而不忘亡 治而不忘乱—是以—身而国家—安而可保也

易曰其亡其亡系于包桑䷋

子曰—德薄而位尊 知小而谋大 力少而任重—鲜不及矣

易曰鼎折足覆公𫗧其刑渥凶—言不胜其任也䷱

子曰知几其神乎—君子—上交不谄 下交不渎—其知几乎

几者—动之微 吉之先见—者也

君子—见几而作 不俟终日

易曰 ── 介于石 ── 介如石焉
　　　　不终日 ── 宁用终日
　　　　贞　吉 ── 断可识矣　── 君子 ── 知微　知彰　知柔　知刚 ── 万夫之望 ☷。

子曰颜氏之子其殆庶几乎 ── 有不善 ── 未尝不知
　　　　　　　　　　　　　知　之 ── 未尝复行

也 ── 易曰不远复，无祗悔，元吉 ☷。

天地壹壹 ── 万物化醇
男女构精 ── 万物化生 ── 易曰

三人行 ── 则损一人
一人行 ── 则得其友 ── 言致一也 ☶。

子曰君子 ── 安其身而后动　易其心而后语　定其交而后求 ── 君子修此三者 ── 故全也

危以动则民不与也　惧以语则民不应也　无交而求则民不与也 ── 莫之与 ── 则伤之者至矣

易曰莫益之或击之立心勿恒凶 ☶

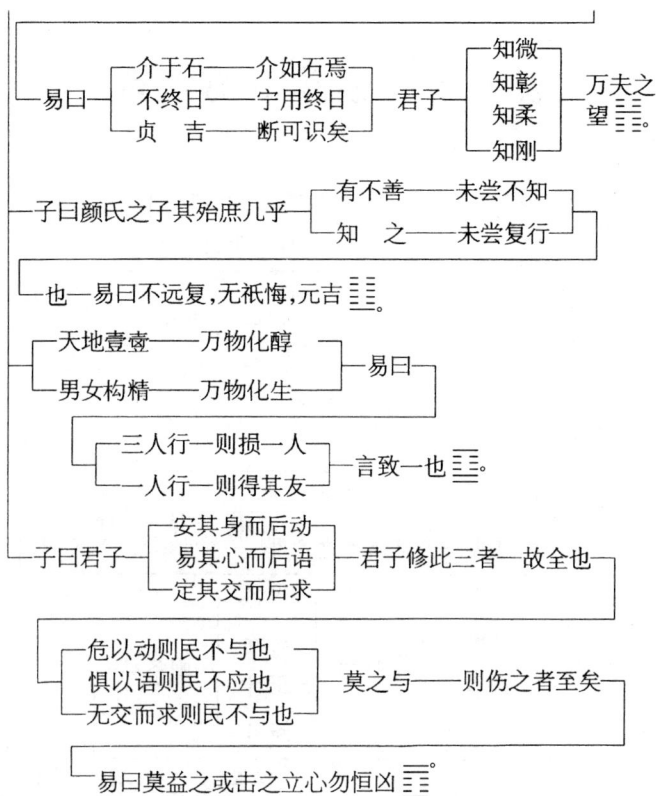

系辞下第五章表解

此章承前章"爻也者，效天下之动者也"而言，述十卦中之十一爻，以此为例明辞有险易。此十一爻中，以咸四 ☱ 为主，其下十爻，相对而见险易之憧憧往来：困三之辱且危则险 ☵；解上之成器而动则易 ☳；噬嗑初九小惩而大戒则无咎而易 ☲，上九不可解则凶而险 ☲；否五之不忘故安可保，易也 ☰；鼎四之不胜其任，故鲜不及刑，险也 ☲；豫二、复初之知几皆易，若不知几即险 ☳、☷；损三之致一乃易 ☶，益上之莫之与乃险 ☴。故知憧憧往来之际，不可不知几，知几其神，天下同归而殊途，一致而百虑，天下何思何虑而穷神知化德之盛，此章之精义也。

201

表九十　系辞下第六章

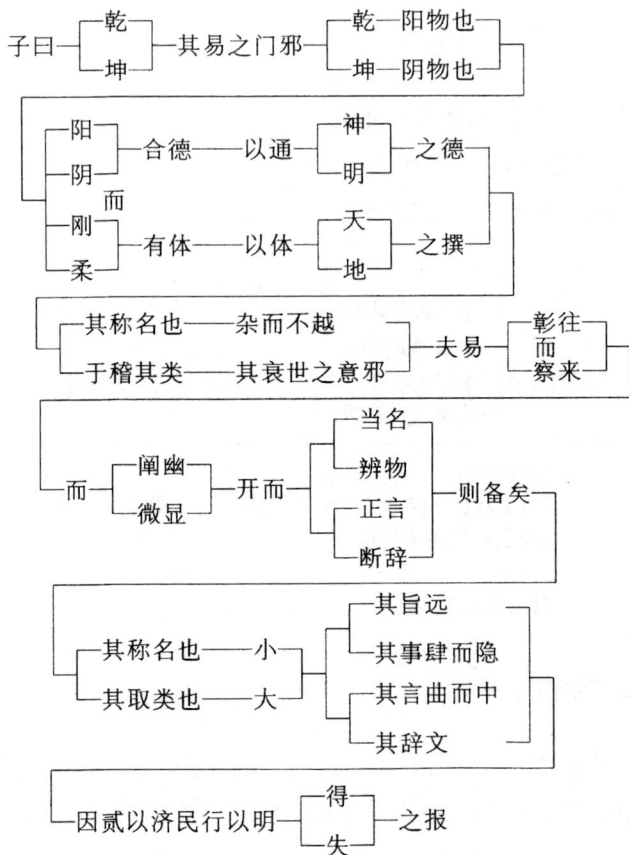

子曰—乾坤—其易之门邪—乾—阳物也　坤—阴物也

阳阴—合德—以通—神明—之德
刚柔—有体—以体—天地—之撰
而

其称名也—杂而不越
于稽其类—其衰世之意邪—夫易—彰往而察来

而—阐幽微显—开而—当名　辨物　正言　断辞—则备矣

其称名也—小
其取类也—大—其旨远　其事肆而隐　其言曲而中　其辞文

因贰以济民行以明—得失—之报

系辞下第六章表解

此章叙述易体天地之撰,以通神明之德,名以体之,类以通之,因消息定既济,明报以济民,所以化衰世为盛世也,即承前二章而明"辞也者,各指其所之"。凡分二节。

自"子曰"至"意邪"为第一节,言易以乾坤为门,出入阴阳物,以体之通之。称名不越,各体其体也,稽类以化衰世,合德而成既济也。自"夫易"至"之报"为第二节,义承上节而详之。"夫易"句入其门而明体之消息,彰往而阐幽,消也,察来而微显,息也。"开而"句出其门而明合德于既济。当名辨物,所以正阴位也,谓坤而复。正言断辞,所以正阳位,谓乾而夬。称名小者,入以体八卦之消息,取类大者,出以通万物之位。旨远承当名言,辞文承断辞言,言曲而中承正言言,事肆而隐承辨物言,贰者乾坤也。入则息得而消失,出则位当得而位不当失,凡得则报以吉,失则报以凶,所以济民而济世,圣人忧患之心也。又出其门于象当乾上坤初相合,乾名上正而当,坤物初正而辨;复小而辨于物,正阳位也;坤初正乾上成兑言,又兑为断辞,进退存亡不失其正,所以正阴位也。剥上反生而复其见天地之心,乃能通神明之德。

表九十一　系辞下第七章

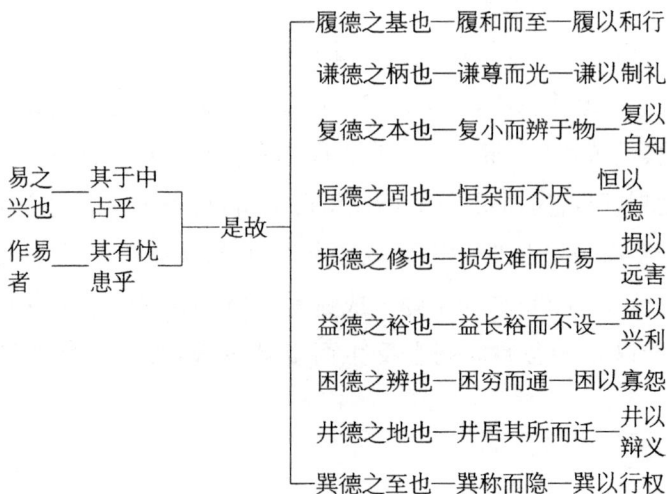

履德之基也—履和而至—履以和行

谦德之柄也—谦尊而光—谦以制礼

复德之本也—复小而辨于物—复以自知

恒德之固也—恒杂而不厌—恒以一德

损德之修也—损先难而后易—损以远害

易之兴也　其于中古乎

作易者　其有忧患乎

是故

益德之裕也—益长裕而不设—益以兴利

困德之辨也—困穷而通—困以寡怨

井德之地也—井居其所而迁—井以辩义

巽德之至也—巽称而隐—巽以行权

系辞下第七章表解

此章叙述伏羲兴易于中古,文王作易于忧患,而此依《序卦》之次择九卦而三陈之,所以处忧患而济民行也,义承上章衰世之意。以"易之兴也"、"作易者"二句为纲领以启下文。凡分三节,第一节陈九卦之德,第二节陈九卦之性,第三节陈九卦之用。此九卦上下二体皆无离象,离,明也,无明故有忧患。

而《系辞》此章所以取此九卦者,盖本象数之自然,取履者,履于序卦数当十,十者数之终,终则有始,故为德之基,即天地十数。取谦者,谦序数当为十五。十五者,河图之中数,即本天地之数而生成于中,且有五十五之河图数,自然有四十五之洛书数。洛书之纵横对角皆十五,即河图之中数也,故十与十五相表里,于卦象亦履错谦,履礼而谦以制之也。取复者,复序数当二十四,二十四者,节气之数也,周天分二十四而复起于冬至,一阳庶几,故为德之本。以上为上篇所取之三卦,而以下六卦乃取于下篇,此阳一阴二之义。取恒者,恒序数二,二者,阴成形也,故恒能固于一德。取损益者,损益序数为十一、十二,对履十而言,所谓衰盛之始。衰则修以远害,盛则不设以兴利。取困井者,困井序数为十七、十八,对谦之十五言,以十而周,周而复,所余之七八亦十五也。辨义而通,劳民劝相以身作则,故寡怨而君子有终也。取巽者,巽序数当二十七,对复之二十四言。二十四者三八也,二十七者三九也,三陈九卦取义焉,凡未知复初之本,何能巽以行权哉。

且由此九卦上下经而相通而周,凡上经由乾隔八卦而取履,下经由恒亦隔八卦而取损益。由履至谦,凡隔四卦(泰否同人大有);由益至困,亦隔四卦(夬姤萃升)。其下由谦而复及由井而巽,亦皆隔八卦。由复至下经恒,由巽至上经乾,亦皆隔七卦。详见下图。

乾 —隔八→ 履 —隔四→ 谦 —隔八→ 复 —隔七→ 恒 —隔八→ 损益 —隔四→ 困井 —隔八→ 巽 —隔七→ 乾

凡此皆象数之自然,乃明天人之消息,所以能穷而变,变而通,通而久,由巽隔七而乾,则人皆自强不息而忧患济焉。此与《杂卦》之终夬之息阳成乾同义,乃赞《周易》首乾之精义。

表九十二　系辞下第八章

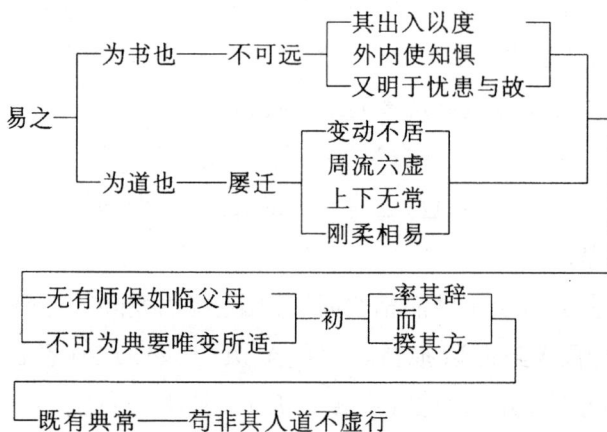

```
                        ┌─其出入以度──────┐
        ┌─为书也──不可远─┤ 外内使知惧      │
        │               └─又明于忧患与故──┐│
 易之──┤                                  ││
        │               ┌─变动不居        ││
        │               │ 周流六虚        ││
        └─为道也──屡迁─┤ 上下无常        ││
                        └─刚柔相易────────┘

 ┌─无有师保如临父母──┐      ┌─率其辞─┐
 │                    ├─初─┤ 而     │
 └─不可为典要唯变所适─┘      └─揆其方─┘

 └─既有典常──────苟非其人道不虚行
```

系辞下第八章表解

此章叙不可远之易书本于屡迁之易道,承上章而言作易之忧患也,分三节。

"易之"至"屡迁"为总纲,"变动"至"所适"为第一节,明易道之屡迁。自"其出入"至"父母"为第二节,明易书之不可远。自"初率"至"虚行"为第三节,明有德者其人率辞揆方而有典常,则不可远之易书即屡迁之易道也。

表九十三　系辞下第九章

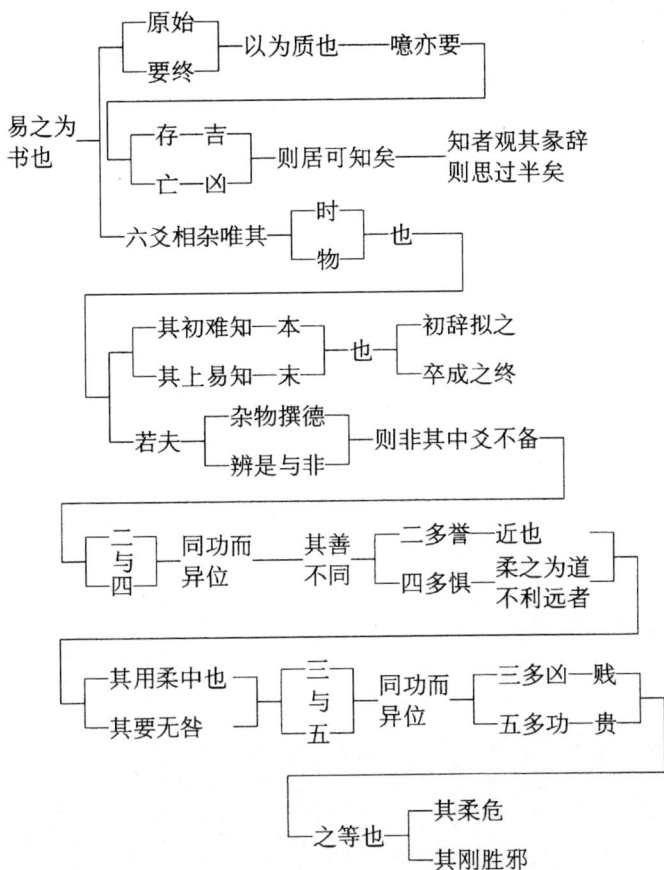

系辞下第九章表解

此章叙述易书分象、爻。分三节：自"易之"至"时物"为第一节。质即象，与爻为文相对，六爻者时物也，此二句为此章之祖。"其初"至"半矣"为第二节，意承上节又分二段。自"其初"至"不备"为第一段，承六爻言，乃分初爻上爻及中爻；自"噫"至"半矣"为第二段，承"原始要终",以静制动,则观象而思过半矣。自"二与四"至"胜邪"为第三节,承第二节之中爻言,分二四、三五刚柔同功爻以辨中爻之是非:于二四爻取六二、六四为例,以辨其善之不同,于三五爻以六三九三、六五九五为例,以辨贵贱刚柔之是非。

表九十四　系辞下第十章

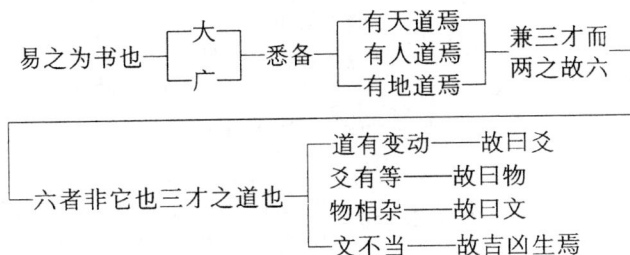

易之为书也——大广——悉备——有天道焉／有人道焉／有地道焉——兼三才而两之故六

六者非它也三才之道也——道有变动——故曰爻／爻有等——故曰物／物相杂——故曰文／文不当——故吉凶生焉

系辞下第十章表解

　　此章叙述易书之六爻即三才之道也。凡分二节,自"易之"至"道也"为第一节,明六爻之六,即三才而两之也。三才之天道为大,地道为广,人道为言乎天地之间而备。自"道有"至"生焉"为第二节,明道爻物文吉凶五者之关系,道者阳一阴二也,一而七二而八,象也。七而九八而六为动,九而八六而七为变,由九六而变动,爻也。爻有初二三四五上之位为等,有位等之比较,一阴一阳之道乃成阳物阴物,盖道无不在,故无位无等,物则有形故有位有等始有物。阴阳物由乾坤相杂于六等之位,成六十四卦为文,文有既济未济之是非,故是则文当而生吉,非则文不当而生凶。文由阴阳物相杂,本乎爻者也,故爻为文。

表九十五　系辞下第十一章

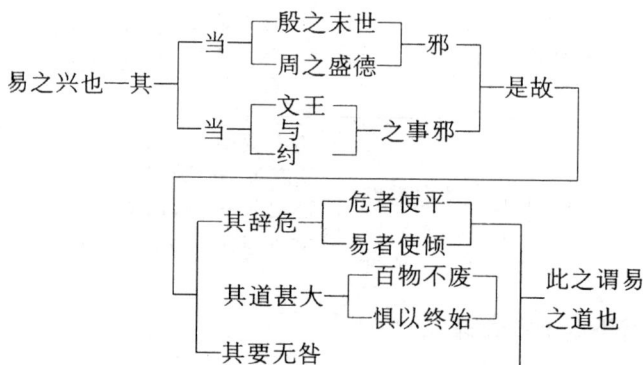

系辞下第十一章表解

自第七章至此第十一章,凡五章。始末二章皆以"易之兴也"起,中间三章皆以"易之为书也"起,五章赞易,所以合伏羲、文王为一,为经学易的主要观点。第七章之"易之兴"指伏羲,此章之"易之兴"指文王。第八章"易之为书"乃与"为道"并言。第九章"易之为书"乃象爻并言,第十章"易之为书"乃归六爻为三才之道,即人参天地之大义,故此三章"易之为书",其义渐精而文王亦渐合于伏羲,终至忧患作易,亦能继伏羲而兴易于殷之末世,六爻之动以归三极之道,即坎离合一而易道周流六虚也。

此章述文王兴易于殷之末世,是故其辞危,其道甚大,其要无咎。危者使平,易者使倾谓倾否反泰,即否上之"倾否"及泰三之"无平不陂,无往不复",以爻言乃正三上,上为殷之末世纣,三为周之盛德文王。百物不废指河图、洛书演易,河图五十五,洛书四十五。惧以终始指忧患作易,以数言终十而始一,以位言终上而始初。"三其"其辞危,其道大而其要在无咎,无咎者,善补过也,即六爻正位成既济。

表九十六 系辞下第十二章

夫乾——天下之至健也——德行恒易以知险——
夫坤——天下之至顺也——德行恒简以知阻——

能说诸心——定天下之吉凶
能研诸侯之虑——成天下之亹亹者 —— 是故

变化云为
吉事有祥   天
象事知器   地 —— 设位
占事知来

圣人成能
人谋
鬼谋
百姓与能

八卦以象告
爻
象 —— 以情言   刚
柔 —— 杂居而   吉
凶

变
动 —— 以利言
可见矣   吉   —— 是故
凶 —— 以情迁

爱
恶
远
近
情
伪

相攻而   吉
凶 —— 生
相取而   悔
吝 —— 生   凡易 近而不
之情 相得则
相感而   利
害 —— 生

凶或
悔
且
吝
害之

将叛者其辞惭
中心疑者其辞枝
吉人之辞寡
躁人之辞多
诬善之人其辞游
失其守者其辞屈

211

系辞下第十二章表解

此章叙述圣人体乾坤易简之理,故知险知阻而能说能研,又详论卦象之变动及爻象之情迁。分二节。

自"夫乾"至"与能"为第一节,谓圣人本天地乾坤而成能,乾以易知,故知险知阻,坤以简能,故能说能研,说诸心,乃定天下之吉凶,研诸侯之虑,乃成天下之亹亹。"变化"等四句,即易有圣人之道四。言者尚辞,辞指所之,有吉而无凶,有祥而无灾也,承能说言;动者尚变,云为成文,所以旁通情也,承能研言;制器尚象,备物致用以利天下,承知阻言,知器所以济阻也;卜筮尚占,乃探赜索隐,承知险言,神以知来,所以济险也。天地设位而易行乎其中矣,圣人乃成崇德广业之能,人谋以崇德,鬼谋以广业,百姓莫不进德修业,故曰"与能"。

自"八卦"至"辞屈"为第二节,明圣人之情见乎辞。相攻相取相感者卦象之变动也,变动而利,则相得而情迁于吉,不利则情迁于凶。爱恶者情之发挥,情伪者情之真假,远近者情之所及,凡易之情,爱恶宜本乎情伪,情真则发挥正而相得,故能由近及远,若圣人以真情感人心而天下和平,故见天地万物之情。不然则情假而伪,发挥既不正,虽近亦不相得,则凶或害之,悔且吝。此以险阻言,故以"近而不相得"为例,若以三隅反,乃"远而不相得""近而相得""远而相得"是也。凡"远而不相得"虽亦伪而不善,然既远而疏,其凶害将减于"近而不相得",若"近而相得"则虽然已善,然相得之情,尚未及远,故能"远而相得"则吉或利化吝且悔,是即圣人爻象之情也。下言六子之辞,乃本易简而知险阻,圣人忧患之心,由辞而见矣。

《文言》表解说明

卦凡六十四,莫不出于乾坤二卦。爻凡三百八十四,莫不归于乾用九、坤用六的十二爻。故乾坤二卦之卦爻,为全易之蕴。《系辞》下有言,"易之为书原始要终以为质也"。始者,犹"大哉乾元,万物资始"之始;终者,犹"用六永贞,以大终也"之终;唯能亨通终始,是之谓质。有质则有文,文实起于质。《系辞》下曰:"物相杂,故曰文",故传十翼者,著其中一翼曰《文言》,深入说明纯阴、纯阳乾坤卦爻之大义,作为阴阳物相杂成文的本质。学易者可通过《文言》了解乾坤卦爻之例,作为研习其他六十二卦、三百七十二爻的基础。此道主要属玩辞,当"易有圣人之道四焉"之一。《文言》共四章,"乾文言"三章,"坤文言"一章。

表九十七　文言第一章

卦　二篇　　　　　　十　　　翼
象　卦爻名　　　　　　乾　文　言

乾

元者—善之长也
亨者—嘉之会也
利者—义之和也
贞者—事之干也
—君子

体仁—足以长人
嘉会—足以合礼
利物—足以和义
贞固—足以干事

君子行此四德者故曰乾

元
亨
利
贞

初九—初九曰"潜龙勿用"，何谓也？

子曰龙德而隐者也

不易乎世
不成乎名
遯世无闷
不见是而无闷
乐则行之
忧则违之

确乎其不可拔——潜龙也

九二　九二曰"见龙在田利见大人"，何谓也？

子曰龙德而正中者也

庸言之信
庸行之谨
闲邪存其诚
善世而不伐
德博而化

易曰"见龙在田，利见大人"，君德也。

九三　九三曰"君子终日乾乾,夕惕若,厉无咎",何谓也?

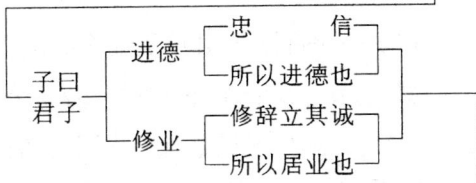

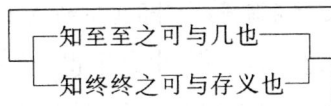

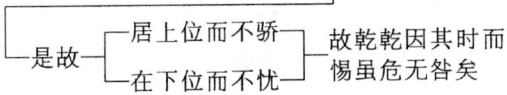

子曰
君子

进德——忠　　信
　　——所以进德也
修业——修辞立其诚
　　——所以居业也

知至至之可与几也
知终终之可与存义也

是故——居上位而不骄
　　——在下位而不忧

故乾乾因其时而惕虽危无咎矣

九四　九四曰"或跃在渊无咎",何谓也?

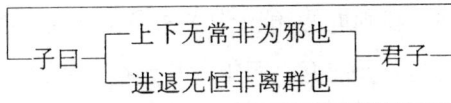

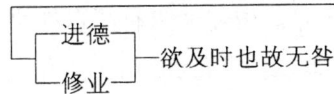

子曰——上下无常非为邪也
　　——进退无恒非离群也——君子

进德
修业——欲及时也故无咎

九五　九五曰"飞龙在天利见大人",何谓也?

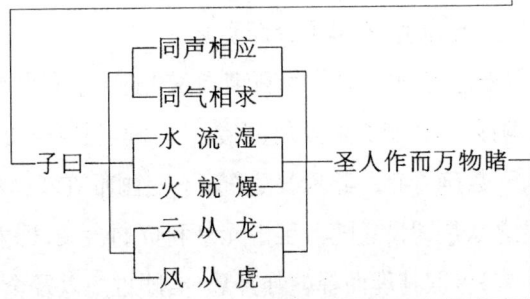

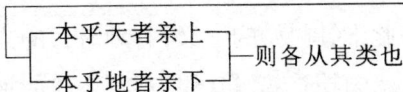

子曰——同声相应
　　——同气相求
　　——水　流　湿
　　——火　就　燥——圣人作而万物睹
　　——云　从　龙
　　——风　从　虎

本乎天者亲上
本乎地者亲下——则各从其类也

上九　上九曰"亢龙有悔",何谓也?

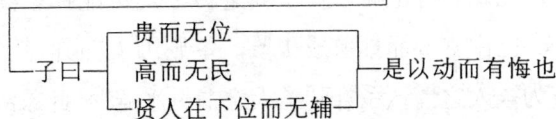

子曰——贵而无位
　　——高而无民——是以动而有悔也
　　——贤人在下位而无辅

文言第一章表解

此"乾文言"表一,阐明乾卦卦辞及六爻爻辞之旨。释卦辞一节以元亨利贞为四德,此节之大纲,已见于《左传》襄公九年。其辞曰:"穆姜薨于东宫。始往而筮之,遇艮之八。史曰是谓艮之随。随其出也,君必速出。姜曰亡,是于《周易》曰'随元亨利贞无咎'。元,体之长也。亨,嘉之会也。利,义之和也。贞,事之干也。体仁足以长人,嘉德足以合礼,利物足以和义,贞固足以干事。然故不可诬也,是以虽随无咎。今我妇人而与于乱,固在下位而有不仁不可谓元,不靖国家不可谓亨,作而害身不可谓利,弃位而姣不可谓贞。有四德者随而无咎,我皆无之,岂随也哉?我则取恶,能无咎乎?必死于此,弗得出矣。"按穆姜薨于襄公九年,当公元前五六四年。其始往而筮之年或亦在成公十六年,当公元前五七五年。穆姜读筮有此自知之明,属发展筮占之易而成用易之哲理。穆姜成公之母,薨后十三年(公元前 551)孔子生,又可见玩辞之道在孔子前已盛行(参见拙作《〈论左传〉与易学》),此为玩占与玩辞的大分别,不可不分而明之。

今以穆姜之言观之,所以解随卦卦辞"随元亨利贞无咎"。凡不变画阳数七,阴数八。变爻阳数九、阴数六。画当卦辞,爻当爻辞。理则爻起于画,于数确可有。此象艮之随,不变画唯在第二位,二位阴,其数八,故艮之八是谓艮之随。至于元亨利贞的含义,穆姜仅以释随卦,其后著《文言》者取其理而释乾卦卦辞,实即推广以及全部《周易》中的元亨利贞四个概念。此于《周易》的含义,有划时代的进步,亦即十翼与二篇的不同。于二篇的卦爻辞,虽已具观象系辞的抽象哲理,然所系的辞,仍属卜辞范畴。及十翼之传二篇更能抽象其辞而玩之,则辞之含义,已由史迹而抽象成史鉴。鉴则因人而异,然仍有卦象为之准则,方为圣人之情,《系》曰"圣人之情见乎辞"。此象辞与玩辞之辨,亦即十翼发展二篇的关键,易学方可脱离筮占而独立,虽然十翼中未尝不发展筮占。当分辨玩辞与玩占，能理解二者的分合关系，有助于全面地研究《周易》。至于由穆姜之言，综合成《文言》之言，相距可能有百余年。因《文言》的含义，基本相应于《中庸》，《中庸》属子思发展孔子之说，《文言》似当在《中庸》后。宋代理学家，早已了解《文言》与《中庸》之大义可通，惜误信《文言》为孔子作，乃视《中庸》有取于《文言》，实则《文言》反有取于《中庸》，且能结合易理而使易学超出筮占之范畴。《孟子·公孙丑》："恻隐之心，仁之端也。羞恶之心，义之端也。辞让之心，礼之端也。是非之心，智之端也。"此四端之仁义礼智，犹元亨利贞四德，由之以通贯全易，十翼所以大别于二篇。以下释六爻之爻辞，皆属玩辞以究其理。初潜龙谓隐。隐德有三：（1）不易世不成名。（2）无闷。（3）乐行忧违。因世事中有是有非，必以是正非，是谓易世。易世则成名。有隐德者是而不易世，故不成名，此隐德之一即遁世。凡遁世者，非不知世事之是非，乃不以易世。然以其是而见世事之非，以世事之非而不见隐者之是，何能无闷。然隐者而闷，即非隐者，因尚有易世之心，故须以无闷为隐德之二。无闷则与世相忘，凡乐则行之，忧则违之，行者行我之是，违者违我之非，是是而非非，力行而不惑者为隐德之三。能合此三者，方为潜龙之隐德，具此德而守之，确乎其不可拔，虽不易世，其隐者之象，亦足为世所式，故为六龙之一。二见龙为正中，亦须有三德。一庸言庸行，二闲邪存诚，三善世德博。于初爻之位，当地下曰潜。于二爻之位，已当地面曰见。故在田之龙已不可不易世，且位当下体之中，然刚居柔位，与既济正位之象未合，故中而未正，德在正中。曰庸言之信，庸行之谨者，谓言信行谨所以保其中，中德之本见于言行，言行用中庶能闲邪。以位言，得位为正，失位为邪。九二未正故宜闲之。闲未正之邪，则正中而诚。正中者谓善世，善世者，成己而成物，诚合外内之道之象。又善世之本在不伐，伐则自矜而不诚，不诚则何能善世。唯有不伐者，方有众善来归而德博，由是以达天下之至诚为能化，二爻之君德乃成。三四爻当人道，皆以进德修业言。于位三正而四未正,故三曰知之终之,四曰无常无恒。凡进德在忠信,居业在修辞立诚,此三四爻所同。进德而言几,居业而存义,此唯九三君子知之,故能不骄不忧而虽危无咎。若位尚未正之四爻,必及时以进德修业。凡及时之进德即几,及时之修业即义,九四能及时而正,故亦无咎。五爻天位为飞龙,以人类的品德标准为圣人,虞翻以八卦创始者伏羲当之,其象可取。《文言》之说,即取八卦之象,"同声相应"者,震雷巽风之象。"同气相求"者,艮山兑泽之象。"水流湿,火就燥"者,坎水润下离火炎上之象。"龙虎"者,静则乾龙坤虎,动而震龙兑虎。一动一静以起艮山坎云巽风离电,消息之象已具。圣人作而万物睹,不外以阴阳之理,庶睹本天亲上本地亲下之辨。阴阳各从其类,即三索以起八卦,及周流六虚之消息。《说卦》所言之三索,以人生言,此《文言》于九五所取之三索,以自然现象言。至于龙虎之动静以当周流六虚,中有坎离之合,故"云从龙"者,艮山出坎云以从震龙,当阳卦多阴之三阳卦。"风从虎"者,巽风起离电以从兑龙,当阴卦多阳之三阴卦。由阴阳动静之互根,乃睹万物之各从其类。此飞龙之象,大人之造,决非贸然而言。因当战国中晚期,自然科学发展而生产力提高,对客观世界的认识,更有不同的见界。《文言》的作者,既明君德于九二,于九五之飞龙,纯以自然现象的交通取象。实发展"天之历数在尔躬"的观点。除历数外,已理解万物莫不在尔躬。且九二见龙之君德,当正中以应飞龙之自然现象。故爻辞之分辨天地人三才,已属可贵的概念,《文言》更能充实其内容,犹发展《中庸》之说,以得天人合一的整体。此《周易》之精华,须结合卦象与二篇、十翼以喻之。上爻之亢而有悔,因无位、无民、无辅。必天道下济而之坤,当"复亨刚反"为初九,"君子有终"为九三,"比吉原筮"为九五。则阳爻正位为有位,万民服之为有民,比吉之辅为有辅,民辅有位者,其悔可免。奈亢者非圣人,何能"之正"。"之正"之理,汉易取象者莫不用之,属动者尚变之说,亦为"易有圣人之道四焉"之一。亢者忽之,"是以动而有悔也"。

表九十八　文　言　第　二　章

卦	二篇	十　翼
象	卦爻名	乾　文　言

初九——潜龙勿用下也——潜龙勿用阳气潜藏

九二——见龙在田时舍也——见龙在田天下文明

九三——终日乾乾行事也——终日乾乾与时偕行

九四——或跃在渊自试也——或跃在渊乾道乃革

九五——飞龙在天上治也——飞龙在天乃位乎天德

上九——亢龙有悔穷之灾也——亢龙有悔与时偕极

用九——乾元用九天下治也——乾元用九乃见天则

文言第二章表解

此表释乾卦六爻及用九之精义。辞凡二节，上节以人事为主，下节以天道为主。此表之释由六爻而及用九，一三两表之释，由卦辞而及六爻，故知释卦辞之象，即六爻之静；总六爻之用，即卦辞之动。观于二篇之乾坤兼及卦辞与二用，十翼于《文言》又分辨之，且于"用九"上增"乾元"两字，可喻爻之变动，乃起于卦德之本。乾元者，总爻象动静之情，犹太极之生两仪。两仪之阴阳动静，与太极能兼而有之之阴阳动静，实有不同的层次，读易者每未加分辨，以致概念混淆。今分析《文言》之文辞结构，于卦辞与二用有明确的界限。可见卦爻体用阴阳动静以当八七九六之数，至晚在战国中期已有完备的理论。易学与医理的结合，就是对时间有相同的认识。时者四时，数即八七九六。凡八为坤象之体，七为乾象之体；九为乾元六爻之用，六为坤元六爻之用。《文言》者，所以"文"乾坤卦爻辞与二用之"言"，学易者当重视此义。

　　此表上节以人事为主,下节以天道为主,二节之相应,犹见人与自然界之相应。于初位之人,因在下而勿用,于天道正当阳气尚潜藏而未发。复初犹乾初,复《大象》曰"至日闭关",即在静观潜藏之阳气以待其上出之象。及二而时舍于田,其象为同人"天下文明",基于发展生产力,正中而中正,同人《彖》曰"文明以健中正而应,君子正也,唯君子为能通天下之志"是其义。及三以行事,贵与自然界之时偕行,庶能成日乾夕惕之功。于爻三位与上位相应,而行事之方针不同。唯三之与时偕行,宜虽危而无咎。唯上之与时偕极,乃亢而有悔,既不知时空之变以行事,此所以有穷之灾。然灾有亢者受,其时未尝有极,故及四以自试者,徒见时行而未见时极,则二上已变,其卦象名革。"乾道乃革"者,或上或下,或进或退,所以求其当,革《彖》曰"革而当,其悔乃亡",《大象》曰"治历明时",尤见时代发展之实质。以乾卦卦象论,由同人革而既济,可达九五之飞龙,以位乎上治之天德。乾《彖》曰"六位时成,时乘六龙以御天",犹指乾变成既济。若亢者之不知变,虽生犹死;圣人传变化之道,虽死犹生。《易纬·乾凿度》取上爻象宗庙,其理可取。然"爻者言乎变者也",上爻宗庙其何可不变。此属史学研究之范畴,亦为理解易道之基础。总上六爻之变,"乃见天则"而"天下治",是即"乾元用九"成"保合太和"之象。《诗》曰"天生烝民,有物有则",人物之则,莫不有与天则。乃能见之者,全赖乾元之用,此表的要旨在此,宜精思之。

表九十九　文言第三章

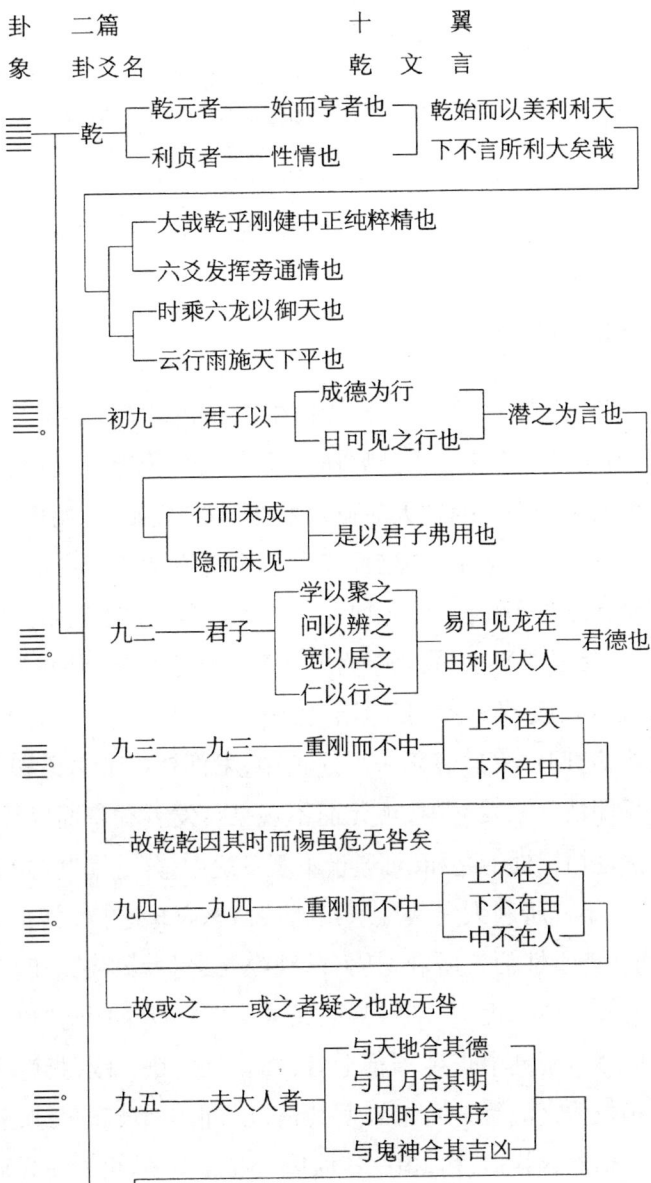

卦　二篇　　　　　　　　十　　翼
象　卦爻名　　　　　　　乾　文　言

≡≡ ── 乾 ── ┌ 乾元者 ── 始而亨者也 ── ┐ 乾始而以美利利天
　　　　　　　└ 利贞者 ── 性情也 ─────┘ 下不言所利大矣哉

　　　　　　　┌ 大哉乾乎刚健中正纯粹精也
　　　　　　　├ 六爻发挥旁通情也
　　　　　　　├ 时乘六龙以御天也
　　　　　　　└ 云行雨施天下平也

≡≡ ── 初九 ── 君子以 ┌ 成德为行 ── ┐ 潜之为言也 ──┐
　　　　　　　　　　　└ 日可见之行也 ┘

　　　　　　　┌ 行而未成 ── ┐ 是以君子弗用也
　　　　　　　└ 隐而未见 ──┘

≡≡ ── 九二 ── 君子 ┌ 学以聚之
　　　　　　　　　　├ 问以辨之　易曰见龙在
　　　　　　　　　　├ 宽以居之　田利见大人 ── 君德也
　　　　　　　　　　└ 仁以行之

≡≡ ── 九三 ── 九三 ── 重刚而不中 ┌ 上不在天 ──┐
　　　　　　　　　　　　　　　　　└ 下不在田 ──┘

　　　　　　　故乾乾因其时而惕虽危无咎矣

≡≡ ── 九四 ── 九四 ── 重刚而不中 ┌ 上不在天
　　　　　　　　　　　　　　　　　├ 下不在田
　　　　　　　　　　　　　　　　　└ 中不在人

　　　　　　　故或之 ── 或之者疑之也故无咎

≡≡ ── 九五 ── 夫大人者 ┌ 与天地合其德
　　　　　　　　　　　　├ 与日月合其明
　　　　　　　　　　　　├ 与四时合其序
　　　　　　　　　　　　└ 与鬼神合其吉凶

221

```
         ┌─────先天而天弗违──┐
         │                    ├──天且弗违而──
         │─────后天而奉天时──┘
         │
         │─────况于人乎
         │─────况于鬼神乎
         │
≡≡ ──┤─上九─亢之为言也 ┌─知进而不知退─┐
         │              │─知存而不知亡─├──其唯圣人乎
         │              └─知得而不知丧─┘
         │
         │      ┌─知┌─进退─┐
         └──────┤    │      ├─而不失其正者──其唯圣人乎
                        └─存亡─┘
```

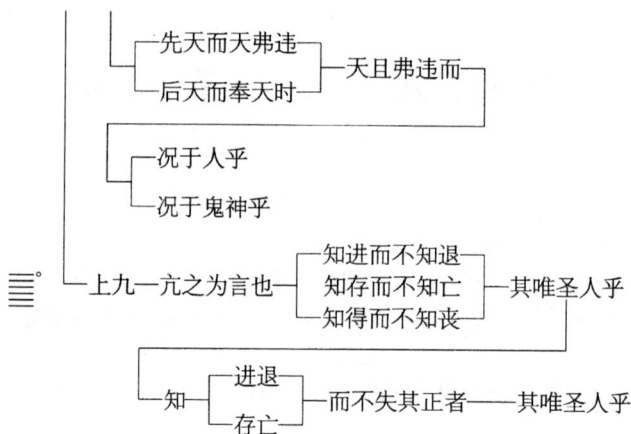

文言第三章表解

　　此表与"乾文言"表一文辞结构相同,内容则彼言卦爻辞之大义,此言卦爻辞之变化。于卦辞初合四德为二,乃亨由元而贞由利。因有始即有生而亨,始者"大哉乾元万物资始"之始,有始后方有"至哉坤元万物资生"之生。"始而亨"者,犹始生而亨,乾元之"乃统天",自然已备"乃顺承天"之坤元。二元之间,亨在其中。以首乾言,乾元之始已兼乎亨,故元亨为一。至于亨之变化,以利为主。利而贞者,性其情之谓,《参同契》曰"推情合性"是其象,理仍本诸《中庸》。《中庸》曰:"喜怒哀乐未发之谓中,发而皆中节之谓和。"此曰喜怒哀乐即情。未发之中,观元而不观亨。发者犹亨而以元节之,犹利贞之性情。性情之和,可通于不观亨之中,是之谓"乾始而以美利利天下,不言所利大矣哉"。美利者,喜怒哀乐之情,莫非乾元之性,或通一情于性而言所利,其何以观乾元之"大矣哉"。四德之变化,由四而二,由二而一,既得其一又分为四。以下四句"也"字,仍分四德而言。刚健中正纯粹精七者,指乾元之德。刚,指乾元之本体,健,指乾体之流行,中,指未发其情,正,指中节其情,纯,指不杂其情,粹,指兼容其情,精,指一其性情。准此七德,可喻不言所利之大。六爻之发挥旁通四者,亨之德。四者之亨同属于情,《系》曰"圣人之情见乎辞",又曰"辞也者,各指其所之"。"之"由动词而成名词,于《春秋》内外传,早有"之卦"之概念,凡由本卦变成他卦名"之卦"。"之卦"之法,由筮而成玩辞之情,嘉会合礼,庶可与论《周易》之旨。乘龙御天,利之德。宜详察六龙之位而以时乘之。末句"云行雨施"属亨,亨而至于"天下平",即"保合太和,乃利贞"之贞德。观《文言》解释乾卦卦辞,其大义本于穆姜之说,其变化本诸乾《彖》之说,然能发展其理而自成读易之纲领,对秦汉后的思想,有极大的影响。《易》的整体概念,即由四德以承上启下。凡八卦而六十四卦,于六爻之变,由三百八十四爻而极于四千有九十六,莫非发挥旁通之情。性情利贞而不言所利,则天地人事犹大哉之美利,故准此节之辞,亦可体味整体之易象。《系辞》有言:"夫易圣人之所以极深而研几也。"玩易辞者,不可不察圣人之情。于十翼传二篇之情,尤当识其发展之情,庶可见时空之整体概念。

玩六爻之辞,各主一字以论文。初言潜,二言见,三言惕,四言或,五言天,上言亢。潜之为言有二义,其一未成,则未合于成德。其二未见,则未合于可见。此明弗用之理,与表一之不可拔,盖相反而相成。彼言潜之善,据太极之象,此言潜之不足,据两仪之象。因于两仪尚执一而不知交,此所以弗用。见之为言,君子本于学问宽仁四者。以学聚问辨,所以穷理。以宽居仁行,所以尽性。穷之尽之相互呼应而相互深入,由是以得性理之源,君德乃成,其源犹应于九五之大人。于三位之惕,四位之或,特引九三九四两爻名,所以明两体三才之辨。唯人处三四,当三才之中,然以两体观之为"重刚而不中"。凡五天上中,二田下中,而三四未得其位,此三之所以惕,惕而虽危无咎者,九三尚正位而当人之中。若九四者失位而中不在人,须由惕而或,由或而疑,由疑而变,变则不论上下进退皆可无咎,如不变而疑于上下进退之间,殊非此爻之或。五位天者大人之象,在田之大人,利见在天之大人。应之而达性理之源,以天地日月四时鬼神四者当之。与天地合德者,人参天地以生,三才乃成。合则天地交泰,不合则天地不交否,否泰反类瞬息而变。与日月合明者,合则水在火上既济,不合则火在水上未济,日月运行或定或穷。与四时合序者,姤复消息出入无疾。合则定以顺十二辟卦之周流,不合则穷以悲时代之无情。与鬼神合吉凶者,合则乾神为主,视未济而既济为吉,既济而未济为凶。不合则坤鬼为主,视既济而未济为吉,未济而既济为凶。鬼神异趣,吉凶相反。此四"与"同以消息言。消息有两种不同,即乾坤为体,坎离为用。其一天地者,当乾坤消息,其二日月者,当坎离之合成既济未济消息。此两种消息必互为其根。其三四时者,即既济未济处中,以观十二辟卦之出入。其四鬼神者,即乾坤处中,以观既济未济之上下。天人相应,其犹连环。必须说明者,人决非个人,当指人类,然个人自然在其中。更可大而言之,人类当属诸生物界而言,则人宜理解为生命起源,然任何个人,莫不包括在生物界中,故大人之四"与"犹研几于宇宙物质于生命起源。天犹宏观之宇宙演化,地犹微观之物质结构,人参天地者,犹适应于某一客观条件而始生生命。既有生命,则有生物进化的问题,进化及人,逐步了解人与天地之关系,而勉励人当参立于天地之中,这一概念方为最可宝贵的整体概念。而易学之旨,就在反复说明天地人三者之相互影响。《系辞》下曰:"易之为书也,广大悉备,有天道焉,有人道焉,有地道焉。兼三才而两之故六,六者非它也,三才之道也。"《说卦》曰:"昔者圣人之作易也,将以顺性命之理。是以立天之道曰阴与阳,立地之道曰柔与刚,立人之道曰仁与义。兼三才而两之,故易六画而成卦,分阴分阳,迭用柔刚,故易六位而成章。"此可喻乾坤与既济未济的分合,以当生物与自然界的整体概念。在吾国二三千年来,即以六十四卦的卦爻象符号说明三才的关系。然此一数学模型每为人忽视,乃流为神秘化。中医的理论就在三才合一,此完全与易理相通。惜秦汉后的易学,以中四爻论,什九研究二三四三爻,而对五爻极少深入研究。间或有研究者,反被视为术数小道,此与社会组织有关,以五爻属君,此天人关系的相应,天下唯天子一人知之,此实大误。《文言》以大人当之,且二五爻皆称大人,二爻之大人在田,犹掌握生产力者,五爻之大人在天,犹掌握生产关系者,故五爻的地位,必须逐步深入以理解对客观世界的认识。此于《文言》的玩辞,有明确的说明,故于一三两表中所解释的九五爻,尤当反复思考,乃见易学与医学所相同的整体理论。本此四"与"的认识,可及高一层次的"天"的概念,此天字盖指天地人三才合一的天,亦就是已有生命起源后的自然界。此一自然界,应包含有生物进化的情况。故特提出"先天"、"后天"。天有先后者,实据于生物反馈言。唯生物有反馈之能,且愈进化其能力愈大,及人之反馈,已能利用语言文字及特殊的符号卦象等与三才相互联系。由信息的积累,可推见未来的信息,其后的事实,与推得信息相同,是之谓"先天而天弗违"。反之,亦可如老子所主张的"前识者道之华而愚之首也"。然虽可不前识,及时而发生事实,仍不可用正常的反馈,是之谓"后天而奉天时"。其所奉的天时,与天弗违的天时实同,唯能识先后天之所同,方属高一层次的"天",而为飞龙所在之天,此天能包括人与鬼神。鬼神者,皆属人的产物,故天且弗违,而况人与鬼神。此说明认识整体的方法,以三四爻观之,三爻属后天,四爻属先天,惕之或之,同能弗违于天。上言亢者,分进退存亡得丧三层,此与表一的无位无民无辅三层,虽非完全平行,仍可互相呼应。主要亦谓亢不可动,动必有悔,而能改变环境者,当由亢者而化为圣人,圣人者知进知退知存知亡而不失其正,其正即知得知丧。得丧者,即坤卦卦辞"利西南得朋,东北丧朋"之得丧,由位以化时之亢,唯圣人能之。

表一百　文言第四章

卦　二篇　　　　　　　　十　　翼
象　卦爻名　　　　　　　坤　文　言

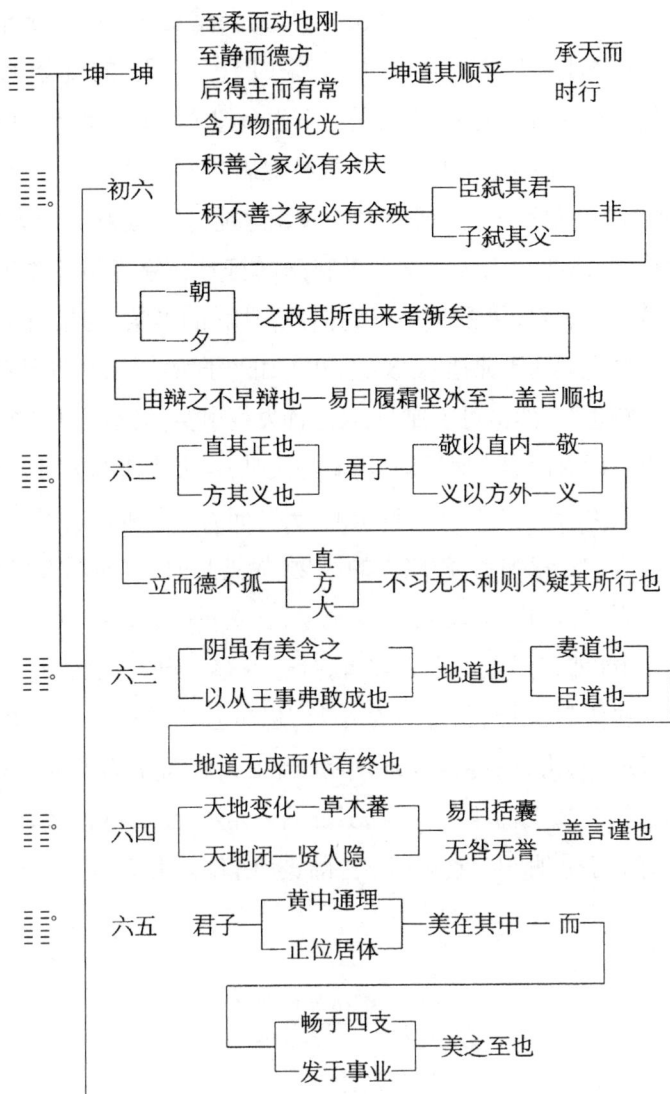

坤—坤　　至柔而动也刚　　　　　　承天而
　　　　　至静而德方　　　坤道其顺乎　时行
　　　　　后得主而有常
　　　　　含万物而化光

初六　　积善之家必有余庆
　　　积不善之家必有余殃　臣弑其君　　非
　　　　　　　　　　　　　子弑其父

　　　朝　　之故其所由来者渐矣
　　　夕

　　由辩之不早辩也—易曰履霜坚冰至—盖言顺也

六二　　直其正也　　　　敬以直内—敬
　　　　方其义也　　君子　义以方外—义

　　　　　　　　　　　直
　　立而德不孤　　　方　不习无不利则不疑其所行也
　　　　　　　　　　　大

六三　　阴虽有美含之　　　　　　妻道也
　　　以从王事弗敢成也　地道也　臣道也

　　　地道无成而代有终也

六四　　天地变化—草木蕃　易曰括囊
　　　天地闭—贤人隐　无咎无誉　盖言谨也

六五　君子　黄中通理　　美在其中 — 而
　　　　　　正位居体

　　　　　畅于四支　　美之至也
　　　　　发于事业

上六 阴疑于　为其兼于无阳也—故称龙焉
　　　阳必战　犹未离其类也—故称血焉

夫　玄黄　者　天地　之杂也　天玄而地黄

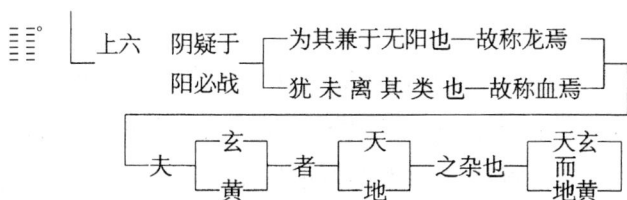

文言第四章表解

　　此坤文言仅一表,相同于乾文言表一。以阐明坤卦卦辞及六爻爻辞之旨。至于乾文言的二、三表,皆论其变化。变化则论乾必及坤。坤之用六,乃顺承于乾之用九,故表二可通于坤。又四德之分合,坤同于乾。玩乾卦六爻爻辞之用,坤卦之理亦在其中。故表三之乾,又可通于坤。宜坤文言以一表而已可尽其玩辞之旨。虽然,用六亦未尝无特殊之变化,举一反三之道,正待学易者之发展。此表首释卦辞,以四句"而"字,赞坤之四德,至柔为坤元,动也刚谓合资始之乾元而资生。动谓辟,即由元而亨。至静为翕,德方即直方大之方,由翕而辟所以为亨。后得主谓亨之成,有常则由亨而不习无不利,已及君子有攸往之象。含万物犹含章,化光者时发而光大,可贞之象。可贞而安贞,总结成"坤道其顺乎"。即坤之四德,统于坤元顺。贞下起元,乾坤所同,坤元之顺以承天,由始而生。如能时行无疆,又统于乾元而成太极之象。太极而兼乾健坤顺之理,犹六位时成之道。始生而一,犹刘康公谓"民受天地之中以生"。人始生于天地之中,即人参天地之易理。刘康公说此言于成公十三年,当公元前五七八年,约与穆姜同时。其知成肃公不敬弃命之非,势将自食其果,是犹"先天而天弗违"之例。以理断之,不必筮占,是当有得于天地之中之象。故乾坤之四德,异而同,同而异。异其贞而见其所起之元有同,始有先天太极之象。而以后天视之,所同之元,何能不分乾坤。故或以健,或以顺,是之谓"后天而奉天时","承天而时行",后天亦何异于先天。"时行"而"时成","品物咸亨"而"万国咸宁",人道乃立。此乾坤《彖传》,乾坤《文言》以深入发挥乾坤四德之几。《系辞》立太极之名,实在此。

以下玩坤卦六爻之用,初爻论积,积之象起于由霜而冰。此属自然现象,合诸人事,不得不辩所积之善不善。《文言》的标准,以家为单位。由家而国,其原同,是当吾国数千年来的社会组织。然《文言》作者,述其理于坤初,未尝不重视乾初确乎不拔之潜。此尤见易学之内容变化多端。此爻取其善与余庆,不善与余殃之因果,当然正确。或究其善不善与庆殃之实,则难免有乾初之闷。闷而无闷,所以早辩其顺非一朝一夕之故,宜乾三自强不息于日乾夕惕。举弑君弑父之例,乃见战国中期后之混乱。改革社会组织,自然有激烈的矛盾,何可不以履霜为戒。观坤道之顺,其犹履霜而至坚冰。故戒在所履,辩在所积。顺积之行,有先迷后得主之殊,此老子之所以不敢为天下先。二爻论不习,不习者,道法自然之象。二篇以直方大三字当不习之德。或以音韵读坤卦六爻之爻辞,每爻各二字,初曰履霜,二曰直方,三曰含章,四曰括囊,五曰黄裳,上曰玄黄。下一字皆同韵,且各当六爻主要之爻象。既便于记忆,亦可视作西周初期的坤卦爻辞,今已各加断辞等。若二爻多一大字,于《小象》已引作"不习无不利",故不宜属下,则方下不妨一逗,而直方大三字仍不可不连成一句。《文言》以敬内义外解直方,敬义立而德不孤,斯之谓大。于押韵外增一大字,实合诸爻象之用。于坤初之动也刚,犹直其正。敬以直内,不可不早辨其积。乾其动也直,坤象成复,"复小而辨于物",顺以积善为敬内。及二坤布为方,正位不变为主爻。义以方外者,犹乾二之德施普。内外合德,存诚以立诚。于爻由二及三,其德不孤而三正为大。故直方大者,下卦坤为离,以当正位不习之德,无不利之象。此之正之理,所以合乾坤成两既济。得主而有攸往,时行之行,何疑之有。三爻论含,属坤阴之至德,有美含之,以待时而发。或从王事,亦以含为主而弗敢成。至于待何时而发,须观亢龙之悔。此爻属妻道、臣道而同归于地道,地道无成而代有终,庶能乾始坤终而保合太和。太和者,二元归一之象。三正成谦,致恭以存其位,君子得主而有攸往,是以有终。四爻论谨慎为括囊之德,守正以隐犹乾初之潜,是当否泰反类之际。天地反复,或开或闭,草木蕃芜,贤人安得不隐。唯三位未正,故虽含而仍可发,幸四位之已正,孰能见其囊中之物。谨慎其括,咎誉何萦于心,是犹乾初之无闷。然乾可乐行忧违,坤则谨慎而已,究其阴阳之辨,可窥易道之几。五爻论美,乾元依之而利天下,坤元之象寓于其中。黄中位六二,通理居九五,阴阳合德而正位居体,属静态之美。畅发于外而德业并茂,属动态之美。坤元至柔而动也刚,是之谓美之至。德畅四支犹仁礼义智四端,业发无疆犹不言所利之大。二升五降,显比以同人,美在其中。六龙反复,改命以经纶,美之至也。上爻论战,亦见战国之客观事实。初爻之始凝,及上爻而凝成,此太极兼合阴阳之象。因阳称龙,因阴称血,战接而洒玄黄之血,由此以乾坤而起六十四卦之象。

附录一

二篇取象（以单字为主）

1. 乾卦

乾——卦名,纯阳之象。三画为八卦之乾,六画为六十四卦之乾,四画互卦、五画伍卦皆有乾象。又乾有乾义,与湿相对,其象为离,《说卦》曰:"离为乾卦。"噬嗑九四曰乾胏,六五曰乾肉,乾当噬嗑上卦离。离为日为火,日以烜之,以乾胏肉,所以去离中之阴。噬嗑五正,义当乾而成乾。

元——四德之首,于谊为仁,阴阳合德之谓。象分阴阳,阳曰乾元,阴曰坤元。凡画之静爻之动,皆元之所为。以数明之,七九为乾元,八六为坤元。《系》上曰:"《易》有太极。"太极者所以释乾元者也。

亨——四德之一,继元而言,于谊为礼。礼以旁通人的性情与夫三才之交,是之谓亨。亨所以变象、变形,凡卦变爻变皆为亨。

利——四德之一,继亨而言,于谊为义。凡元亨莫不善,利有不利焉。盖以元而亨,其变动之际,得失相杂。由失而得,当未济而济曰利。由得而失,当既济而未济曰不利。

贞——四德之末,继利而言,下以启元。贞者正也,固守之谓,于谊为知。知者,所以断利不利。利而贞之,吉而起元。不利而固执之,凶而自灭其元。《系》上曰:"吉凶者,失得之象也。"观卦爻形象之变,皆四德为之统御。《系》下曰"正言",犹指此。计六十四卦之卦爻辞,各系及四德,或一字或二字或三字,或四字全,乃可见各卦各爻之大义焉。

初——初对终言,指时间。卦象自下起,第一画阳为初七阴为初八,第一爻阳为初九阴为初六。若六画六爻间,以某画某爻开始所起始之画爻亦曰初。蒙卦辞曰初筮告,告者,指九二刚中,故初筮之初,以二爻当之。

九——九对六言,指阴阳爻之数。凡易数分阴阳曰参天两地。参而三之曰九,当阳爻之数。两而三之曰六,当阴爻之数。九者阳将变阴成七,六者阴将变阳成八。

潜——位当地下隐避之处曰潜。《诗》曰:"潜虽伏矣,亦孔之昭。"盖莫见乎隐,莫显乎微。《杂卦》曰:"兑见而巽伏也。"考潜与伏有阴阳之辨。位则初九潜,初六伏;象则震为潜,巽为伏。乾初曰潜龙,象当复下卦震。

龙——龙以喻阳气之变化不测。二篇于乾卦系龙,以龙为乾象。然《说卦》曰震为龙,盖乾由震息。故以震为龙者,推其原也。

勿——禁止之词,如勿用、勿逐等,当不取其象曰勿。

用——用对体言,体数阳曰七阴曰八,用数阳曰九阴曰六。体者观其居,用者观其动。勿用者,宜静而不宜动。

二——数名,阴数之始,两仪也。以卦爻位观之,阳爻当由下而上,第二位曰九二,阴爻曰六二。

见——见有二音,曰见曰现,象亦不同。见者以离目见外物,故离为见;现者本身自有者现于外,与伏相对。《杂卦》曰:"兑见而巽伏也。"故兑为现,所现者当兑上一阴,反则巽下一阴为伏。曰见龙者,对潜龙言,当取兑象。曰利见大人者,以本爻言亦可取兑象,若二五互见宜取离象,他卦同例。

在——存在也,此类字不必取象。

田——地上为田。田者,人已垦之,能播五谷之地。易象二位当地上,九二之正成六二曰田。

大——大对小,犹阴阳也,凡一百九十二阳画阳爻皆可称大。

人——人参天地而为三才。以三画卦言中画为人,以六画卦言三四画为人,若六画卦而以两三画卦观之二五画为人。

三——数名,三才也。以卦爻位观之,阳爻当由下而上第三位曰九三阴爻曰六三。又六爻之正成既济必经三次曰三,之正法之不同,故有三驱、三品、三狐、三锡、三就、三接、三褫之辨。

君——《说卦》乾为君,以对坤为臣为民。又君子亦乾象,以对坤为小人。

子——子对父母言,《说卦》:"乾为父,坤为母。"此外六卦皆可为子曰六子。或分子女,则子当震坎艮,曰长子中子少子。

终——终或对初、或对始言。于象乾为始,震为初,艮为终。乾《彖》曰:"大哉乾元万物资始。"始者终则有始之天行,犹震象。又震阳在下曰初,艮阳在上曰终。《说卦》曰:"艮东北之卦也,万物之所成终而所成始也。"

日——《说卦》曰:"离为日。"终日者,离象由下及上。以乾三言,二正下卦离为日,由初及三,故三曰终日。

夕——日入为日夕。易象离日初上之阳光不见,成坤为夕。乾三曰夕继终日言,由阳而阴,非徒乾乾,尤宜惕若。

惕——《说卦》坎为加忧,为心病,为惕。惕以治病去忧云。

若——辞也,不必取象。或取顺义,有坤象,以文字读之全《易》皆不必取顺义。

厉——断辞之一,危也。全《易》断辞有六,曰:吉、凶、悔、吝、厉、咎。于释经时,于四德同,皆不必取象。或以卦象明之,则四德者,元为震,亨为离,利为兑,贞为坎。断辞者,乾为吉,坤为凶,震为悔,巽为吝，艮为厉，兑为咎。此断辞之变化，即坎离之消息。

无——無奇字，《易》用之，字通元与仁。与有相对，曰无者，非有也。然亦非绝对無，宜不用無而特用无字。

咎——断辞之一，过也。《易》勉人改过自新，故全《易》屡言无咎，仅夬初曰咎。夬初者犹自作孽不可逭，此外莫不能免咎。《系》上曰："无咎者，善补过也。"若补过之法，因卦爻而异焉。

四——数名，四象也。以卦爻位观之，阳爻当由下而上第四位曰九四，阴爻曰六四。

或——疑而未决曰或，古通惑。易象于变化之法，未能定于一曰或。又当变而不变，不当变而变亦曰或。

跃——跳跃也，易象震动为跃。跃者上进之义，犹震下一阳之上息。

渊——回水也。其深不测，当初九潜龙所居。于象坎为水为隐伏，故为渊。

五——数名，五行也。以卦爻位观之，阳爻当由下而上第五位曰九五，阴爻曰六五。

飞——离为火，其势上炎，故又为飞。

天——《说卦》："乾天也。"以爻位言分两仪，则上卦天下卦地，分三才则五上爻为天。

上——上对下，指空间言。卦象自下起至最上一爻曰上，阳曰上九，阴曰上六。《杂卦》："离上而坎下也。"故取象时离为上。

亢——阳上而不下曰亢，象当上九。阴上而不下曰无号，夬上六是也。

有——与无相对，谓有其象。单字不取象。

悔——断辞之一，《系》上曰："震无咎者存乎悔。"悔者，吉将变凶，而悔则由凶趋吉乃不至凶。转几在震，故震为悔。

群——《说卦》曰："坤为众。"群，众也，亦坤象。然群者，在上之众,众者,在下之群。群与众于坤象中又有阴阳之异。龙阳象,故曰群龙。涣四曰涣其群,即散其群龙而群龙无首。唯其阳,乃能散而不执,此所以吉也。

首——《说卦》曰:"乾为首。"乾之正成既济,乾象不见为群龙无首。又比主九五为乾首,然上六乘而不以为首,是谓比之无首。夫无首同,吉凶异者,其境不一也。

吉——断辞之一。

2. 坤卦

坤——卦名,纯阴之象。三画为八卦之坤,六画为六十四卦之坤,四画互卦、五画伍卦皆有坤象。字从土从申,土位在申也。据后天卦位,西南于地支当未申,过南偏西,阴象从申为坤。

牝——牝对牡,犹阴阳,于象为坤。

马——《说卦》:"乾为马。"坤以对乾,是谓牝马。

之——辞也,不必取象。

攸——所也,不必取象。

往——于象震行为往。本卦中此位之彼位为往。以上下限之,则由下而上为往,由上而下为来。若本卦之错卦或他卦,则不论何位皆曰往,反之他卦之本卦本爻皆曰来。

先——先后相对,卦位有先后天,犹体用。于象乾为先,震继体为后。

迷——《说卦》:"坤为迷。"迷者宜后而先,以用为体,违《易》无体之大义。

后——震为后。于爻位,下爻对上一爻为先,上爻对下一爻为后。

得——正位为得,于象为阳。

主——震继乾为主。不以乾为主者,乾尚无首,且乾由震息。《序卦》:"主器者莫若长子。"

西——于后天卦位兑为西,曰西南者,当坤象。

南——于后天卦位,离为南。

朋——二阴为朋。凡二阴卦二阴爻皆为朋。于象坤众为朋。

东——于后天卦位震为东,曰东北者当艮象。凡西南与东北皆属土。前者为阴土,其数十。后者为阳土,其数五。然阴阳有互变之理,即洛书二八易位之象。

北——于后天卦位坎为北。

丧——失位为丧,于象为阴,或取坤象。

安——坤为安,有所贞之象。

六——数名,当阴爻之数,谓阴将变阳。又六十四卦之位数六,曰六画六爻。

履——卦名,于象兑下乾上。

霜——阴凝为霜。未见属巽,已见则兑秋为霜。

坚——乾为金为刚,故又为坚。

冰——《说卦》乾为冰。

至——坤《彖》至哉坤元,以对大哉乾元。孟子曰:“其为气也,至大至刚。”即以坤息乾之象。

直——《系》上:“乾其动也直。”于数为九。

方——《说卦》坤为布,故为方。方者布于四方之谓。

不——否定之词,单字不取象。

习——六画坎卦曰习坎。习,重习也。犹水流不已,故坎为习。

含——以阳包阴曰蒙,以阴包阳曰含,蒙与含各有失得。

章——《说卦》:“六位而成章。”章者,既济之象。

可——单字不取象,略同宜字。

从——于义坤从乾,六子从乾坤。于理后从先,于象震为后为行,故为从。

王——《说卦》乾为君,故又为王。

事——《说卦》致役乎坤,故坤为事。

成——艮成终成始,故艮为成象,当一阳成于二阴之上。

括——艮手为括。

囊——坤有包容负载之象,故于器为囊。

誉——《系》下:"二多誉。"谓二位得下卦之中而多誉。于象艮成为誉。

黄——《文言》天玄而地黄,故坤土为黄。

裳——《系》下:"垂衣裳而天下治,盖取诸乾坤。"凡乾为衣,坤为裳。

战——《说卦》:"战乎乾。"战者,接也,当阴阳之象相交而变其卦爻。

于——辞也,不必取象。

野——凡阴近阳远,故乾为野。

其——辞也,不必取象。

血——《说卦》:"坎为血卦。"盖人身中之水,以血为主,故坎水于人为血。

玄——《文言》天玄而地黄,故乾天为玄。玄黄者天地相杂,故合象震为玄黄。

永——永,水长也,引申作长久解。于象坤为永,于例不变卦爻为永。

3. 屯卦

屯——卦名,于象震下坎上。屯以继坤,坤上六曰其血玄黄,即坎为血卦,震为玄黄之象。

建——老子曰:"善建者不拔。"位当初,象为震。

侯——乾为王,震继之为侯。

般桓——般桓者,徘徊也。于象震起艮止为般桓。

居——艮止为居。

如——辞也，不必取象。

邅——艮止不进为邅。

乘——驾于上曰乘，阴驾阳上曰乘刚。

班——坤布艮止为班。

匪——通非，单字，不必取象。作匪人解为坤象，位当六三不仁者。

寇——《说卦》坎为盗，又为寇。

婚媾——象当阴阳爻相应。

女——坤母及巽离兑为女，然以兑女为本。

字——《礼》曰："女子许嫁，笄而字。"易象离明为字。或作妊娠解，则离为大腹为字。盖义异而象同，不字者，离象未成也。

十——数之终。易象乾始为一，坤终为十。

年——年岁同义。年取禾之收获属地，岁取木星之步戌属天。故乾为岁，坤为年。

乃——辞也，不必取象。

即——不必取象。

鹿——或作禽兽名解，或作山麓之麓解。作鹿之象为震，义取善走。作麓之象为艮山之下。屯上参艮，六三正当艮之下。

虞——官名，掌山泽者。又虞为乐。皆可取兑象。中孚初曰虞吉，指下卦兑。

惟——辞也，不必取象。

入——《说卦》巽入也。以消息论，震息为出，巽消为入，之既济为出，之未济为入。

林——以坎艮震辨巽木之不同，合观之为林。

中——合六爻以三四为中，分下上卦以二五为中，又初爻之始为全卦之中。

几——变化之端为几,易教所尚。《系》下曰:"知几其神乎。"

舍——或作止舍解,取艮象。或作舍弃解,取震象。

吝——断辞之一。《系》上曰:"悔吝者,言乎其小疵也。"吝当由吉趋凶,故吝而不改将由小疵而大疵,凶其继焉。

膏——坎水为膏,义谓膏泽下于民犹坎水之润下。

小——小对大言,属阴象。

凶——断辞之一,凶对吉言,为断辞之两端。

泣——坎水出于离目,又艮止以忧于坎心为泣,泣者,哭而不畅也。

涟——坎水之象,相连为涟。

4. 蒙卦

蒙——卦名,象当坎下艮上。

我——自指,象当本卦或本爻,或取坤为我。

童——艮少男为童。

筮——以蓍数得卦象曰筮,十有八变之分二,贵乎不测,以乾神为筮。

告——兑口为告。

再——犹二,爻位继于初。

渎——《说卦》:"坎为沟渎。"

则——辞也,不必取象,或以法则取义,象为坎。

发——应比爻之变化为发。

刑——兑毁折为刑。或以型解,令人学之,当兑见为型。

说——兑口为说,通悦,通脱。

桎梏——在足曰桎,在手曰梏,系人之具。易象坎速艮手震足为桎梏。

以——辞也,不必取象。

包——坤为包。

纳——巽入为纳。

妇——坤巽离兑皆可为妇,以对于乾震坎艮,然以巽妇为本。

克——胜也,乾为克。例以主动之正为克。

家——取家人卦象,当离下巽上。

取——艮为取,阳在上,以制阴为义。

金——《说卦》:"乾为金。"

夫——乾震皆可为夫象。

躬——坤为身,又为躬。

困——卦名,象当坎下兑上。

击——艮手为击。

为——辞也,不必取象。

御——艮止之为御。

5．需卦

需——卦名,象当乾下坎上。

孚——孚通卦名中孚,然象可取坎水有信为孚。

光——离为日为火,故为光。

涉——震足及坎水为涉。

川——坎水为川。

郊——乾远为野为郊。或郊野取象,则乾野坤郊。或郊对城市言,对门宗言,对沙泥言,则为乾象。

恒——卦名,象当巽下震上。

沙——坎中之阳称沙。

言——兑口为言。

泥——坎陷为泥,即坤土得坎水而为泥。

致——使之至,成象致形,成形致象之变化曰致。

出——震为出对巽为入。《说卦》："帝出乎震。"

自——从也,又有自我义,象取坤或本卦本爻。

穴——正位坎阴为穴,以对于失位坎阴为窞。

酒——坎水又为酒。

食——《杂卦》："噬嗑食也。"象当震下离上,食颐中之物也。

速——召也,疾也。《杂卦》："咸速也。"谓感之疾。不速者不感不召之义,未成咸象也。

客——震为主,巽为客。客以对主,巽以通震。

来——来对往,巽入为来,详见往。

敬——乾为君父为敬。

6. 讼卦

讼——卦名,象当坎下乾上。

窒——窒,塞也。艮止为窒。

所——辞也,不必取象。

归——女归也。易象震兄归兑妹曰归妹,当兑下震上。又归之例,于之正为六十四卦同归于既济,《系》下曰"天下同归而殊涂"是其义。

逋——坎隐伏为逋。逋,逃避也。

邑——坤近为邑。

百——震惊百里,故震为百。以数言,震初阳动数四九三十六,中上阴静数各四八三十二,合之为百,即策数也。

户——坤为户。

眚——灾内起曰眚,眚外起曰灾,灾眚皆坎象。

旧——乾老为旧,震少为新。

德——乾以自强为德。凡八卦各有其德,一般以吉德言,德取乾象。

复——卦名,象当震下坤上,一阳复生于下也。

命——巽风为命,因时而不同,是谓命,对乾性言。

渝——变也,坎流水为渝,例当爻变。

锡——锡,赐也。上以赐下,乾为锡。凡应爻之变曰锡,初四、二五、三上曰三锡。

鞶带——大带也,巽长为鞶带。

朝——离日之初为朝,以对于离而坤为夕。

褫——夺衣也。变乾衣之象为褫,指讼上卦,凡初二比,四五比,三上应之变曰三褫。

7. 师卦

师——卦名,象当坎下坤上。

丈——震为丈人。

律——坎水为律。

否——卦名,象当坤下乾上。

臧——臧,善也,乾善为臧。

舆——《说卦》:"坤为大舆。"

尸——坤为丧为死,故为尸。

左——震东方为左。

次——艮止为次。

禽——禽有各种不同,以多卦卦象象之。其本,禽有擒义,取艮止为擒,又为禽。

执——艮为执。

长子——震为长子,又巽为长。

帅——震为主,故为帅。

弟子——坎艮为震之弟子。

开——震动为开。

国——坤为国,开国者坤息为震。

承——继承也。坤《彖》:"乃顺承天。"故坤为承。爻位下对上曰承,与乘相对。

8. 比卦

比——卦名,坤下坎上。

原——原,再也。原筮对初筮言,初筮贵诚,原筮贵慎。初筮犹先甲,原筮当先甲先庚,蒙以先甲为主,比当甲庚并重,象当比之初三正为原。

宁——坤安为宁。

盈——《序卦》:"屯者盈也。"又盈虚相对为乾盈坤虚。乾以施坤之初五成屯,故屯为盈。

缶——坤土成瓦器为缶。

它——古蛇字,后通他。爻位于应比之外曰它,或错卦及他卦为它。

内——巽入为内,下爻对上爻为内。

外——震出为外,上爻对下爻为外。凡比爻分内外,曰内比外比是也。

显——乾为显。显者显乾元之仁,《系》上曰:"显诸仁。"

驱——逐也,驰也。三驱以田,于爻位当比爻之变,即初二、二三、三四、四五、五上、上初。

失——对得言,失位为未济之象。单字不必取象。

前——对后言。凡阳前阴后,前或取乾象。

戒——坎忧为戒。

9. 小畜

小畜——卦名,乾下巽上。畜分小大,小者乾畜于巽阴为小,大者乾畜于艮阳为大。畜皆畜乾之谓。

密——密,小也,兑为密。

云——上卦坎为云,密云当兑象。

雨——下卦或下参坎为雨,盖坎水在上为云在下为雨。

道——《系》上曰:"一阴一阳之谓道。"本象太极,卦以既济当之,取象乾为道。

何——辞也,不必取象。或作负解,取艮象,大畜上曰:"何天之衢。"

牵——巽为绳为牵。

輹——坎速为輹,輹以速轮与舆。说輹为坎成兑。

妻——坤巽离兑当乾震坎艮之妻,本以震夫巽妻取象。

反——《序卦》:"剥穷上反下。"故反者当上爻之初爻。来氏名综,虞氏名反。如曰观,反临也,今取综卦之变为反。

目——《说卦》:"离为目。"

去——变而不见其象为去,如血去为不见坎血象。

挛——艮手相牵为挛。

富——巽风义不同为富。

邻——震东兑西为邻。

既——已也,单字不必取象。既济,卦名离下坎上,水火交济之谓。

处——巽入为处。

尚——尚,崇也,通上。乾为尚。

载——坤大舆为载。

月——《说卦》:"坎为月。"

望——离日坎月当震东兑西为望,以归妹卦为准。

征——震行为征。

10. 履卦

虎——虎以对龙,或取乾为龙,则取坤为虎。或取震为龙,则取兑

243

为虎。

尾——艮为尾,盖艮为黔喙之属,多长尾。

咥——兑为口,为毁折,故为咥。

素——巽为白为素。

坦坦——震为大涂,为坦坦。

幽——坎隐伏不明为幽。

眇——离目当兑小为眇。

视——离目为视。

跛——震足当兑,毁折为跛。

武——武对文,《说卦》坤为文,故乾为武。

愬愬——坎心忧,为恐惧,为愬愬。

夬——卦名,乾下兑上。

考——乾老为考,又艮成为考。

祥——乾善为祥。

旋——上爻之初爻之下,或初爻之上爻之上为旋,计六十四卦旋之成十四旋卦。

11．泰卦

泰——卦名,乾下坤上。

拔——艮手为拔。

茅——巽为茅。

茹——茅根,其根相牵引,巽为茅为茹。

汇——坤象为汇。

荒——坎水为大川,为荒。

冯——犹涉,震足当坎水,为涉为冯。

河——谓河图之河。河或指黄河。

遐——乾远为遐。

遗——遗留也,艮止为遗。

亡——亡对存或取,乾为存,坤为亡。若悔亡朋亡等皆谓无悔象朋象,亡字不必取象。

行——震动为行。

平——坎水为平,平陂为既未济消息,往复为乾坤消息。

陂——艮山为陂。

恤——坎忧为恤,勿恤犹勿忧。

福——乾祥善为福。

翩翩——离火炎上为翩翩。

帝——《说卦》帝出乎震,象以震为帝。

乙——十天干之一,次第二。合以后天卦象,震为甲乙,乙当震之上画。

妹——离为巽之妹,兑为巽离之妹,象取兑。

祉——祉,福也,乾象。

城——艮成为城,艮城以止内外。

隍——城下沟,无水称隍,有水称池。易象兑为池,巽为隍。

12. 否卦

羞——坎心病为羞,位以不正之阴承不正之阳。

畴——畴,类也。义指洛书九畴之畴,谓洪范九类。

离——卦名,下上卦皆为离。离有分离、附离二义。《序卦》离者丽也,附离也。又涣者离也,分离也。三画卦已有离,属八纯卦之一。

休——乾美为休。

系——巽绳,艮手为系。

桑——巽木为桑。

倾——虞氏以上旋初之下为倾,凡上爻之变曰倾。

喜——兑悦为喜。

13. 同人卦

同人——卦名，离下乾上。火炎上，天上出，其性同，曰同人。又同异相对，齐乎巽为同，兑附决为异。

门——《说卦》艮为门阙，又为门。

宗——乾为宗，宗，主于一也。

伏——《杂卦》："巽伏也。"

戎——离为戈兵为戎。

莽——震草为莽。

升——卦名，巽下坤上。

高——《说卦》："巽为高。"

陵——艮山为陵。

岁——乾为岁，详年。

兴——起也，震起为兴。

墉——艮为城为墉。

弗——同勿，单字不必取象。

攻——震征为攻。

号——巽风为号。

咷——号咷犹痛哭，巽象，义当消也。

笑——震乾元出当息为笑。

相——助也，阴阳相交之象。

遇——姤《彖》："姤遇也。"指阴遇阳。相遇谓错卦相合。

14. 大有卦

大有——卦名，乾下离上。谓六五阴，有阳大之正位，为大有。

交——震为交。交者，阳以交阴，与阴遇阳之遇相对。

害——离九四恶人为害。

艰——坎忧为艰。

车——合坎轮坤舆为车之形。车贵行,故或取震,或取乾。

公——乾大人为公,位当九三。

彭——彭或作尪,或通旁,盛也。遇盛当匪之,象为离四失位。

厥——其也,不必取象。

威——乾阳为威。

右——兑西为右,又通祐,亦兑象。

15. 谦卦

谦——卦名,艮下坤上。

鸣——震雷为鸣。

劳——《说卦》:"坎,劳卦也。"

扨——扨通挥,挥与发相对。凡索等爻之变化为扨。

侵——震为侵。

伐——震为伐。

16. 豫卦

豫——卦名,坤下震上。

介——《系》上曰:"忧悔吝者存乎介。"介以分辨小疵,知微知彰也,即辨震巽之象。

盱——离目为盱。

迟——《杂卦》:"咸速也,恒久也。"迟有久义,可取恒象,与咸速相综。

由——由,自经也。由豫、由颐,谓豫与颐由是爻而成。

疑——坎为心病,又为疑。

盍——盍,合也。六爻发挥之象。

簪——聚会也。凡一阴一阳一失一得卦之阴阳失得爻曰簪。

疾——坎为疾。

石——《说卦》:"艮为小石。"

死——大过棺椁之象为死。

冥——坤晦为冥。

17. 随卦

随——卦名,震下兑上。

官——艮为官。

功——震为功,爻位五多功。

系——巽绳艮手为系。

嘉——《文言》:"嘉会足以合礼。"谓亨,嘉者九五中正以会合应比。

拘——艮手为拘。

维——巽艮为系为维。维者两系也。

山——《说卦》:"艮为山。"

18. 蛊卦

蛊——卦名,巽下艮上。

甲——十干之首。于后天卦象东方震为甲乙,甲位震初。

干——《文言》:"贞固足以干事。"干正也,于象当爻变之正。

父——《说卦》:"乾为父。"

母——《说卦》:"坤为母。"

裕——坤众为裕。

19. 临卦

临——卦名,兑下坤上。

八——数名,八当阴之静。《系》上曰:"坤其静也翕。"其数八。又三画辨阴阳,其数八,是谓八卦。

咸——卦名,艮下兑上。山泽通气,为下篇之首,以对上篇之乾坤。

甘——坤土稼穑其味甘,故坤为甘。

忧——坎为忧。

知——坎为水,知者效水,故坎为知。

宜——正位为宜。

敦——坤厚为敦。

20. 观卦

观——卦名,坤下巽上。

盥——坎水艮手坤器皿为盥,盥洗手也。

而——辞也,不必取象。

荐——艮手为荐。

颙——九五正位为颙。

窥——离目隐于坤阖户为窥。

生——震为生。

进退——《说卦》:"巽为进退。"分则阳为进,阴为退。

宾——巽为客为宾。

21. 噬嗑卦

噬嗑——卦名,震下离上。噬,啮也,嗑,合也。嗑通盍,嗑以合物,盍以合人。

狱——坎不当位为狱。

屦——震足为屦。

校——坎为校,屦校犹桎。

灭——坎水为灭。

趾——震足为趾。

肤——艮为肤。

鼻——艮为鼻。

腊——离日乾肉成腊,故取离为腊。

肉——坎阳为骨,坎阴为肉。

毒——坎为毒。

肺——坎阳为骨,为肺。

矢——离为矢。

耳——《说卦》:"坎为耳。"

22. 贲卦

贲——卦名,离下艮上。

徒——震足为徒。

须——艮止为须,须待也。或作鬓解,象当颐口之下。

濡——坎水为濡。

皤——巽白为皤。

翰——离羽为翰。

丘——艮中为丘,丘,半山也。

园——艮果为园。

束——巽绳艮手为束。

帛——巽为帛。

戋戋——艮少为戋戋。

白——《说卦》:"巽为白。"

23. 剥卦

剥——卦名,坤下艮上。

床——巽木为床,实取巽之消,故床即不以木制,仍为巽象。

足——《说卦》:"震为足。"爻位初为足。

蔑——通灭,坎象,或谓失其象。

辨——辨,床桄也,以分上下,坎为辨,蒙二变为剥辨。

贯——巽绳艮手为贯。

鱼——巽为鱼,鱼水生为阴物。

宫——艮为宫,宫人为坤象,后妃也。

宠——震为宠。

硕果——艮为果蓏为硕果,又乾为木果,象于上为艮。

庐——艮为庐。

24. 复卦

七——数名当阳之静。《系》上:"乾其静也专。"其数七,又七为
蓍数。

远——乾为远。

祇——祇,适也。祇者,使初五阳正,复初坎五是其位。

频——屡也,忧也,坎为频。

独——坤为众,乾为独。确乎不拔,乾初当之,是谓独复,综成乾
上,亢为独夫。

灾——坎为灾,见眚。

败——坤失为败。

25. 无妄卦

无妄——卦名,震下乾上。妄,失位之象,卦辞曰匪正有眚。

正——合既济之位为正。

耕——益耒耨之利为耕。

菑——菑通薮。薮以薮禽兽,菑以菑稻谷,皆取艮象。

畲——田一岁曰畲,爻位为初。

畬——田三岁为畬,爻位为三。不经初位未能及二位三位,又二岁曰新田。

牛——《说卦》:"坤为牛。"

药——巽木艮石为药。

26. 大畜卦

大畜——卦名,乾下艮上。对于小畜,大者指艮上,畜者乾为艮所畜。

已——已,已经也,艮止为已。

良马——《说卦》乾为良马,良亦乾象。

逐——震为逐,逐逐亦震象。

闲——艮止为闲。

卫——震为卫。

豮豕——《说卦》坎为豕,又为豮豕。

牙——阳爻当巽白,出于颐口中为牙。又通互字,犬牙相入之义。

衢——震大涂,艮径路为衢。

27. 颐卦

颐——卦名,震下艮上。

口——颐卦下动上止象口,又《说卦》兑为口。

实——阳实阴虚。

尔——尔对我,本卦本爻之应比爻等。

灵——乾为神,坤为灵。

龟——《说卦》:"离为龟。"灵龟为十龟之一。

朵——震动为朵。

颠——《杂卦》:"大过颠也。"

拂——拂逆也。卦象内外相易,虞氏名两象易者,有拂字之义。

经——坎常为经。

眈眈——离目失正为眈眈。

欲——坤为欲。

28. 大过卦

大过——卦名,巽下兑上。与小过对言,大指中四爻阳,小指上下四爻阴。

栋——巽为长为木,长木为栋。

桡——曲也,兑毁折为桡。

藉——初六位下称藉。

枯——乾老为枯。

杨——巽木为杨。

稊——兑泽生稊,故兑为稊。

老——乾坤对六子为老。分则乾为老夫坤为老妇,又亦可以震巽当之。

隆——乾上出为隆。

华——离丽为华。

士——艮为士。

顶——乾首为顶。

29. 习坎卦

坎——卦名,三画卦曰坎,六画卦曰习坎。

心——坎为心。

窞——坎阴失位为窞。

险——坎为险。

且——辞也,不必取象。

枕——艮止为枕。

尊——乾阳为尊。又酒杯为尊,同樽,又取囊象。

簋——震为簋。

贰——同二,爻位属二,又贰为副贰,对正为阴象。

约——艮小为约。

牖——艮为门阙,又为牖。

徽缠——黑索也。巽为绳,又为徽缠。

寘——艮止为寘。

丛棘——坎为丛棘,取坎木为坚多心。

30. 离卦

错——阴阳相对为错。又错者置也,有艮象。

然——辞也,不必取象。

昃——离象之上为昃。

鼓——震雷为鼓。

歌——兑口为歌。

耋——乾老为耋。

嗟——兑口为嗟。

突——离四恶人为突。突,逆子也。

焚——离火为焚。

弃——兑毁折附决为弃。

涕——坎水出离目为涕。

沱——坎水为沱。

戚——坎心为戚。

折——《说卦》:"兑为毁折。"

丑——丑,类也,为坤象。又有丑恶之义,亦可取坤象。

获——艮止为获。

31. 咸卦

拇——震足为拇，爻位为初。

腓——艮止为腓。

股——《说卦》："巽为股。"

憧憧——坎心为憧憧，爻位为四。

思——坎心为思。

脢——坎脊为脢。

辅——兑助为辅。

颊——乾面中为颊。

舌——《说卦》："兑为口舌。"

32. 恒卦

浚——巽入为浚。

33. 遯卦

遯——卦名，艮下乾上。

革——卦名，离下兑上。

莫——无也，不必取象。

胜——胜，克也。乾为胜，与坤败相对。又可不取象。

臣——坤为臣，以对乾为君。

妾——《说卦》："兑为妾。"

好——乾为好。

肥——乾盈为肥。

34. 大壮卦

大壮——卦名，乾下震上。

罔——无也，不必取象。

羝——乾阳为羝。

羊——《说卦》："兑为羊。"羝羊者，牡羊也。

触——震动为触。

藩——震为藩。

角——兑上阴为角，又上爻属角。

决——夬《彖》："夬决也。"

易——《易》含三义，不易、变易、易简，常以变易为义。

能——克也，然克胜为乾。能为坤象，《系》上："坤以简能。"

遂——进也，震为遂。

35．晋卦

晋——卦名，坤下离上。

康——坤安为康。

蕃庶——坤众为蕃庶。

昼——《杂卦》："晋，昼也。"离日在坤地之上为昼。

接——阴阳相交为接。三接以爻位言为综，初上接，二五接，三四接。

摧——艮止为摧。

愁——坎忧为愁。

受——艮为受。

兹——此也，指某卦某爻，或指本卦本爻。

众——《说卦》："坤为众。"

允——坤土属信为允。

鼫鼠——《说卦》艮为鼠，又为鼫鼠。

36．明夷卦

明夷——卦名，离下坤上。又离日为明。

垂——初位为垂。

翼——离为翼。

拯——艮为拯。

狩——艮为狩。

腹——《说卦》:"坤为腹。"

箕子——人名,位当明夷六五。

晦——坤阴为晦。

登——震出为登。

地——《说卦》:"坤为地。"

37. 家人卦

馈——于国为鼎食,于家为中馈。当家人六二中而正位。

嗃嗃——离火为嗃嗃。

嘻嘻——兑说为嘻嘻。

假——假,艮也,大也,爻位当五。

38. 睽卦

睽——卦名,兑下离上。

恶——离为恶,位当离九四。

巷——艮径路为巷。

曳——《说卦》:"坎为曳。"

掣——牛角一低一仰为掣。象当坤牛成离上坎下为掣。

劓——兑毁折,艮鼻为劓。

孤——艮止为孤。

负——艮背为负。

涂——震为大涂,又为涂。

鬼——坤为鬼。

一——数之本于象。乾元为一,太极也。爻位为初,又一卦一爻为一。

张——坎弧离矢为张。

弧——坎为弧。

壶——离为大腹,象壶。

39. 蹇卦

蹇——卦名,艮下坎上。

故——辞也,不必取象。

速——坎为速。

40. 解卦

解——卦名,坎下震上。

夙——早也。离初为夙,与朝同象。

狐——下伍坎失位多疑为狐。

斯——斯,此也,不必取象。

射——离为射。

隼——离为隼。

41. 损卦

损——卦名,兑下艮上。

曷——曷,何也,不必取象。

遄——遄,速也。咸速为遄。

酌——艮取为酌。

友——阴阳相应为友。

使——震为使。

违——兑毁折为违,以对坤为顺。弗克违即顺,坤象。

42. 益卦

益——卦名,震下巽上。

作——震为作。

圭——坤土为圭。土属信,圭以示信。

依——坤顺为依。

迁——震动为迁。

邦——坤为国为邦。邦或作国,汉避刘邦之讳。

惠——乾施为惠。

问——兑口为问。

立——艮山为立。

43. 夬卦

扬——震为扬。

庭——艮为庭。

夜——坤晦为夜。

颒——乾首之中为颒。颒,面颧也。

惕——坎为惕,心忧不悦也。

臀——坎为臀。

闻——坎耳为闻。

苋陆——草名。或作一物,或作二物,皆取巽象。

44. 姤卦

姤——卦名,巽下乾上。

柅——柅以止车。易象艮止为柅。

羸——巽绳为羸,羸通累。

踟蹰——巽为进退,为踟蹰。

起——《杂卦》:"震起也。"

杞——杞,柳也。巽为杞。

瓜——乾为圆为果,故为瓜。

陨——上之下为陨。虞氏取四之初,今大之,凡上卦之下卦为陨。

45. 萃卦

萃——卦名,坤下兑上。

庙——艮为庙。

牲——坤牛为大牲,又为牲。

乱——坤为乱。

握——艮手为握。

禴——离夏为禴。

位——位指空间,凡六画六爻间各有其位。

赍咨——兑口嗟,为赍咨。

洟——自目曰涕,自鼻曰洟,坎水艮鼻为洟。

46. 升卦

虚——坤阴为虚。

岐——巽为岐。

阶——艮为阶。

息——乾阳为息。

47. 困卦

信——坎孚为信。

株木——《说卦》:"巽为木。"又为株木。

谷——谷对艮山,故兑为谷。

觌——离见为觌。

朱——乾为大赤为朱。

绂——乾为衣为绂。绂,祭服也。

祀——艮为祀。

据——据,乘也。象以艮为据,例以上一爻于下一爻为据。

蒺藜——坎为丛棘,为蒺藜。

徐徐——坤安为徐徐。

刖——兑毁折,震足为刖。

赤——《说卦》:"坎为赤。"

祭——艮为庙,为祭为祀。

葛藟——巽为葛藟。

臲卼——兑毁折为臲卼。

曰——兑口为曰。

动——《说卦》:"震动也。"

48. 井卦

井——卦名,巽下坎上。

改——卦变爻变,以变其阴阳为改。

汔——几也,汔当初位。

亦——辞也,不必取象。

�’——巽绳为繘。

瓶——离大腹为瓶。

鲋——巽为鱼为鲋。

甕——离为甕。

敝——兑为敝。

漏——坎水为漏。

渫——巽洁为渫。

恻——坎为恻。

汲——巽入以出坎水为汲,即井象。

并——辞也,不必取象。

甃——以瓦甓垒井称甃,离火烧坤土成瓦,离中之阴当之。于井卦六四为甃。

冽——坎水清为冽,坎中阳当之。

寒——《说卦》:"乾为寒。"

泉——坎水为泉。

收——艮取为收。

幕——艮覆为幕。

49. 革卦

己——十干之一,位第六,己过中。

巩——乾刚为巩。巩,固也。

就——就,往也,震为就。三就以爻位言,初四为一就,二三为一就,五上为一就。

变——《易》尚变,大别为卦变、爻变。

占——占以究阴阳之变,卜筮所尚,贵乎明,宜取离为占。

豹——艮为豹。盖艮为黔喙之属,豹属之。

面——乾为首为面。

50. 鼎卦

鼎——卦名,巽下离上。

仇——仇,敌也。于易象应比爻阴阳相同为敌,等爻阴阳不同为仇。

塞——艮止为塞。

雉——《说卦》:"离为雉。"

亏——兑毁折为缺为亏。

覆——艮为覆。

𬯀——𬯀，雉膏之属。离为𬯀。

渥——坤厚为渥。

铉——乾刚为铉，位当鼎上。

玉——《说卦》："乾为玉。"

51.　震卦

震——卦名。三画、六画皆有震卦。

虩虩——坎为虩虩，恐惧貌。

哑哑——兑为哑哑，笑言貌。

惊——震动为惊。

里——长度名。艮为制度为里。

匕——坎棘为匕。

鬯——震为鬯。

亿——兑嗟为亿。

贝——离为甲为贝。

跻——震足上登为跻。

苏苏——坎陷为苏苏。

索索——求也，艮为索。于例错卦同位爻之变化为索。

矍矍——离目为矍矍。

52.　艮卦

艮——卦名。三画、六画皆有艮卦。

背——艮止为背。

身——坤为身。

快——兑说为快。

限——坎为腰为限。

裂——兑为毁折为裂。

夤——坎为脊为夤。

薰——离火为薰。

序——艮为次为序。

53. 渐卦

渐——卦名,艮下巽上。

鸿——离为鸿。

干——山下小水称干。渐初象当坎水,艮山为干。

磐——艮为山为石,故为磐。

饮——兑口坎水为饮。

衎衎——离明为衎衎。

孕——离为大腹为孕。

育——颐养为育。

桷——桷平柯也,巽木坎平为桷。

羽——离为羽。

仪——艮止为仪。例当两仪阴阳之象。

54. 归妹卦

归妹——卦名,兑下震上。

娣——兑为娣,女弟也。

愆——愆,过也。坎心病为愆。

期——坎月离日为期。

时——时,四时也。震春离夏兑秋坎冬为时。

袂——乾衣兑口为袂。

筐——震为筐。

刲——离为刲。

55．丰卦

丰——卦名，离下震上。

配——阴阳相合为配。又配通妃。

虽——辞也，不必取象。

旬——《说卦》："坤为均"，为旬。

蔀——离日当巽入为蔀。

斗——斗，北斗也。艮星为斗。

沛——离日当兑蔽为沛。

沬——沬，小星也。艮为星为沬。

肱——艮为肱。

庆——初三五阳出为庆。

屋——艮为屋。

阒——坤为虚空为阒。

56．旅卦

旅——卦名，艮下离上。

琐琐——兑小为琐琐。

怀——坎心为怀。

资——离为贝为资。

仆——艮为仆。

齐——《说卦》："巽，絜齐也。"故巽为齐。

斧——离戈兵为斧。

鸟——离火炎上，为飞为鸟。

巢——震为筐为巢，与人之艮屋为综象。

57．巽卦

巽——卦名。三画六画皆有巽象。

265

史——震动为史。

巫——《说卦》:"兑为巫。"

纷——离光彩为纷。于消息乾坤与既济未济为纷。

品——类也。三品于爻位当初二一品、三四一品、五上一品。

庚——十天干之一,位第七,变也。于后天卦位当兑初。

58. 兑卦

兑——卦名。三画六画皆有兑象。

和——阴阳正位之应比为和,于象兑为和。

商——巽进退为商。

59. 涣卦

涣——卦名,坎下巽上。

奔——震为奔。

机——艮为机。

汗——艮肤出坎水为汗。

逖——同惕。坎为逖。

60. 节卦

节——卦名,兑下坎上。

苦——离火为苦。

61. 中孚卦

中孚——卦名,兑下巽上。

豚——坎为豕为豚。

燕——坤安为燕。

鹤——离为鸟为鹤。

阴——阴对阳,坤象。

爵——离为爵。

吾——吾同我,指本卦或本人。

与——及应比爻为与。

靡——靡,共也。兑为和为靡。

敌——应比爻之阴阳相同为敌。

罢——兑毁折为罢。

匹——坤偶为匹。

62. 小过卦

小过——卦名,艮下震上。

音——震雷为音。

下——下对上。《杂卦》:"离上而坎下也。"故坎水为下。

祖——乾为父,又为祖。

妣——坤为母,又为妣。

及——辞也,不必取象。

防——艮止为防。

戕——离戈为戕。

必——辞也,不必取象。

弋——巽绳离矢为弋。

彼——彼对此,指发挥爻。

是——是对非,正位为是。

谓——辞也,是谓亦辞也,不必取象。

63. 既济卦

既济——卦名,离下坎上。又济取坎象。

轮——《说卦》:"坎为弓轮。"故坎为轮。

髴——髴,首饰。离光为丽,中阴附于乾者为髴,或作髲,解象亦同。

繻——离为丝为繻。

衣——乾为衣。

袽——兑毁乾衣为袽。

杀——离为戈兵为杀。

64. 未济卦

未济——卦名,坎下离上。未,十二地支之一,于后天卦位当西南坤。作尚未解,不必取象。

赏——乾赐为赏。

附录二

唐文治《读周易大纲》、
《学易大旨》大义及简注

读周易大纲 己卯(1939)

《易经》由四圣人首定。伏羲画八卦,因而重之为六十四卦。文王作彖辞,如乾、元、亨、利、贞等是也。周公作爻辞,如潜龙勿用等是也。孔子作《彖传》《象传》《文言》《系辞》等传,分释伏羲、文王、周公之意,谓之十翼。四圣作述,尽天人之奥旨矣。

凡学《易》不可视为高深,应作浅近讲解。如乾、元、亨、利、贞,浅释之犹言天、春、夏、秋、冬。有一世之元、亨、利、贞,譬如人生百岁,二十五岁为元,以下为亨、为利、为贞各二十五岁。有一岁一日之元、亨、利、贞,节序无论矣。以一日计,早起为元,平旦之气良知发现之时;日中为亨,为学办事激励正在此时;自午至酉为利,综核所得几何,有益于人者几何;戌亥之交,检点一日所亡所能,贞下起元,优游尔休矣①。君子法天,观元、亨、利、贞行健之象,用以自强不息。

《周易》变动不居,论其要不外数、象、占三者。如乾卦之初九、九二等,数也;潜龙、见龙等,象也;勿用、利见大人等,占也。然亦有有象而无占者,如坤卦初上两爻等是,观象自可知其吉凶。有有占而无象者,如无妄九四可贞、无咎,大壮九二贞吉是。然《易》者,心学之书,视心术为吉凶,观于《春秋》占筮而知之矣[2]。如《左氏·襄公九年传》:"鲁穆姜筮出东宫,遇艮之随,曰:'随元亨利贞。'"而穆姜知不足以当之,曰:"必死于此,弗得出矣。"又《昭公十二年传》:"鲁南蒯将叛,筮之,遇坤之比,曰:'黄裳元吉。'子服惠伯曰:'忠信之事则可,不然必败。'"可见占筮惟居心忠信,方可为吉,若祈侥幸得福,妄矣。

有学《易》之道,有占《易》之法。君子居则观其象而玩其辞,学《易》之道也。动则观其变而玩其占,占《易》之法也。《论语》"学《易》无大过",又引《易》"不恒其德"二句曰:"不占而已矣。"亦为学《易》、占《易》之分。圣人洗心退藏于密,又斋戒以神明其德。学与占二者,尽于此矣。

朱子《八卦分宫取象歌》[3]有世卦,孟子所谓君子小人之泽五世而斩是也。有旁通阴阳对待,如乾、坤、坎、离等是也。有上下卦相易,如乾宫一世卦为天风姤,而风天小畜则为巽宫一世卦等是也。有游魂归魂卦,如乾宫之火地晋、坎宫之地火明夷为游魂卦,乾宫之火天大有,坎宫之地水师为归魂卦等是也。一纵一横,可乐而玩,各宜熟读。

既知《易》为心学之书,知行合一,务宜以积善为主。坤卦《文言传》曰:"积善之家,必有余庆,积不善之家,必有余殃。"《系辞传》曰:"善不积不足以成名,恶不积不足以灭身。"孟子生战国之世,大声疾呼曰:"欲知舜与蹠之分,无他,利与善之间。"后世学《易》者,居恒心术之隐,其为善乎? 其为利乎? 兢兢业业,常自省察,庶几有以善其性,而善国性矣。

读《易》参考各书,汉易郑康成先生、荀氏爽、虞氏翻为最著。至唐代李鼎祚辑《周易集解》[4]集其大成。宋易以程伊川、杨诚斋[5]二先生《易传》、朱子《本义》为最著。南宋以迄元明,惟此三书盛行。至清代《周易折中》[6]一书通象数之本原,穷义理之奥窔[7],为李文贞光地[8]所拟定,集其大成,不可不研说也。《学海堂经解》⑨中,如惠氏栋⑩、张氏惠言⑪,又崇尚汉易,推阐郑、荀、虞师法,莫过于是矣。

《读周易大纲》大义

《易经》的文献,包括卦象、二篇、十翼三部分,作者为伏羲、文王、周公、孔子四圣,基本定型于西汉宣帝(公元前 73—前 49 在位)时施雠、孟喜、梁丘贺三家易。《汉书·艺文志》:"《易经》十二篇,施、孟、梁丘三家。"唐颜师古注:"上下经及十翼,故十二篇。"然自先秦及西汉初,尚多传《易》者,《汉书·艺文志》更著录十三家,二百九十四篇。其后历代有增,古注亦历代有佚。及清之《四库全书》"经部、易类"收录一百五十八部,附录八部。仅著录而未收的"存目",另有三百十七部,附录一部。故于乾隆四十六年(公元 1781)编成《四库》时,约有五百部,且不包括子部中有关《周易》的文献。自乾隆迄今二百年来,易著大增,于古更有发现及辑佚,或合子部中之著述,略加整理,已超过二千部。如是浩繁之文献,读《易》者必须知其大纲。首当略其注而重其经,于十二篇中,尤当知二篇之所指。此文立论,深入二篇经文之要。视乾卦卦辞"元亨利贞"为单位时间之四分法,于爻辞又分数、象、占三者以玩其辞。且统一《十二篇》于学与占,犹义理与象数可同归于心术之邪正。占取京氏之分宫,由卦象以见阴阳消息之理;学当兢兢业业以积善,由知行合一而得见善恶、义利之几。究其理,体其几,然后知四圣之作述,能尽天人之奥旨。

进而介绍参考之文献,贵在明辨源流而兼收并蓄,简要恰当。由郑、荀、虞之易注,资料保存于唐李鼎祚之《周易集解》,而纲领发挥于清之惠、张,是属汉易;由程伊川、杨诚斋、朱子之《易》而总结于清李光地之《周易折中》,是属宋易。分汉宋两途,深入而得其同,读《易》的大纲已在其中。故虽有众多的易注,如识其大纲而读之,必将获事半功倍之效。

简注

① 贞下起元,优游尔休矣:《诗·大雅·卷阿》"伴奂尔游矣,优游尔休矣"。此节明辗转元亨利贞之理犹天行健,然当贞下起元之际,君子宜乘龙御天以承前启后,贵得其勿用之用,故有从容不迫,优游尔休之象。

② 观于《春秋》占筮而知之矣:择《春秋》占筮中穆姜与南蒯二事,以见虽筮得元亨利贞,穆姜自知不足以当之;南蒯非忠信之事,子服惠伯知其必败。即此二事,可喻占筮视心术为吉凶,非祈侥幸以得福,此方属占筮之至理。

③《八卦分宫取象歌》:此歌本诸"八宫世魂图",汉京房(公元前77—前37)所排列的卦次。横以乾震坎艮坤巽离兑分成八宫,纵由八宫各分五世与游魂归魂,一纵一横合成八八六十四卦,卦象之变化有其截然整齐之理,可玩卦象间之种种自然之联系。

④《周易集解》:唐李鼎祚编辑。收录汉至唐三十余家易注,兼采众说,不主一家之言。于代宗即位(公元762)上于朝。清代学者所以能恢复汉易,此书成为最主要的资料,今则更可视之为由汉至唐的易学发展史。

⑤ 杨诚斋:杨万里(公元1127—1206),字廷秀,号诚斋,吉水人(今江西吉安),南宋理学家。善诗文,著有《诚斋易传》,内容以史事注释《周易》,取义精深,能起史鉴的作用,亦为读《周易》的一种重要方法。

⑥《周易折中》:康熙四十四年(公元1705)为御纂《朱子全书》、《周易折中》、《性理精义》诸书事,诏李光地研讨理学。以李光地为总裁之《周易折中》,完成于五十四年(公元1715)。全书二十二卷,卷首为纲领、义例。一至八卷为二篇,九至十八卷为十翼,十九至二十卷为朱子之《易学启蒙》,二十卷为《启蒙附论》,二十二卷为《序卦明义》、

《杂卦明义》。博采历代二百余家之易注,而全录《程氏易传》与《朱子本义》。且先录朱义后及程传,盖以朱学为主,有总结宋易的作用。

⑦奥窔:《荀子·非十二子篇》:"奥窔之间,簟席之上,敛然圣王之文章具焉。"杨倞注:"西南隅谓之奥,东南隅谓之窔。"此指义理之精深处。

⑧李文贞光地:李光地(公元1642—1718),字晋卿,号厚庵,福建安溪人。康熙四十四年拜文渊阁大学士,易著有《周易通论》、《周易观象大指》等,卒谥文贞。谕曰:"阁臣李光地,谨慎清勤,始终一节,学问渊博。朕知之最真,知朕亦无过光地者。"

⑨《学海堂经解》:清阮元主编,搜集清初至乾隆嘉庆间经学著作七十四家一百八十余种。因收藏于广州学海堂,故称《学海堂经解》,又名《皇清经解》。后有王先谦沿用原书体例继续搜集一百十一家二百零九种,编成《南菁书院经解》,又名《皇清经解续编》。清人的解经著作,大体见于这两部汇刻之中。

⑩惠栋:惠栋(公元1697—1758),字定宇,号松崖,江苏吴县人,清经学家。家传祖周惕父士奇之学以形成吴派经学,于《易》撰有《周易述》、《易汉学》等。功在恢复已失传一千五百余年前的汉易。

⑪张惠言:张惠言(公元1761—1802),字皋文,江苏武进人,清经学家、文学家。于《易》著有《周易虞氏义》、《周易虞氏消息》等。因所存汉易的资料,唯虞翻独多,故能深入研习汉易,而独主虞义,且多心得。

学 易 大 旨

《易》之为书,世儒或苦其难解。文治约言之:伏羲①、文王②、周公③之作《易》,主乎数者也。孔子④之赞《易》,主乎理者也。汉儒郑⑤、荀⑥、虞⑦诸家之说《易》,主乎数者也。宋儒程子⑧、朱子⑨诸家之说《易》,主乎理者也。数者难测,变动不居。理者易明,守之有则。虽仁者见之谓之仁,智者见之谓之智,而其教人之宗旨,未尝不归于一贯。文治尝即理以求《易》,以为《易》者,心学之书也。其大义备于乾坤,而始于复。复之《象辞》曰:"出入无疾,朋来无咎。"出入无疾,即孔子所云出入无时也。朋来无咎,虽朋从尔思,能复则无咎也。是以《象传》曰:"复其见天地之心乎?"⑩孔子于冬至之时,见天地之善心,而教人以养心。孟子于平旦之时,验天地之善气,而教人以养心。其义一也,故圣人以此洗心。人生当世,无日无时不在六十四卦三百八十四爻之中,即无日无时不在吉凶悔吝之中。鸡鸣而起,孳孳为善者,吉也。鸡鸣而起,孳孳为利者,凶也,悔也,吝也。利与善之间,所谓几也。由利而之善,即由凶悔吝而之吉。由善而之利,即由吉而之凶悔吝。惟变所适,无一定也。文治尝以几而验之,心犹响也,身犹应也,此响而彼即应。善念恶念之萌犹形也,吉凶悔吝犹影也。形动而影即从,人心动而鬼神随之。大人与鬼神合其吉凶,言无待鬼神之监察,鬼神即无权以司其吉凶。小人以小善为无益而弗为,以小恶为无伤而弗去,至恶积而不可掩,罪大而不可解,终其身在凶悔吝之中而不自知,哀哉!不占而已矣⑪。故自圣贤观之,理有定而数亦有定,理明而数自可知。孔子曰:"五十以学《易》,可以无大过。"洗心乃可以寡过也。蘧伯玉⑫行年五十而知四十九年之非,盖得孔子学《易》之旨,故欲寡其过而未能也。顾亭林氏⑬谓:"孔子说《易》⑭,见于《论语》者一为寡过,一为有恒,可知学《易》不外乎以修身为主。"其言可谓至精至切矣。此学《易》之大旨也。

《学易大旨》大义

《易》之为书,广大悉备,主要阐明天地人三才之道。三才的内容可包含一切,故易道能得中国文化的整体思想。约二千年前的《汉书·艺文志》,曾总结成书的情况为"人更三圣,世历三古",义指伏羲氏始作八卦时当上古,文王演《易》于殷周之际为中古,孔子赞《易》则属下古。凡二千年来的传《易》者,什九准此三圣三古的纲领。然因时代发展,学风不期而变,就形成了汉、宋的不同见界。且对易道的认识,又有象数与义理二方面。重象数者,每多轻视义理;重义理者,又多轻视象数。各执己见,抵牾无已。合于时代有汉易重象数、宋易重义理的趋势。或更深入观之,汉易中未尝无义理,宋易中亦未尝废象数。推而求诸本,伏羲文王之易,以卜筮为事,宜以象数为主;孔子赞《易》,已由象数而归诸义理。三圣同揆,然则象数与义理,何可裂而为二。而或二之,将为枝节所惑,何能有得于易道之整体。本文仅六百十字,贵能深探其本而浅出之,视天地自然之气合于人心善恶之气,人参天地至通贯三才之道,诚为学《易》大旨。

简注

① 伏羲:《周易·系辞下》:"古者庖羲氏之王天下也,仰则观象于天,俯则观法于地。观鸟兽之文,与地之宜,近取诸身,远取诸物。于是始作八卦,以通神明之德,以类万物之情。"秦汉以来的传《易》者,莫不准此而谓《易》之八卦始作于庖羲氏。庖或作伏,庖为重唇音,伏为轻唇音,义同。

② 文王:《周易·系辞下》:"《易》之兴也,其于中古乎;作《易》者其有忧患乎。"又曰:"《易》之兴也,其当殷之末世,周之盛德耶,当文王与纣之事耶。"历代传《易》者又准此而谓《易》之卦爻辞及二用共四百五十节文字作于文王。

③ 周公:《孔疏·八论之四》:"其《周易》系辞凡有二说。一说所以卦辞爻辞并是文王所作。……郑学之徒并依此说也。二以为验爻辞,多是文王后事。……以为卦辞文王,爻辞周公。马融、陆绩等并同此说。今依而用之。"汉后的传《易》者,亦多重视马融、陆绩等说。如此则文王仅作六十四节卦辞,周公作三百八十四爻爻辞及二用,共三

百八十六节。

④ 孔子:《史记·孔子世家》:"孔子晚而喜《易》,序《彖》、系《象》、《说卦》、《文言》,读《易》韦编三绝,曰:'假我数年,若是我于《易》则彬彬矣。'"《汉书·艺文志》:"孔氏为之《彖》、《象》、《系辞》、《文言》、《序卦》之属十篇。"《孔疏·八论之六》:"其《彖》、《象》等十翼之辞,以为孔子所作,先儒更无异论。但数十翼亦有多家,既文王《易经》本分为上下篇,则区域各别,《彖》、《象》释卦,亦当随经而分。一家数十翼云:上《彖》一、下《彖》二、上《象》三、下《象》四、上《系》五、下《系》六、《文言》七、《说卦》八、《序卦》九、《杂卦》十。郑学之徒并同此说,故今亦依之。"汉后之传《易》者,基本以郑学之徒用此家所数之十翼以为孔子所作。

⑤ 郑:指郑玄(公元 127—200)。玄字康成,北海高密人。二十一岁师事京兆第五元先,始通京氏易,善天文算数,又事马融。深经学,能综合今古文。易例以爻辰为主,兼治易纬。

⑥ 荀:指荀爽(公元 128—190)。爽一名谞,字慈明,荀卿后。颍川颍阴人,乡人称之曰:"荀氏八龙,慈明无双。"治经学以易学为归,传费氏易,易例以升降为主。

⑦ 虞:指虞翻(公元 164—233)。翻字仲翔,会稽余姚人,汉末易学家。五世家传孟氏易,其易注由孔融上于献帝。易例以消息纳甲为主。

⑧ 程子:一般指二程。长曰程颢(公元 1032—1085),次曰程颐(公元 1033—1107),兄弟均为北宋哲学家,有以奠定理学的基础。此处独指程颐,颐著《易传》,用理学观点注解《周易》,说理中肯,有代表性。

⑨ 朱子:指朱熹(公元 1130—1200)。熹字元晦,一字仲晦,号晦庵,别号考亭、紫阳,徽州婺源人。南宋哲学家,理学思想的集大成者。于易著有《周易本义》、《易学启蒙》等,重视"先天图"等九图,对宋后易

学的发展起大作用。

⑩ 复其见天地之心乎：《孟子·告子上》："孔子曰：操则存，舍则亡。出入无时，莫知其乡，惟心之谓与。"《易·咸卦》："九四，憧憧往来，朋从尔思。"此以"出入无时"明复卦卦辞之"出入无疾"，又以"朋从尔思"明"朋来无咎"，因出入有乡难免有疾，憧憧往来使"朋从尔思"，又将有营私之咎。故"出入""朋来"必本"复其见天地之心"，方能"无疾"而"无咎"。

⑪ 不占而已矣：《孟子·尽心上》："孟子曰：鸡鸣而起，孳孳为善者，舜之徒也；鸡鸣而起，孳孳为利者，蹠之徒也。欲知舜与蹠之分，无他，利与善之间也。"《易·文言》释乾卦九五曰："夫大人者，与天地合其德，与日月合其明，与四时合其序，与鬼神合其吉凶。先天而天弗违，后天而奉天时。天且弗违，而况于人乎，况于鬼神乎。"《易·系辞下》释噬嗑上九曰："善不积不足以成名，恶不积不足以灭身。"此明大人能辨善与利，故得吉凶之几。小人则不辨善与利，故哀其终身在凶悔吝之中而不自知。由大人小人的形象，可不待占筮而喻其理。

⑫ 蘧伯玉：姓蘧，名瑗，字伯玉，春秋卫灵公时大夫。《庄子·则阳》："蘧伯玉行年六十而六十化，未尝不始于是之，而卒诎之以非也。未知今之所谓是非五十九非也。"此处引之，贵其能随时寡过。

⑬ 顾亭林：即顾炎武（公元 1613—1682）。炎武初名绛，字宁人，学者称亭林先生，江苏昆山人，明末清初学者。入清不仕，著有《日知录》、《天下郡国利病书》等，于历代易注中谓莫善于《程传》。

⑭ 《论语》记孔子说《易》有两段。《论语·述而》："加我数年，五十以学《易》，可以无大过矣。"《论语·子路》："子曰：南人有言曰：人而无恒，不可以作巫医。善夫！不恒其德，或承之羞。子曰：不占而已矣。"无大过所以寡过，恒其德可以免羞，属修身之大纲。此见孔子之《易》，已由占筮之易学象数归于不占之易学义理，准之以反身，庶见学《易》之大旨。

附录三

《易经十二篇》删成
"二篇十翼"

　　三圣三古的易学,经过了千余年的著述增补而逐步完成,至西汉末才有了固定的《易经十二篇》。自东汉班固起,对此《易经十二篇》视作为不可或变的"圣经","卦象"为伏羲所画,卦爻辞"二篇"为文王所作,其他"十篇"为孔子所作,这就是"经学易"。今以史实考核"经学易"的形成,已可打破传统观点。要而言之,八卦何尝与伏羲有关,卦爻辞与其他十篇亦何尝与文王孔子有关,而对伏羲、文王、孔子三个时代又必须高度重视。《易经十二篇》虽然完成于西汉末,为三圣时所无,但是其卦象文字确有其不可忽视的哲理,《礼记·经解》所谓"洁净精微而不贼",即已示其要。且于东汉时对此《易经十二篇》尚有重要的选择,核诸《太玄经》,可证三家易的十二篇,于认为是孔子所作的十篇必较郑学之徒所数的今本"十翼"为多,所删去的基本属于阴阳五行的象数部分。宜自东汉起,孟京之易渐为经学家所轻视,扬雄的《太玄经》更不以正统的学术视之,况不知择取《易林》的象数,何能见春秋后期系卦爻辞时的观象。此不究京氏易、《太玄经》、《易林》等,皆为易学的大损失。且即以今本的《易经十二篇》论,其范围仍极广泛,故东汉

278

易尚有其特色,当准此基本的文献,方能理解西汉及先秦的易学情况。至于读此《易经十二篇》可不用经学家的读经方式作琐碎的考据,吉凶无咎的有无实无足轻重,可以理而断,唯宜得其大义为要,贵能对天地人三才之道有确切的认识与体验。于文字,汉熹平石经已不全,陆德明的《经典释文》所载异文甚多,唯一的标准仅能以唐石经为定本。以下改变书写形式,将《易经十二篇》改成表解,于六十四卦,一卦一表凡六十四表,《系辞上》分十章凡十表,《系辞下》分十二章凡十二表,《文言》四表,《说卦》六表,《序卦》二表,《杂卦》二表,共百表。殊可基本了解《易经十二篇》的主要内容。

用经学易的角度读《易》,为伏羲的六十四卦及文王的卦爻辞与孔子的《彖》、《象》,每卦以一表示之,凡六十四表。表的结构形式,可以见《彖》、《象》与卦爻辞的关系,亦就是当准《彖》、《象》以解卦爻辞。此虽非卦爻辞的原义,尚能接近系卦爻辞者的基本思想。其间最重要的不同点,以卦爻辞论,除乾坤外当等视各卦,尚不必使六十四卦联成固定的次序。而自"经学易"起,犹从三家易起,仅重视《序卦》,认为是不可改变的六十四卦的排列次序,则与卦爻辞的内容决不能融合,而历代注《易》者必强为之说,此为经学易的最大缺点。进而以每卦论,乾坤多用九用六,属爻的总纲,各兼及分九六的一百九十二爻,用九指初九、九二、九三、九四、九五、上九各三十二爻,用六指初六、六二、六三、六四、六五、上六各三十二爻。所以系于乾坤者,因唯乾卦的六爻皆用九,坤卦的六爻皆用六,此外六十二卦皆各兼用九六。又每卦有三部分,卦辞以《彖》解之,爻辞以《象》解之,而于彖象间更有一句《大象》。今以《太玄经》为证,在西汉时无《大象》。此格言式的六十四句文字,当另属一篇,与《彖》、《象》并不相合,疑郑学之徒数十翼时补入,由是《象》分大小,凡释爻辞者名之曰《小象》,以下上两体组合而得的义理名之曰《大象》,由是可完备一卦的结构。于《彖》解卦辞明卦变,所以示此卦的来源,今名之曰过去,于《小象》解爻辞明爻变,所以示此卦的发展,今名之曰未来,于《大象》解本卦的两体,所以示处此卦象的原则,今名之曰现在。识此卦爻及《彖》与大小《象》的结构,可初见经学易的整体。继之又使应用《序卦》之次,则上篇论天道,下篇论人道的大义亦由是而显。此约形成于东汉,今以六十四表示之,可一览而知其要。历代注释者,或不论卦爻变,或仅论卦变,或仅论爻变,兼论卦变爻变者又有数十百种的不同方法。此易注之所以复杂。且虽曰注《易》,实皆本诸注者的性情及其所处的时代思潮结合以明其理,或知象数,或不知象数,分辨的能力自然有天渊之别。故空谈义理的易注,基本未及易学之蕴而价值不可能高,观此六十四表者,首当明此。

附录四

《周易表解》原序

自王弼合《象》《彖》于卦爻下，又分《文言》为二，以附于乾坤二卦，于古经十二篇之次，紊而不分，启后人无谓之争。《朱子本义》因用吕祖谦本以复十二篇之旧，厥功大矣。然合而便于寻绎，亦不可忽。故作《周易订文》，既本十二篇之旧；又作《表解》，乃合《象》《彖》于二篇，且逐句分析之。凡一卦成一表；于《系辞》上下、《文言》、《说卦》、《序卦》、《杂卦》六翼，凡一章成一表。计表有百，每表附解其大义，名之曰《周易表解》云。

跋

以上《周易表解》共四卷百表,是我的老师潘雨廷先生多种易学著作中的一种,原稿初成于六十年代。由于一个时期以来,潘雨廷先生把主要精力集中于撰写多卷本《易学史》和《道教史》,这部书稿便由我负责整理。整理工作前后历时一年多,全稿最终仍由潘先生审定,并撰写了序言,使这部三十年前的旧作,重新焕发了时代的色彩。

易学有上古易、中古易、下古易之别,《周易表解》所述,基本反映下古易的主要状况,时间跨度约相当于孔子前二百年至孔子后五百年,即春秋中、后期至西汉末年。这段长长的时间,是形成《周易》基本文献的阶段,以后二千年经学易的发展,基本相应在这一范围中。读《周易表解》,应当理解这一背景。凡易道三古应贯通,《周易表解》的时间界限在下古,而上古、中古易的内容亦交织其中,如此古犹今,读《周易表解》,或能得其旨。清末唐文治(1865—1954)遇吴汝纶(1840—1903)于东京,两人彻夜谈学,关于读《易》的见解,吴谓唐曰:"读《周易》二篇,应当参考《太玄》。"吴、唐的这一见解,实际已冲破了经学易的传统标准,其时尚在蔡元培(1868—1940)废经学之前,当时极为新颖。以二篇参之《太玄》,研究易学即可由东汉而上溯西汉,并由西汉而上及先秦,由此可理解三古易而不为经学易所限。《周易表解》即以吴、唐此义为标准,谨志于此,以示渊源所自。读《易》由上古而下古,由象数而义理,由哲学而兼卜筮,通天地人而言,则于易道或能得其几。以此读《表解》,其旨或自现。

潘雨廷先生早年先后师从唐文治、熊十力(1885—1968)、杨践形(1891—1965)、薛学潜(1894—1969)等人研究易学。唐文治读《易》偏重于经学易,能重视东西方文化交流,认识时代发展是其长;熊十力贯通儒、释,独标性灵,于《易》识其时空之变;杨践形以毕生精力研《易》以阐发其奥,于千余种易著皆能一一贯通而得其旨,且精于道教和中医理论,对《易》、道贯通有深入的体验和心得;薛学潜将《周易》汇通于西方现代科学,以易学和二十世纪西方现代科学的尖端如相对论、量子论的核心思想相互印证,由此打破传统易学的范围,开出科学易创新的一路。潘雨廷先生继承历代易学的发展,于诸师各取所长,研究范围遍及哲学、自然科学、宗教等多种领域,于历代易学有所整理,有所阐明,有所发展,有所创新,其一生治学的主要成就在易学史和道教史两方面,其他尚有相关著作多种,《周易表解》即其中之一。今整理之作为了解和研究易学的基础读本,供初学者研读,或能有所启发。

若干年前,我在大学时代,曾有机会听潘雨廷先生在课堂上讲授易学,其中就有《周易表解》,当时极受启发。以后逐步请益,逐步受启发,积累有年。今日参与整理《周易表解》,既为多年所学的一次检验,也属机缘。易者,有其长也有其短,有其本也有其末,有其变也有其不变;其原在世界,亦可成于身。理数象占,其要不在文辞也。识其长而变其短,得其本而齐其末,执其不变以尽其可变。由此上出,步趋天地自然的发展变化,体味人生的奥秘,易乃无穷。

张文江

1990 年 7 月 26 日

再版补记

《周易表解》于 1993 年和 1997 年分别由上海社会科学院出版社、台湾建宏出版社出版。1993 年版由于种种技术上的原因,存在一些缺失。1997 年版作了补充修正,仍然未能体现理想。近日由整理者再作修正,虽然还是未能完美,但比前两版多少进了一步。

《周易表解》阐发传统易学"二篇十翼"的基本内容。虽然易学的内容不仅包括《周易》本文,然而研读《周易》本文,仍然是进入易学的主要途径。《周易表解》相应的是两千年来三古三圣的"经学易",可以作为理解易学的坚实踏脚石之一。潘雨廷先生把一生奉献给了中华学术,有着多方面成就,晚年试图对易学有所交代,却落实到一本小小的《周易表解》上,似偶然亦非偶然。《周易表解》书稿的整理,完成于 1990 年 7 月,第二年潘雨廷先生就去世了,而全书的出版尚在两年以后。潘雨廷先生一生治学,著作等身,《周易表解》是在他生前得到确认出版的唯一书稿。

再版新增了三篇附录,由整理者从遗稿中搜拾而得,可从不同侧面丰富《表解》的思想。《二篇取象》关涉《周易》象学,对研究《周易》本文有极大助益,若深入研读,当有字字珠玑之感。《唐文治〈读周易大纲〉、〈学易大旨〉大义及简注》关涉《周易》义理,此文成于潘雨廷先生晚年,由整理者协助写成,也是潘先生对自己老师之一所作的纪念。《〈易经十二篇〉删成"二篇十翼"》是潘雨廷先生为《周易表解》拟写的提纲,稿未成而逝,今附录于此,也是对当时因缘作一见证。

张文江

2003 年 9 月 29 日

修订本补记

　　《周易表解》是注释《周易》经文的基础读本，可作为理解潘雨廷先生著作的入口之一，也可作为理解易学的入口之一。我根据潘先生的嘱托整理此书，开始于 1989 年 7 月，结束于 1990 年 7 月。潘先生没有亲见此书的问世。

　　本次修订，从潘先生存稿中检出一篇《周易表解》序言，作为附录四。原文用毛笔写成，虽寥寥数行，却保留了构思时的信息，弥足珍贵。文中提到的《周易订文》，是潘先生考订《周易》文字的著作，写作于 1956 年至 1957 年。完成了此书，在 1960 年前后写作《周易表解》阐发大义，顺理成章。

张文江

2012 年 6 月 12 日